バルカン
1:8,460,000
0 100 200km
12°
16°
20°
24°
28°
48°
44°
ポーランド
ドイツ
チェコ
ドナ
スロヴァキア
ウクライナ
ウィーン
ブラティスラヴァ
ブダペスト
ティサ川
ハンガリー
ドナウ川
モルドヴァ
キシナウ
ドニエストル川
ヤシ
プルート川
クルージュ
トランシルヴァニア
ルーマニア
アラド
ティミショアラ
スボティツァ
ヴォイヴォディナ
ノヴィ・サド
スレムスキ・カルロヴツィ
バナード
ワラキア
ブラジョヴ
プロイェシュティ
ブカレスト
ドブルジャ
スロヴェニア
マリボル
リュブリャナ
ザグレブ
トリエステ
ヴェネツィア
リエカ(フィウメ)
イストリア半島
クロアチア
サヴァ川
ビハチ
ボスニア=ヘルツェゴヴィナ
ドリナ川
ベオグラード
モラヴァ川
ヤイツェ
ザダル
ダルマツィア
サラエヴォ
スプリト
モスタル
セルビア
ニシュ
ノヴィ・パザル
ドナウ川
ルセ
プレヴェン
ヴァルナ
ブルガリア
黒海
アドリア海

YAMAKAWA SELECTION

バルカン史 下

佐原徹哉 編

山川出版社

［カバー写真］

ボスニア＝ヘルツェゴヴィナの都市モスタルにある世界遺産，スタリ橋。ネレトヴァ川にかかるこの橋は，ボスニア＝ヘルツェゴヴィナ紛争中に破壊されたが，再建を経て多民族・多文化の共存や和解の象徴ともなっている。

目次

上巻目次

山川セレクション

バルカン史 下

第五章　ナショナリズムの展開と第一次世界大戦

1　ハプスブルク帝国下の諸地域

南スラヴ地域の「民族再生運動」と「新路線」――スロヴェニアとダルマツィア

　第一次世界大戦後ユーゴスラヴィア領となるスロヴェニア、ダルマツィア、クロアチア＝スラヴォニア、ボスニア＝ヘルツェゴヴィナ、ヴォイヴォディナや、ルーマニア領となるトランシルヴァニア、クリシャナ、マラムレシュ、ブコヴィナ、そしてユーゴスラヴィアとルーマニアのあいだで分割されるバナトは、世紀転換期、ハプスブルク帝国領であった。

　スロヴェニア人はハプスブルク帝国領内で比較的集中して住んでいたが、居住地域を政治的に統一して独立した国家を形成したことはなかった。彼らはオーストリア南部のクラインを中心に、隣接するシュタイアーマルク、ケルンテン、ゲルツ＝グラディスカ、イストリア（後二者はトリエステと合わせてキュステンラントともいう)に住んでいた。中世以降この地域では、カトリックの布教や植民活動などドイツ人の影響が強くみられたが、十九世紀になると「民族再生運動」がスロヴェニア系知識人のあいだでも展開された。中心となったのは司祭のヴォドニクである。彼はスロヴェニアの歴史と言語の研究をおこない、スロヴェニア語による最初の新聞をライバッハ(リュブリャナ)で発行した。また、言語学者のコピタルはスロヴェニア語文法の確立に尽力し、スロヴェニア語文法書を一八〇九年に発行した。こうした言語の確立とともにナポレオン戦争期の一八〇九年から一三年にかけてイストリアおよびクラインとケルンテンの一部はフランス領のイリリア諸州に編入されたが、スロヴェニア語が教育語とされ、民族意識の萌芽がみられた。

一八四八年革命期には、スロヴェニア人居住地域の統一とスロヴェニアの自治という政治的な要求が示された。このののちプレシェレンを筆頭とする文学者たちがドイツ語にかわりスロヴェニア語で作品を著すようになり、アウスグライヒ(オーストリア＝ハンガリー二重王国の形成)以降は居住地域の政治的統合という課題がスロヴェニア系住民にとって重要性を増していった。戦間期のユーゴスラヴィア政治において一定の影響力を維持したスロヴェニア人民党も世紀転換期には活動していた。

アドリア海に面したダルマツィアは十五世紀以降ヴェネツィア領であったが、十八世紀末、一時オーストリア領となり、さらに短期間フランス領イリリア諸州に編入された。一八一五年以降ドゥブロヴニクとともにハプスブルク帝国領となったが、政治的主導権は沿岸都市部に住むイタリア人とイタリア語を話すスラヴ人の手にあり、こうしたグループの地位は参政権の制限によっても守られていた。一八六一年の議会では、イタリア語を話す一万五六七二人の人々が二九人の代議員をもつのに対して、四〇万をこえるクロアチア系・セルビア系の人々はわずか一二人の代議員をもつにとどまっていた。ダルマツィアの自治的な地方行政を要求する自治派はイタリア系の優位を支持し、大土地所有者や官吏などから構成されていた。一方、民族派はクロアチア＝スラヴォニアとの統合により「三位一体王国」の再建を求めていた。

アウスグライヒはダルマツィアのクロアチア＝スラヴォニアとの統合を認めず、ダルマツィアはオーストリア側の行政区分に組み込まれたが、セルビア系住民とクロアチア系住民は一八六〇年代にはハプスブルク当局に対する協調行動をとっていた。民族派は一八七〇年代には勢力を拡大し、ザダルで開かれた議会には二六人の議員を出し、自治派の一五人を上回った。一八八三年、公用語はイタリア語からセルビア＝クロアチア語(クロアチア＝セルビア語)に変更された。しかし、ボスニア＝ヘルツェゴヴィナの占領後、とりわけその地域の将来をめぐる議論の過程において対立は顕在化した。一八七九年に設立されたセルビア民族党は、ダルマツィアとボスニア＝ヘルツェゴヴィナをクロアチアと統合しようというクロアチア系の構想には反対した。ダルマツィアのセルビア人はクロアチア人への反対から自治派との提携を選んだ。一方ダルマツィアのクロアチア人もクロアチアのアンテ・スタルチェヴィチの権利党に接近した。

このような対立関係は大セルビア主義からとはいえ南スラヴ統一の推進者だったペータルの即位以降変化をみせ、南スラヴ人の連合を模索する方向へ向かう。一九〇五年にクロアチア・イストリア・ダルマツィアのクロアチア系の政治家がダルマツィアとクロアチアの合併などを含むリエカ決議を発表し、この決議はダルマツィアのセルビア系政治家によってザダル決議として支持された。こうした政治潮流は「新路線」と呼ばれクロアチア＝スラヴォニアでも広がりをみせた。

「ナゴドバ」体制下のクロアチア＝スラヴォニア

クロアチア＝スラヴォニアはかつてダルマツィアとともに三位一体王国を形成した歴史をもち、同地域はボスニア＝ヘルツェゴヴィナを囲むように隣接していた。この地域がハプスブルク帝国とオスマン帝国の国境をなしていたため、ハプスブルク帝国は国境線を維持し、オスマン帝国の攻撃に備えるために、同地域とヴォイヴォディナ、またトランシルヴァニアにまたがる地域に軍政国境地帯を設けた。十七世紀以降、オスマン帝国から移住してきたセルビア人の多くがこの地域に国境警備兵として入植することになった。この軍政国境地帯は一八八一年まで存続し、ハプスブルク帝国中央政府の直接の統治下に置かれた。クロアチア＝スラヴォニアでは一九一〇年の時点で人口の六二・五％がクロアチア系、二四・六％がセルビア系とされるが、旧軍政国境地帯には多くのセルビア人が住んでいた。

一八三〇年代にはリュデヴィド・ガイがイリリア運動と称される民族再生運動を展開し、南スラヴの文化的統一を「イリリア」というシンボルに託した。ガイは新聞、雑誌の発行、文語の統一に尽力し、文芸協会「マティツァ・イリルスカ」(のちのマティツァ・フルヴァツカ)も設立された。政治的には一八四八年革命時、総督に任じられたイェラチッチがハンガリー革命鎮圧に加わる一方、ダルマツィア、リエカの併合が認められるが、革命後総督は名目上のものとなり自治も削減された。

一八六八年、クロアチア＝スラヴォニアはアウスグライヒ体制のなかでさらにハンガリー王国とのあいだにナゴドバ(協約)を結び、一定の自治を得て独自の議会《サボル》とクロアチア語の地方行政レヴェルでの公用語化を認められた。ただし、ハンガリー王国政府は、自らが任命するバン(総督)による財政に対する監督を通してクロアチア＝スラヴォニアに対する影響力を維持していた。有権者はナゴドバ直後には人口の二％程に限定されていたが、一九一〇年には八・八％に上昇した。政治に参加できる住民はおもに都市に居住するブルジョワジーや知識人、富裕な土地所有者に限定されていたが、第一次世界大戦までのクロアチア＝スラヴォニアの政治は、ハンガリーの中央政府との対立とクロアチア系、セルビア系党派の接近と離反を特徴としていた。クロアチアではスタルチェヴィチの権利党がセルビア人やスロヴェニア人の存在を認めず、クロアチア民族主義の立場から独立国家としてのクロアチア国家の設立をめざしていた。スタルチェヴィチらの権利主義と一定の距離を置くかたちで、ヨシプ・シュトロスマイエルやフラニョ・ラチュキら南スラヴ諸民族の平等を基礎とする南スラヴ主義の潮流も存在した。

一八八三年から一九〇三年までクロアチアの総督であったクエン＝ヘーデルヴァーリはセルビア系、クロアチア系の反目の利用を試みたが、これはむしろ両者を協調関係へと向かわせることになった。この具体的な成果となるのが、一九〇五年十二月、クロアチア議会でクロアチア系二党派、セルビア系二党派、社会民主党が提携した、いわゆるクロアチア・セルビア連合の成立である。この連合は主要な目標として、クロアチア＝スラヴォニアとダルマツィアの統合を求め、さらにそのなかにはハプスブルク帝国内のスロヴェニア系住民を含む南スラヴ系住民の政治的統合を視野に入れている人々もいた。

占領から併合へ——ハプスブルク支配下のボスニア＝ヘルツェゴヴィナ

ボスニア＝ヘルツェゴヴィナはベルリン条約以降オーストリア＝ハンガリーの占領下に置かれ、共通蔵相にその統治が委ねられた。オーストリア＝ハンガリーは従来の土地をめぐる社会関係を温存し、その一方で交通手段などの社会整備を進め、また州立博物館を設立するなど文化教育面にも力を注いだ。さらに、ボシュニャシュトヴォ（ボスニア主義）と呼ばれる民族政策を共通蔵相のベンヤミン・カーライの指導下に推進した。ボスニア主義とは、クロアチア人、セルビア人、ムスリムという帰属意識にかわるものとしてボスニア地域に対する帰属意識を根づかせようというもので、セルビアとクロアチアの民族主義がボスニアに基盤を築き拡大するのを防ぐ狙いがあった。しかし、ボスニア主義はすでに宗教を基盤とする「民族」意識が形成されつつあったボスニア＝ヘルツェゴヴィナの住民には浸透せず、むしろ宗教的、文化的な組織の政治組織化を進める結果となった。

一九〇三年、カーライの後任となったイシュトヴァーン・ブリアーンは、自由主義的な政策転換をおこなった。政治活動や表現の自由も認められ、政党が結成され、新聞の発行も始まった。さらに一〇年にはボスニア＝ヘルツェゴヴィナにおいても立憲制が敷かれ、制限選挙ではあったが議会制度が導入された。

すでにセルビア系の正教徒住民はセルビア正教会と深く結びついて教会と学校の自治を求める運動を展開していたが、一九〇七年にはこの自治運動の延長上に「セルビア民族組織」を設立した。一方、カトリック教徒は一九〇八年に「クロアチア民族連合」を結成した。前者はセルビア王国のナショナリズムに共鳴し、ボスニア＝ヘルツェゴヴィナはセルビアの領土であり、当地のムスリムは民族的にはセルビア人であるとの政治綱領を掲げ、後者はボスニア＝ヘルツェゴヴィナをクロアチアの領土と主張し、ムスリムをクロアチア人であるとした上で、オーストリア＝ハンガリー内のすべてのクロアチア人居住地域の統一を主張した。クロアチア系住民の政治勢力のなかには、住民のカトリック化を推進するヨゼフ・シュタドレル大司教のクロアチア・カトリック協会も存在した。ムスリム住民はセルビア人の場合と同じく、宗教・教育面での自治運動を展開し、さらに、シュタドレル大司教の進める改宗運動に対抗して政治組織化を進めることになった。

一九〇六年、自治運動を指導してきたムスリムの地主層が「ムスリム民族機構」を結成した。一九〇九年には独自の自治権をもつイスラム機構が認められ、ボスニアにおいてはイスラム共同体の長としてレイス・ウル・ウレマーが設けられた。また同時にムスリム住民のなかからワクフの管理にあたるワクフ委員会が選出されることになった。ムスリム民族機構は一九一八年以降ユーゴスラヴィア・ムスリム機構となって戦間期のユーゴスラヴィア王国においても与党との提携によって政治的な力を保ち、ボスニア＝ヘルツェゴヴィナの社会におけるムスリム地主層の地位を維持した。また、レイス・ウル・ウレマーとワクフ委員会の二つの制度は、これ以降もボスニア＝ヘルツェゴヴィナ、そしてユーゴスラヴィアのムスリム社会において存続された。

一九〇八年のオーストリア＝ハンガリーによるボスニア＝ヘルツェゴヴィナ併合は、この地域において反ハプスブルク、南スラヴの解放、統一をめざすいくつもの運動を生む契機となった。こうした運動体は総称して「青年ボスニア」と呼ばれる。青年ボスニアは帝国解体や南スラヴの統一などの理念を掲げ、既存の政治組織を穏健的であるとの批判を共有していたが、特定の綱領に基づく統一的な組織ではなかった。運動全体に占める文学サークルの役割も小さくなく、のちにノーベル文学賞を受賞することになるイヴォ・アンドリッチもこの活動に加わっていた。第一次世界大戦の契機となるサラエヴォ事件は、青年ボスニアの運動に参加していたガブリロ・プリンツィプら七人によって引き起こされることになる。

トランシルヴァニアのルーマニア系住民

トランシルヴァニアは一五二六年のモハーチの戦い以降、オスマン帝国の宗主権を認める独立した公国となり、十七世紀末にハプスブルク帝国統治下に置かれた。ハンガリー語でエルデーイ、ドイツ語でジーベンビュルゲンとも呼ばれるこの地域では、十五世紀に「三民族同盟」が結ばれて以来、マジャール人、セーケイ人、「ザクセン人」と呼ばれたドイツ人の政治的権利が認められてきたが、ルーマニア系正教徒住民は「民族(ナツィオ)」としての政治的権利をもたなかった。この地域は宗教改革期にあってはカトリック、ルター派、カルヴァン派、ユニテリアンを公認宗教として、その寛容性で知られた。もっとも、ルーマニア系正教徒住民は、その宗教である東方正教が「寛容」の対象になることはあっても「公認」されることはなく、十八世紀にはハプスブルク帝国の政策を受け入れ、ローマ教皇の首位性を認める合同教会(東方帰一教会、ギリシア・カトリック)も誕生した。

合同教会からはシンカイのようにローマやウィーンでルーマニアの言語と民族に関する史料を集め、ドナウ北岸のラテン系住民の歴史的連続性を主張し、さらに母語教育の普及に尽力する人物もあらわれた。このトランシルヴァニア学派と称される人々は、この地域のルーマニア系住民のあいだで民族再生運動を展開したばかりでなく、モルドヴァ、ワラキアのルーマニア系住民にも影響を与えた。

一八四八年革命期には、ドイツ人はクルージュ（ハンガリー語名コロジュヴァール、ドイツ語名クラウゼンブクル）のトランシルヴァニア議会において、ルーマニア人はブラージュ（同じくバラージュファルヴァ、ブラーゼンドルフ）の民族会議において、社会的・民族的要求を表明するとともに、ハンガリー

ブラショヴの正教会　ドイツ人のつくった町ブラショヴはドイツ語でクローンシュタット，ハンガリー語でブラッショーと呼ばれ商工業都市として発展した。18世紀になるまでルーマニア人はドイツ人の住む「市内」には居住できず，シュケイと呼ばれる市外地に住んだ。この正教会もシュケイ地区に建てられた。

のトランシルヴァニア統合に反対したが、ハンガリー系住民はハンガリーとトランシルヴァニアの統合を支持した。ブラージュの会議では合同教会のレメニと正教会のシャグナの二人の主教が議長となり、トランシルヴァニア諸民族の平等とルーマニア人の団結とを宣言し、請願書が採択された。そこにはクルージュのトランシルヴァニア議会・行政機構・軍隊にルーマニア人が代表を送ること、ルーマニア語の公用語化、エステルゴム大司教に対してはブラージュの合同教会の宗教的自治を認めること、スレムスキ・カルロヴツィのセルビア府主教に対してはルーマニア系の正教会に宗教的自治を認めることなどが含まれていた。

一八六〇年の十月勅令によりトランシルヴァニアは自治を回復し、クルージュに議会をもった。翌六一年には「ルーマニア文学とルーマニア人の文化のためのトランシルヴァニア協会」が設立され、シャグナが会長に選ばれた。また、一八六三年の議会でルーマニア人が相対的に多数を占め、ルーマニア語はドイツ語やハンガリー語とともに公用語となった。宗教的には一八五三年にブラージュの合同教会は自治を獲得し、さらに六四年にはシビウ(ハンガリー語名ナジセベン、ドイツ語名ヘルマンシュタット)に府主教座が認められ、ルーマニア系の正教会はスレムスキ・カルロヴツィの府主教の管轄外に置かれた。

アウスグライヒ以降トランシルヴァニアはハンガリー王国に編入されたが、一八八一年にトランシルヴァニア、バナト、マラムレシュ、クリシャナのルーマニア人代表者が民族党を結成し、トランシルヴァニアの自治と諸権利の平等、母語の使用を要求した。同党は世紀転換期に弾圧されるが、一九〇五年から事実上活動を再開し、アレクサンドル・ヴァイダ＝ヴォイェヴォドやユリウ・マニウら戦間期ルーマニア政治の担い手もその政治的存在を示していた。

帝国の境界地域ヴォイヴォディナ

ヴォイヴォディナはベオグラード以北に広がるドナウ川、ティサ川、サヴァ川の三河川によって区分される次の三地域、すなわち、ドナウ、ティサ以東のバナト、ドナウ、ティサ間のバチュカ、ドナウ、サヴァ間のスレムからなっている。中部ヨーロッパの南端ハンガリー平原とトランシルヴァニアの山なみ、そしてドナウ、サヴァ以南のバルカン半島の結節点にあり、この自然地理的環境は同地域の住民の歴史にも少なからぬ影響を与えてきた。オスマン帝国のヨーロッパ地域への領土拡大以降、ヴォイヴォディナはオスマン、ハプスブルク両帝国の国境地域となり、たび重なる戦闘によって荒廃した。ハプスブルク帝国は同地域に植民政策によって帝国内外から多様な言語・宗教を背景とする人々を定住させ、農業や商業の振興に努めた。ルーマニア人、セルビア人、マジャール人、スロヴァキア人、「シュヴァーベン人」と呼ばれたドイツ人などがさまざまな特権を得て移住した。

ヴォイヴォディナには一六九一年、オスマン帝国領のペーチにあったセルビア正教会総主教のアルセニエ三世とともに、三万〜四万といわれる多くの家族が移住した(大移住《ヴェリカ・セオバ》)。このときレオポルト一世は宗教的自由と彼らの長としてヴォイヴォダを選ぶ権利を約束したともいわれるが、結局それ以降歴代の皇帝は勅許状の確認はするもののヴォイヴォダの選出はなされなかった。クロアチア＝スラヴォニアなどとともに軍政国境地帯に編入された地域も多く、それはハプスブルク帝国中央の管轄下に置かれた。政治的な自治は得られなかったものの、同地のセルビア正教会はスレムスキ・カルロヴツィを中心として宗教上の自治を獲得し、ルーマニア系も含め正教徒住民を管轄下に置いた。

十九世紀になると、バチュカのウーイヴィデーク（ノヴィ・サド）にセルビア系のギムナジウムが建てられ、さらに、一八二五年にはセルビア語の雑誌が発行された。一八二六年にペシュトで設立されたマティツァ・スルプスカは六四年にはノヴィ・サドに本拠を移し、スレムスキ・カルロヴツィ、ソンボルとともに、セルビア人の民族再生運動の拠点となった。一八四八年革命期には、スレムスキ・カルロヴツィにセルビア人たちが集まって「民族会議」を開催し、バナトでは蜂起が組織された。同じ時期、バナトのルゴシュ（ルゴジュ）ではスレムスキ・カルロヴツィのセルビア正教会の府主教の管轄からの独立を求めて、ルーマニア系正教徒住民が集会を開いた。一八四八年革命後、バナトとバチュカはテメシュヴァール（ティミショアラ）を都とする「セルビアのヴォイヴォディナ」として再編されたが、セルビア人に自治権は与えられておらず、一八六〇年にはハンガリーに再統合された。アウスグライヒ後の一八七二年にはヴォイヴォディナにあった軍政国境地帯はハンガリーに編入され、ヴォイヴォディナを構成する三つの地域はセレム県（スレム）、バーチ＝ボドログ県（バチュカ）、トロンタール県・テメシュ県・クラッショー＝セレーニ県（バナト）としてハンガリー王国下の地方行政単位へと編入された。

2 世紀転換期のバルカン諸国の政治

ルーマニア王国の政治

ルーマニアでは、一八六六年にホーエンツォレルルン家カール（ルーマニア語名カロル）が公として迎えられ、同年七月、ベルギーの憲法を模範として、新憲法が起草された。この憲法によって、正式に国名をルーマニアとし、赤、黄、青の国旗が制定された。同憲法は、四年ごとの制限選挙によって選出される上下両院を定め、公に行政府と軍隊の指揮権を与え、議会で採択された法律を裁可する権限をも与えた。同憲法第七条はルーマニア国籍をもつ資格をキリスト教徒に限定し、ユダヤ教徒、ムスリムを排除した。

ベルリン条約によって、ルーマニアは独立した王国となることが定められ、ベッサラビア南部をロシアに割譲する一方、ドブロジャの領有が認められた。ベルリン条約第四四条はルーマニアに対して国籍取得をはじめとした宗教の違いによる差別化をなくすよう義務づけており、一八六六年憲法はそれに抵触するものだった。世界イスラエル人連盟はベルリン条約の条文をもとにルーマニア憲法第七条の削除を求めるようヨーロッパ列強に働きかけた。この要求を内政干渉として反発する人々もいたが、一八七九年十月、ブラティアヌ政権は条文修正を認めて、ユダヤ教徒は条件つきでルーマニア国籍を取得できることになった。ただし、土地所有の権利は相変わらず認められないままだった。ブラティアヌ政権の対応ののち、一八八〇年二月にイギリス、フランス、ドイツはようやくルーマニアを独立王国として承認した。後継者のなかったカロルは、甥にあたるホーエンツォレルン家のフェルディナント(ルーマニア語名フェルディナンド)を養子にした上で、一八八一年五月十日に戴冠し、国王となった。

ルーマニアでは、大土地所有者を基盤とする保守党と、実業家や官僚に支えられた自由党(正式名称は民族自由党)が二大勢力となっていたが、ボイェリと呼ばれる地主層がどちらの党内にもみられた。また、制限選挙制のため、一握りの人々の手に政治権力が集中し、人口の大半を占める農民には政治参加の道が閉ざされていた。国王カロルは自らに好都合な政党に組閣をさせた上で選挙をおこない、その選挙ではつねに政権党が勝利するという、戦間期へと引き継がれる政治様式がここに形成された。第一次世界大戦まで、保守・自由両党はこうしてかわるがわる政権に就くことになった。

二大政党の分裂、多党化はここでもみられたが、ドイツの大学で学び、農業改革の支持者であったテオドル・ロセッティ、ペトレ・カルプ、ティトゥ・マヨレスク、アレクサンドル・マルギロマンら

「青年時代派」が保守党から分かれたときを除けば、保守・自由両党の分裂は政策やイデオロギーによるものではなく、むしろ個人的な対抗関係に規定されたものであった。選挙では投票操作や警察権力の介入などによって政権党はたとえ少数与党であってもその勝利を確かなものにし、選挙に勝利すると、自分たちの派閥により官職・利権を独占することが繰り返された。

自由党は国内の商工業を発展させるため、保護関税を導入しようとしたが、これはオーストリア＝ハンガリーとのあいだにセルビアの「豚戦争」と同様の状況を現出した。その一方で国内産業を育成するため、一八八七年には輸入関税や国税の減免措置や外国投資を促進する政策も導入された。ドイツ、オランダ、イギリス、フランス、ベルギーなどの資本がプロイェシュティ周辺の油田の開発、石油精製に注ぎ込まれ、ルーマニアは一九一三年には世界第四位の石油産出国になった。自由党の工業育成政策にもかかわらず、石油産業を除けばルーマニアの工業はあまり発展しなかった。

工業育成のため自由党は以上のような政策をおこなったが、農業に関しては、青年時代派の一部を除けば、政党は関心を払わなかった。看過され続けた農業・農民問題は、農村地域での緊張を高めた。一八六四年の農地改革後もルーマニアは相変わらず大土地所有者の国であり、彼らの多くは、首都ブカレストやパリに住み、土地を請負農場主に賃貸していた。技術的な進歩がほとんどなく、拡大する小麦の生産は技術革新によってではなく、むしろ開拓によるところが大きく、生産された小麦は輸出に向けられた。モルドヴァでは請負農場主の多くが法的には土地を所有できないユダヤ教徒だったたた

チェルノフツィ
(チェルナウツィ)
ドニエストル川
オデッサ
ウィーン
ブダペスト
ティサ川
スチャヴァ
ヤシ
キシナウ
クルージュ
リュブリャナ
ザグレブ
ドラヴァ川
セゲド
ブラショヴ
ティミショアラ
スリナ
リエカ
サヴァ川
ベオグラード
コンスタンツァ
ブカレスト
サラエヴォ
黒海
モスタル
ニシュ
ドナウ川
ヴァルナ
ソフィア
ブルガス
ドゥブロヴニク
スコピエ
プロヴディフ
エディルネ
イスタンブル
テッサロニキ
ヴォロス
エーゲ海
イズミル
アテネ
コリント
鉄道建設年代
1850年以前
1850—80年
1881—1914年
国境(1880年)
公国・自治州の境界(1880年)
0
150km

第一次世界大戦前のバルカン鉄道網の発達

め、一九〇七年の農民蜂起は反ユダヤ主義的な色彩を帯びた。農民蜂起はアヴェレスク将軍の率いる軍隊によって鎮圧され、一万をこえる死者を出したと推定されている。農民蜂起後、農業改革案が議会に上程されたが、それらは、土地を求める農民を満足させるものではなかった。

対外的にはルーマニアは一八八三年にオーストリア＝ハンガリー、ドイツと秘密同盟条約を結び、第一次世界大戦にいたるまでこの条約は五年ごとに更新され続けた。この条約の存在は国王カロルおよびごく少数の閣僚経験者にしか知らされず、議会はもちろん国民に対して秘密にされていた。

南スラヴの独立国家――セルビアとモンテネグロ

セルビアは、ベルリン会議においてオーストリア＝ハンガリーがボスニア＝ヘルツェゴヴィナを占領することが認められたことに衝撃を受けたが、その一方で、ロシアがブルガリア公国の樹立に大きな役割を果たしたことに反発し、外交的にはオーストリア＝ハンガリーに接近する道を選んでいった。一八八一年、ミラン公はオーストリア＝ハンガリーと関税同盟、さらに秘密協定を結んだ。この結果セルビアは王国として承認されたが、経済的に、さらに政治的にもオーストリア＝ハンガリーに従属することとなった。一八八五年の対ブルガリア戦争での敗北後、国内の親オーストリア勢力は減退した。

一八八九年、国王ミランは王位をアレクサンダルにゆずったが、アレクサンダルはドラガ・マシーンとのスキャンダルによって不評を買い、一九〇三年にはディミトリエヴィチ（通称アピス）率いる将校団によってドラガとともに暗殺された。このとき、新しく王位に就いたのはカラジョルジェヴィチ家のペータルで、ペータルはニコラ・パシッチ率いる急進党に政権を委ね、新しい憲法に基づき民主的制度を導入した。ペータルは一八七七年、ヘルツェゴヴィナの蜂起に参加した経歴もあり、第一次セルビア蜂起の指導者であるカラジョルジェの孫にあたった。パリやジュネーヴで教育を受け、親仏的だといわれるペータルは、一方では大セルビア主義的見地からではあるが南スラヴ統一にも関心を寄せた。彼の時代、セルビアの外交はオーストリア＝ハンガリーから当時同盟関係にあったロシア、フランスへと転換し、社会民主党を除く諸政党は大セルビア主義を強く訴えた。一九〇八年のオーストリア＝ハンガリーによるボスニア＝ヘルツェゴヴィナ併合は、セルビア王国内で反ハプスブルクとボスニア＝ヘルツェゴヴィナの「解放」を唱えるグループを形成させた。一九〇八年末、文民によるナロードナ・オドブラーナ（民族防衛団）が結成され、一一年にはディミトリエヴィチを中心とする秘密結社「統一か死か」（通称「黒手組」）が組織された。ナロードナ・オドブラーナはサラエヴォ事件後、オーストリア＝ハンガリーの対セルビア最後通牒のなかで黒幕として名指しされたが、実際、プリンツィプら青年ボスニアのメンバーに武器を援助したのは「統一か死か」であった。

対外政策の転換はオーストリア＝ハンガリーとの経済関係にもあらわれ、鉄道建設や借款、軍需品の購入をめぐる対立をも引き起こした。一九〇五年、セルビアはブルガリアと経済同盟協定を締結し、また、軍需品購入もオーストリア＝ハンガリーからフランスへと切り替えた。オーストリア＝ハンガリーはこれに対してブルガリアとの協定を破棄するようセルビアに迫り、さらにセルビアの家畜（豚）の輸入を禁止する措置をとった。この「豚戦争」は両国関係を悪化させたが、その一方で、ドイツへの輸出が促進され、また、セルビア国内の食肉加工業を発展させる結果も生んだ。

ベルリン条約によって独立が認められたもうひとつの南スラヴの国家であるモンテネグロは、一八六〇年から一九一八年までニコラ一世の統治下にあり、その政治における中心課題は山岳地域の氏族に対する支配とその維持であった。モンテネグロは対外的には、ロシア帝国、ハプスブルク帝国、オスマン帝国のあいだでしばしばバランスをとり、十八世紀以来、ロシアからの援助を引き出すことに成功してきた。ニコラ公は専制的な支配をおこなったが、一方で、おもな氏族の長から自らの顧問を選び、さらに一八七九年には立法府の機能を果たす国家評議会や閣僚評議会、高等裁判所を設置した。国内は一二の行政区に分けられ、それは行政・司法の両権力をもつカペタンが管轄した。一八八八年にはロシアをモデルとして軍隊再編もおこなわれた。経済の基盤は畜産で、輸出の三分の二は家畜あるいはその加工品であった。可耕地に恵まれず国内の産業の可能性に乏しいため、季節労働者としてあるいは移民として多くの人々がアメリカ合衆国をはじめ国外へと流出した。また、国外の教育機関で学ぶ人々もあらわれ、とくにベオグラードで当時の政治思想にふれた多くの学生が、自由主義的改革と立憲君主制を求めた。

一九〇五年、ニコラは憲法を発布したが、相変わらず公は政治の実権を握り、発議権、閣僚任命権、そして議員の一部を選ぶ権利をもっていた。議会は公の権限を制限しようとしたが、公は反対勢力を弾圧し、一九〇七年には議会を解散した。公に反対する自由主義者たちは続く選挙をボイコットし、公のシンパのみによる議会が形成された。

「公国」から「帝国」へ——ブルガリア

一八八五年、東ルメリアで現地のブルガリア民族解放運動指導者を中心に公国との統一を求める蜂起が起こり、これをアレクサンダル公はロシアの合意を得ずして、統一を宣言するにいたった。露土戦争後、ロシアの後見のもとに自治を得たブルガリアであったが、公国に派遣されたロシア人の役人や軍人たちの態度はブルガリア国内では不評を買い、アレクサンダル公自身とロシアのあいだにも齟齬が生じていた。ブルガリア公国と東ルメリアの統一をロシアは認めず、この問題を議題とする列国会議が開かれたが、東ルメリアのブルガリアによる統一をバルカンの勢力均衡を乱すものと考えたセルビアは、オーストリア＝ハンガリーの後ろ盾を得てブルガリアに宣戦布告した。ロシアの軍事的援助を得られないブルガリアであったが、この対セルビア戦争に勝利し、その結果、公国と東ルメリアとの統一は国際的に承認された。しかし一八八六年、ロシアの圧力のもと、アレクサンダルは退位を余儀なくされた。

アレクサンダルの退位後、政治の実権は首相となったスタンボロフが掌握した。スタンボロフはロシアとの国交断絶に踏み切り、オーストリア＝ハンガリー、ドイツ、さらにオスマン帝国との関係を改善するとともに、国内の近代化に努め、バルカンにおけるブルガリアの地歩を築いた。彼は国内的には反対者に対して議論による論戦を望むことなく強権的な弾圧をおこない、この後長く続くことになるブルガリア国内政治の暴力的な行動のパターンをつくり出した。

スタンボロフは、空位となっているブルガリア公にザクセンのコーブルク家出身のフェルディナントを迎えた。しかし、スタンボロフの影響力をきらったフェルディナントによって一八九四年にスタンボロフは解任され、翌年、彼は暗殺された。フェルディナントは息子ボリスを正教の様式によって洗礼させ、対ロシア関係の改善をはかり、対外的には一八九六年、ロシアの合意のもと、オスマン政府によってブルガリア自治公国の公に承認された。フェルディナントはブルガリア自治公国の二大政党であった自由党、保守党から分裂した多くの政党を対立させながら、公として政治の実権を握り、「個人体制」と呼ばれる体制をつくった。既成政党は、政党名に「自由」や「民主」「国民」「進歩」「急進」などといったことばを掲げてはいたが、理念や政策の違いによって党派を形成するというよりも、むしろ指導者となる人物間の個人的な対立や利権や官職をめぐる争いによってそれぞれの派閥を形成し、抗争を繰り返し続けた。

一八九七年から始まる凶作と、九九年に自由党ラドスラヴォフ派政権が打ち出した十分の一税の復活に抗議して、農民運動が展開された。一八九九年末には農村詩人のツェルコフスキらによっていくつかの地域で個別に展開されていた運動はプレヴェンの農民集会に参集し、そこでブルガリア農民同盟が結成された。当初の農民同盟の綱領は、政党として政治に参加する内容ではなかったが、一九〇一年の第三回大会において政党化をはかることになる。そして、アレクサンダル・スタンボリースキを機関紙『農民の旗』の編集長にし、町村単位の地方組織である「ドルジヴァ」を全国規模で設立するなかで、支持基盤を拡大していった。農民同盟はフェルディナントの個人体制とそれを維持している既成政党を厳しく批判した。

一九〇八年、青年トルコ革命によるオスマン政府の混乱に乗じて、ブルガリアの独立を宣言し、翌〇九年には国際的に独立が承認されることになったが、このときフェルディナントは自ら「ツァール(皇帝)」と名乗り、国名も「クニャージェストヴォ(公国)」から「ツァールストヴォ(帝国)」に変えた。共和主義を唱える農民同盟はこれに強く反発し、最大野党勢力となっていった。

大ギリシア主義の模索

ギリシア国王のゲオルギオスは一八七五年以降、議会の最大党派から首相を指名することに合意し、以後、十九世紀末までトリクピスとディリヤニスがかわるがわる政権に就いた。トリクピスは軍事的経済的に準備ができるまでギリシアの対外拡張政策を棚上げにし、国内発展を求める綱領を掲げていた。イオニア海とエーゲ海を結ぶコリント運河の建設をはじめとして道路、鉄道、港湾の整備を進め、陸海軍、警察機関の再編を実行した。ただし、こうしたプロジェクトには費用がかかったため、ギリシアは一八九三年には国家破産を宣言せざるを得なかった。一方、ディリヤニスはクレタやマケドニアでの危機を利用して、対外拡張を唱えた。一八九四年に設立された民族協会《エスニキ・エテリア》は、ギリシアの民族的目標を推進しようとするものであり、ギリシア軍将校の四分の三がそのメンバーといわれ、「未回収の領土」獲得の闘争を支えていた。クレタとマケドニアはその中心地であったが、一八九六年、クレタで彼らの蜂起が起き、九七年、反乱者たちがギリシアとの統一を宣言したことを受けて、ディリヤニスは軍隊を動員してクレタに派兵、さらにギリシア本土のオスマン帝国との国境地域でも戦闘状態に入った。本土での戦いに敗北したギリシアであったが、列強の圧力のもとでオスマン政府はクレタ島に自治権を与え、ゲオルギオス国王の第二子であるゲオルギオス公を総督とすることを認めた。一八九〇年代以降、経済破綻と敗戦により国内の社会経済状況は悪化し、アメリカへの移民が増加し、その数は第一次世界大戦前までに約三五万人に達した。

一九〇八年秋、クレタ島ではふたたび蜂起が起こり、一方的にギリシアとの統一を宣言したが、ギリシア政府はオスマン政府の要求に応じてクレタとの統一を否認した。翌〇九年八月に青年将校らで構成された軍人連盟はクーデタを起こし、武官の大臣登用と陸海軍の再建を要求し、クレタ島出身のヴェニゼロスに指揮をあおいだ。ヴェニゼロスはすでにクレタ島において政治的に頭角をあらわし、総督であるゲオルギオス公としばしば衝突していた。その影響力は大きく、一九〇五年には蜂起を起こし、その結果、ゲオルギオス公はアテネに戻らざるを得なかった。一九一〇年一月、ヴェニゼロスは軍人連盟の申し出を受け入れ、その政治顧問としてアテネに赴いた。同年末の選挙でヴェニゼロス支持派が勝利した。ヴェニゼロスは軍人連盟の顧問ではあったが、軍の政治への影響力を抑えようとし、国王が議会選挙実施に合意すると軍人連盟を解散させた。さらに、一八六四年憲法の改正をおこない、行政機能の改善に努め、農業省を設置し、また、社会改革にも力を入れ、初等教育を義務化し、女性や子供の最低賃金を設置し、労働組合法をつくった。こうしてヴェニゼロスの諸改革が実施されたことによって、ギリシアにおいては農民運動や労働運動などの急進化をみなかった。

3　バルカン戦争への道

マケドニア問題

十九世紀中葉以降、バルカン諸国、あるいは諸民族のあいだでは連邦構想が模索されたり、対オスマン同盟外交が展開されたが、ベルリン会議以降、こうした動きは目立たぬものとなっていた。自治を確立し、あるいは独立国家となってそれぞれの領土の拡大を追求するバルカン諸国のあいだでは、オスマン帝国支配のもとに置かれた地域の領有をめぐる対立があった。マケドニアもギリシア、セルビア、ブルガリアの領土拡大の争点となった。マケドニアはテッサロニキという港と商業・交易の中心地をもち、古代から西アジア、エーゲ海、地中海、さらには北上して中部ヨーロッパを結ぶ重要な地域であり、バルカン諸国のナショナリストがそれぞれ主張するように、ビザンツ帝国、中世のセルビア帝国やブルガリア帝国がそれぞれ支配領域とした地域であった。

十九世紀後半から二十世紀初頭にかけてこのマケドニア地方はオスマン帝国のコソヴァ、マナストゥル、セラーニク三州に区分されていたが、言語的にも宗教的にも多様な人々が住んでいた。一九一〇年の時点でマケドニア地方の人口は約二〇〇万を数えたが、そこには、スラヴ人、トルコ人、ギリシア人、アルバニア人、ヴラフ、ユダヤ教徒、ロマなどが混住していた。この地のスラヴ系正教徒はギリシア系聖職者が支配的であるコンスタンティノープル総主教座に帰属していたが、一八七〇年、オスマン政府はブルガリア総主教代理座の設置を認め、各教区民の三分の二の要求があればその教区の管轄を総主教座からこの独立したブルガリア正教会に移すことが認められたため、マケドニアにおいてもブルガリア正教会の活動が拡大し、総主教座との対立が深まることになった。ブルガリア人は公国を形成してからもサン・ステファノ条約が定めたブルガリアの実現をめざして、一八八四年にキリル・メトディ協会を設立し、マケドニアでの文化教育活動を展開したが、これに対抗してセルビアは、一八八六年に聖サヴァ協会を設立した。

ブルガリア、ギリシア、セルビアの三国は教会や文化組織、学校の設立を通じてそれぞれマケドニアの住民を自陣営に取り込もうとした。その三国のナショナリストたちは、先に述べたような歴史主義に訴え、マケドニアの領有を主張しただけでなく、たとえばブルガリアでは、マケドニアのスラヴ系住民の話す言語がブルガリア語にきわめて近いことを論拠とし、あるいはセルビアでは聖者の祝日の慣習がセルビアのそれと近いことから、そしてギリシアはマケドニアのスラヴ語を話す住民をスラヴ化されたギリシア人と主張して、それぞれマケドニア住民が自民族に属し、その居住地域が自国の領土となることが正当であると強調したのだった。地理的には接していないルーマニアもヴラフが話す言語がルーマニア語と同系統であるアルーマニア語だとして、文化協会を設置したり、彼らの言語の維持・発展のため、助成金を出すなど、マケドニアの地域に対して強い関心をもっていた。

マケドニア地域の知識人の多くはギリシア語学校やブルガリアの教育機関などで教育を受けてきたが、そのなかにはゴツェ・デルチェフら「マケドニア人のためのマケドニア」をスローガンに一八九三年に結成された内部マケドニア革命組織(VMRO)の指導者たちも含まれていた。内部マケドニア革命組織には、諸国対立の焦点であるマケドニアをひとつの領域自治をもつ単位とするバルカン連邦構想をもつ人々も参加していたが、全体としてはまずマケドニアの自治を獲得するための蜂起を主張していた。隣接諸国においては、一八九四年ギリシアで民族協会《エスニキ・エテリア》、九五年ブルガリアで「最高マケドニア委員会」が結成され、この地域での影響力拡大のため、宣伝、ゲリラ活動を組織した。

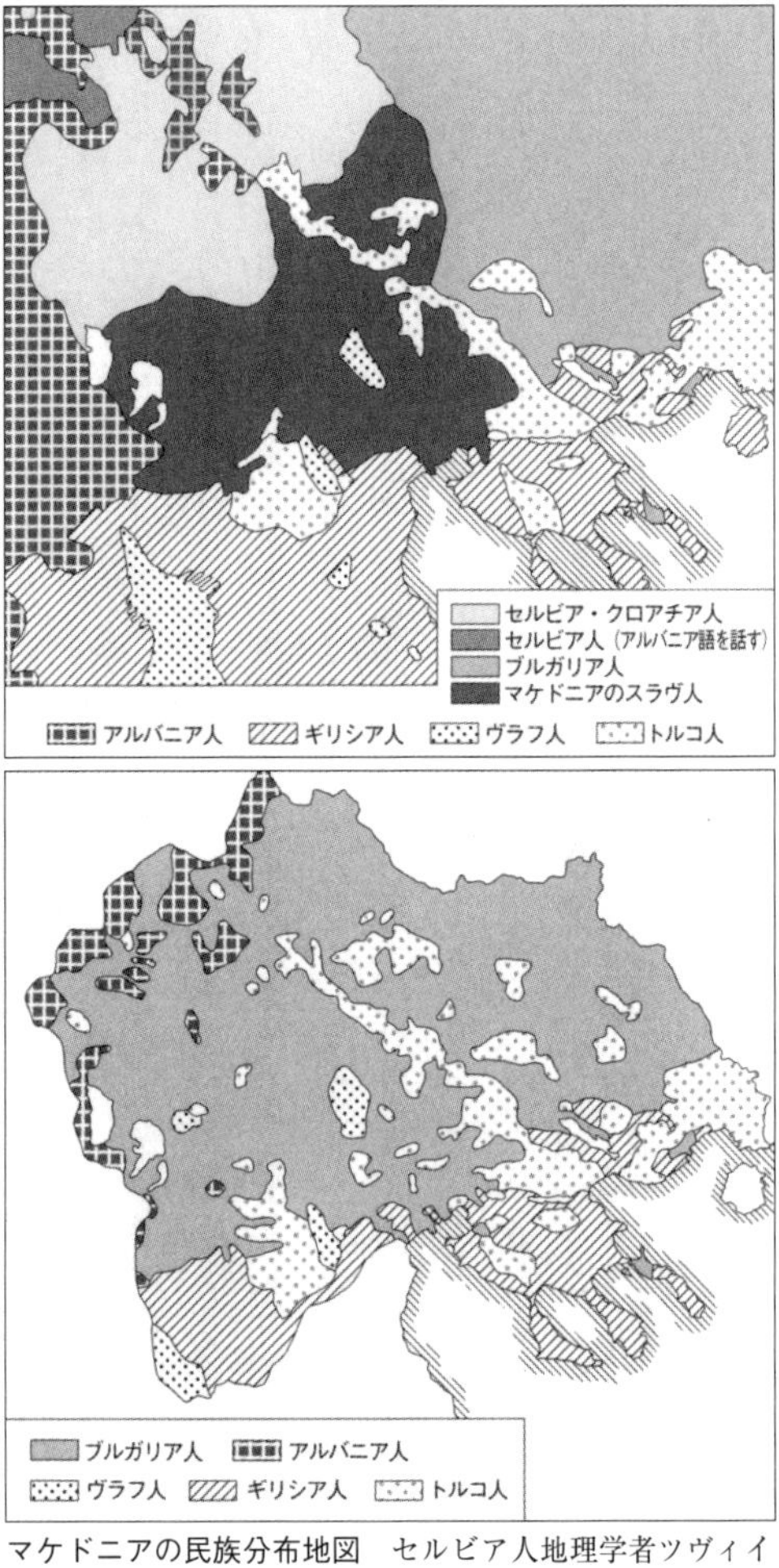

マケドニアの民族分布地図　セルビア人地理学者ツヴィイッチ(上)とブルガリア人民俗学者カンチョフ(下)のものを比較すると，マケドニア地方のスラヴ系住民の性格づけ，居住地域が大きく異なる。

一九〇三年の夏、聖イリヤの日にマケドニアとエディルネ周辺で内部マケドニア革命組織による武装蜂起が起こった。マケドニア中部のヴラフの多い町として知られるクルシェヴォでは、共和国宣言がなされたが、これはイリンデン蜂起と呼ばれ、のちにマケドニア人としての民族意識をもつ人々によってマケドニア国家樹立の最初の試みとして評価されるようになる。イリンデン蜂起はオスマン軍によって鎮圧され、蜂起に加わった村々が焼き払われた。イリンデン蜂起後、ロシアとオーストリア＝ハンガリーはミュルツシュテーク綱領と呼ばれるマケドニアにおける改革案を提起し、オスマン政府はこれを受け入れた。しかし、隣接諸国が支援する武装集団はこれ以降もマケドニアで活動を続け、マケドニアの混乱は続いた。

自治を求めるアルバニア人

トルコ語で「アルナブトルク」といわれたアルバニア人地域は、世紀転換期にあってはオスマン帝国のヤニヤ、マナストゥル、イシュコドラ、コソヴァの四州にまたがっていた。アルバニア語でアルバニア人は「シュチプタル」(言葉を解する人の意)といい、言語的には北部地域ではゲグ方言、南部地域ではトスク方言が話された。オスマン統治下にあって、北部にはカトリック教徒、南部には正教徒がそれぞれ住んでいたが、十七世紀に大量の改宗があり、住民の七割はベクターシュ教団のムスリムだった。十七世紀末にはコソヴォに住んでいたセルビア人がドナウ川をこえて南ハンガリーのヴォイヴォディナに移住したため、オスマン政府は改宗したアルバニア人をコソヴォに入植させた。

一八七八年、サン・ステファノ条約はセルビア、モンテネグロ、ルーマニアの領土拡大と独立を認め、ベルリン会議で大幅に修正されることになるがマケドニアも含んだブルガリア公国を誕生させた。

ベクターシュ教団の導師　ベクターシュ教団はトルコ系イスラーム神秘主義教団で，イェニチェリ軍団やバルカン地方出身者に帰依した人々が多かった。ベクターシュの修道場(テッケ)はしばしばアルバニア人ゲリラの隠れ家ともなった。

その版図にはアルバニア人が多く居住しているテトヴォ、デバル、コルチャなども含まれ、また、モンテネグロの南への領土拡大は、居住地域の分断を恐れるアルバニア人に行動を起こさせた。教会の違いにかかわらずコソヴァ州のプリズレンに集まったアルバニア人は、アルバニア人居住地域の分割阻止を共通の目的としていた。それは独立アルバニアをめざすものではなく、あくまでオスマン帝国の枠組みのなかでの自治を求めて行政や教育の現場にアルバニア語を導入させようというものだった。プリズレン連盟は一八八一年に解散させられるが、ナイムとサミのフラシャリ兄弟らは活発に文化運動を展開した。イタリア、エジプト、ルーマニア、ブルガリア、アメリカなどのアルバニア人移民社会は、イスタンブルの移民社会とともに文化運動を支えた。

世紀転換期には、四州にセラーニクを加えてひとつの地方とし、教育現場でのアルバニア語の使用を求めるグループと、四州をひとつの行政単位として自治権、行政、教育言語としてアルバニア語の使用を求めるグループがあらわれた。また、マケドニアをめぐるセルビア、ブルガリア、ギリシアの文化教育組織、教会の文化闘争、ゲリラ部隊によるテロの応酬は、とくにイリンデン蜂起前後から頻度を増し、コソヴァ州やマナストゥル州のムスリムのなかには対抗上武装集団を組織する者もいた。

一九〇八年の青年トルコ革命を指導した「統一と進歩委員会」には、アルバニア人も参加し、オスマン帝国内の改革を求め、オスマン臣民の法のもとの平等の要求を支持し、自治獲得の可能性に期待を寄せた。しかし、「委員会」の進める中央集権的な「オスマン主義」はアルバニア人の「民族主義」的な活動を禁じ、憲法回復後のオスマン帝国議会選挙においては、アルバニアで支持を集めていたイスマイル・ケマルらの選挙運動を妨害しようとした。

一九一〇年春、プリシュティナで始まった蜂起は一時はコソヴァ州全域に拡大したが、山間部の氏族社会の人々が戦闘を続けたほかは三カ月で鎮圧され、アルバニア人組織の解散、アルバニア語による学校教育と出版も停止された。しかし、イタリアとの戦争が始まったことで、オスマン政府は妥協を選び、学校の再開、減税、ラテン文字によるアルバニア語表記を認めた。また、オスマン軍のアルバニア人新兵はアルバニア地域で従軍することも認められた。ただし、四州をひとつの地域として自治権を与えるという要求についてはオスマン政府はまったくゆずらなかった。

一九一二年に入ると「青年トルコ」の排除と四州統合、自治権を要求してふたたび蜂起が起こり、八月にはユスキュプ(スコピエ)もアルバニア人の勢力下となった。翌九月にオスマン政府は要求を呑む姿勢をみせたが、バルカン戦争が始まり、自治権を含めアルバニア人の要求は宙に浮いたかたちとなり、周辺諸国の参戦によって、アルバニア地域は分割の危機に再度晒されることになる。

バルカン戦争

一九〇八年の青年トルコ革命はオスマン帝国下諸民族の平等をもたらすことが期待されたが、それが中央集権化と帝国臣民の「オスマン化」を進めるものであるとわかって、オスマン帝国に対する近隣諸国間の協調の動きをもたらした。一九〇八年以降、バルカン諸国はロシアの仲介、支援のもとで第二次のバルカン同盟結成につながる交渉に入っていた。セルビアは当初、同盟の対象をオーストリア＝ハンガリーに向けようとし、またブルガリアはマケドニア地方の分割に反対したため交渉は難航した。アルバニア人が自治を求めて蜂起し、イタリアとトルコとのあいだで戦争が開始されると、在ベオグラード、在ソフィアのロシア外交官の働きかけにより、セルビア、ブルガリアは一九一二年三月、友好同盟条約を締結した。五月にはブルガリアとギリシアのあいだで、第一次バルカン戦争直前にはモンテネグロがブルガリア、セルビアとそれぞれ同盟条約を結び、オスマン帝国との戦争を想定したバルカン同盟体制(いわゆるバルカン連盟)が形成された。一九一二年十月、モンテネグロがオスマン帝国に宣戦布告したのに続いて、セルビア、ブルガリア、ギリシアが参戦し、第一次バルカン戦争が開始された。

オスマン軍の主力と対戦したのはトラキアに展開したブルガリア軍であった。セルビア、ギリシアの両軍隊は、マケドニア、アルバニアへと兵を進めた。バルカン同盟軍は各戦線で勝利し、オスマン帝国の劣勢が明らかになると、諸大国は介入し、十二月には休戦、ロンドンにおいて講和交渉が始められた。翌年一月、講和の内容に反対する勢力によるクーデタがイスタンブルで起こり、一時戦闘は再開されるが、オスマン軍は再度敗北し、四月の休戦ののちに、五月末にロンドン条約が結ばれた。同条約はエネズ゠ミディエ(エノス゠ミディア)線をオスマン帝国の国境線とし、帝国のヨーロッパ地域の領土は縮小した。

ロンドン条約はアルバニアの独立を認める内容であったが、すでに同地に進駐し、併合を期待していたセルビアとギリシアは、その代償としてマケドニアの領有を主張し、ブルガリアを含めた三国のあいだで、マケドニアをめぐる対立が生じた。セルビアとギリシアは六月、対ブルガリア秘密同盟を結び、マケドニアに関するそれぞれの国境線を定めた。同月末にはブルガリア軍がマケドニア地方でセルビア、ギリシアの両部隊を攻撃し、第二次バルカン戦争が開始された。ブルガリアはモンテネグロ、ルーマニア、さらにオスマン帝国からも攻撃を受けて敗北し、ブカレスト講和条約を結んだ。こ

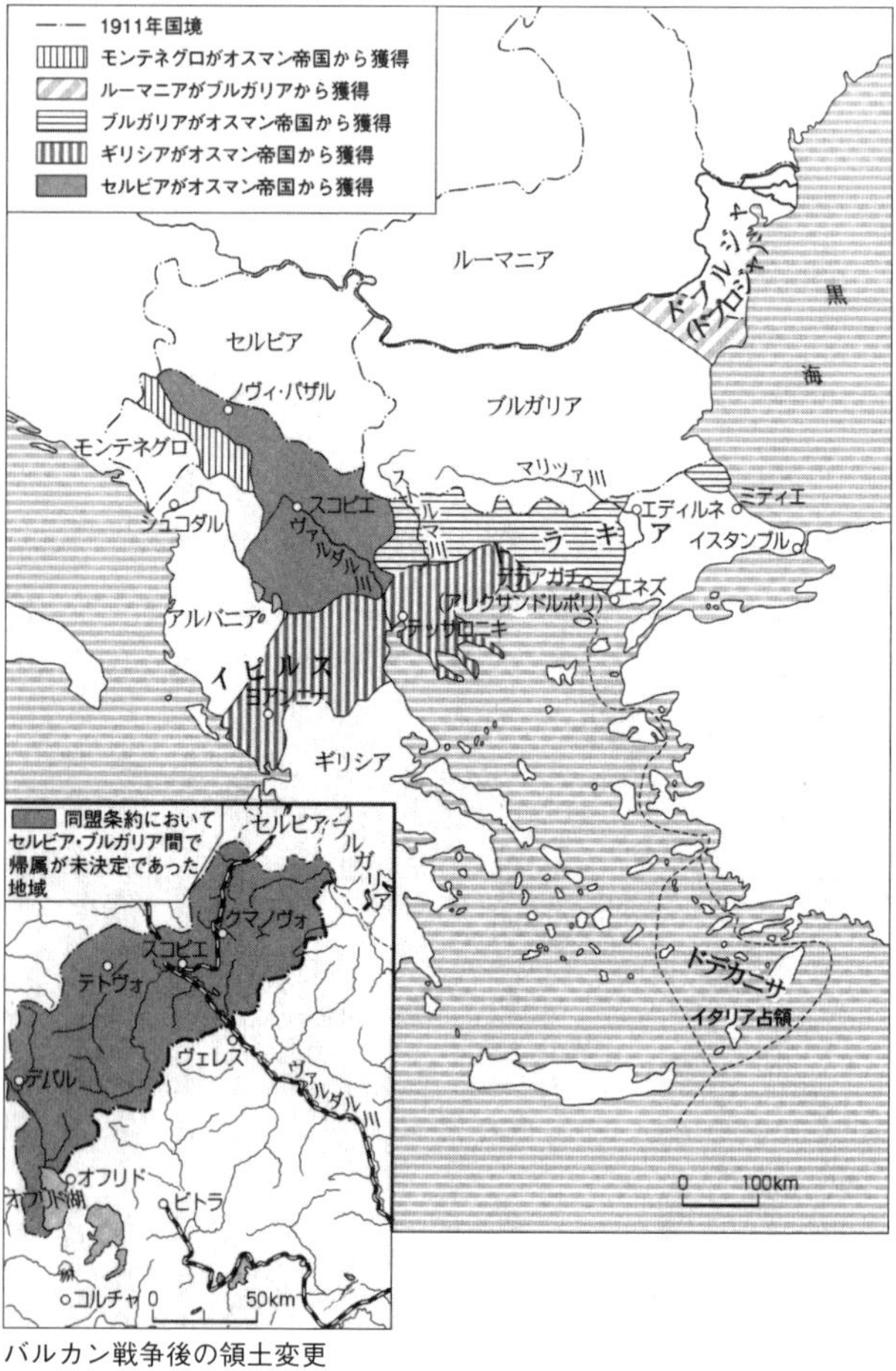
1911年国境
モンテネグロがオスマン帝国から獲得
ルーマニアがブルガリアから獲得
ブルガリアがオスマン帝国から獲得
ギリシアがオスマン帝国から獲得
セルビアがオスマン帝国から獲得
ルーマニア
セルビア
ブルガリア
モンテネグロ
アルバニア
ギリシア
黒海
ノヴィ・パザル
スコピエ
シュコダル
ヴァルダル川
マリツァ川
エディルネ
ミディエ
イスタンブル
エネズ
テッサロニキ
イピルス
ヨアンニナ
イタリア占領
0 100km
同盟条約においてセルビア・ブルガリア間で帰属が未決定であった地域
セルビア
ブルガリア
クマノヴォ
スコピエ
テトヴォ
ヴェレス
デバル
オフリド
オフリド湖
ビトラ
コルチャ
0 50km

バルカン戦争後の領土変更

れによってアルバニアの独立とマケドニアの分割が現実のものとなった。セルビアはクマノヴォ、スコピエ、オフリド、ビトラなどの都市とヴァルダル川流域(ヴァルダル・マケドニア)を領有し、また、モンテネグロとノヴィ・パザルを折半した。ギリシアはヤニヤ(ヨアンニナ)、テッサロニキを含むエーゲ海沿岸のマケドニア地域(エーゲ・マケドニア)を獲得した。ブルガリアはピリン山脈を含むマケドニア(ピリン・マケドニア)と西トラキアを得たが、南ドブルジャをルーマニアに割譲した。オスマン帝国はブルガリアとイスタンブル条約を結びエディルネを再度領有したが、ヨーロッパからの後退は避けられなかった。

バルカン戦争は、独立獲得以降、文化教育政策を含めて民族主義的な政策を追求し、領土の拡大をめざして軍備拡張を競ってきたバルカン諸国が、残されたオスマン領をめぐって争った戦争であった。戦勝国のナショナリズムは高揚し、敗戦国となったブルガリアとオスマン帝国は、失った領土、そして「未回収の領土」を求めることになる。第一次世界大戦は、バルカンの文脈においては、このバルカン戦争の延長戦上にあるといえるだろう。

4　第一次世界大戦

大戦中のバルカン諸国

第一次世界大戦の直接的契機となったのは、青年ボスニアのプリンツィプらが軍事演習観閲のためサラエヴォ訪問中だった帝位継承者フランツ・フェルディナントを殺害したサラエヴォ事件であった。オーストリア＝ハンガリーに最後通牒を突きつけられ、交戦国となったセルビアのみならず、バルカン諸国はこの戦争に関わっていった。その際、バルカン諸国は戦況を見守りつつ、三国協商国(イギリス・フランス・ロシア)、中央同盟国(ドイツ・オーストリア＝ハンガリー)双方の提示する参戦条件を比較し、どちらの陣営が将来より大きな領土的利害を満たし、かつ、すでにバルカン戦争において獲得した領土を保証してくれるのかを考慮したのだった。

オスマン帝国は一九一四年八月には中央同盟側と秘密協定を結び、その後協商側とも交渉をもったが、結局、同年十一月に協商側と交戦状態に入った。オスマン帝国にとっては、バルカンのみならずロシアとの国境線修正にも用意がある中央同盟側の提案が、魅力的であった。オスマン帝国の参戦によって協商国の船舶はボスポラス、ダーダネルス両海峡から締め出され、そのため、ロシアとその同盟国を結ぶ主要な海路は断たれることになった。

バルカン戦争で事実上の敗戦国となり、その領土的野心の焦点であるマケドニアをほとんど獲得できなかったブルガリアも、「未回収の領土」の獲得を目論んでいた。協商側はブルガリアに、トラキアとマケドニアの一部を割譲すると約束したが、中央同盟側はより多くの代償を申し出、とくにセルビア領マケドニアを与えることを約束した。国内の議論は中央同盟側、協商側そして反戦派に分かれていたが、親独的な国王フェルディナントは、中央同盟側が勝利すると確信し、スタンボリースキら反戦派を逮捕、ブルガリアは一九一五年十月、宣戦布告した。これによってセルビア軍は王国領をあとにし、冬のモンテネグロ、アルバニアの山地に追い込まれた。甚大な損失をこうむったセルビア軍は、コルフ島へと逃れた。

ルーマニアは中央同盟側との秘密同盟条約を結んでいたが、一九一四年八月に中立を宣言した。ルーマニアに対して中央同盟側はロシア領となっていたベッサラビアを提示したが、協商側はトランシルヴァニアを参戦の代償として約束した。協商側はさらに、トランシルヴァニア、ブコヴィナ、バナト、マラムレシュを含むデブレツェン＝セゲド線までを保証し、ルーマニアは一九一六年八月、協商側に立って参戦した。中央同盟側の攻勢で国土の三分の二が占領下に置かれたルーマニアは、一九一七年、ロシア軍の崩壊とともに中央同盟側と休戦した。しかし、敗戦とボリシェヴィキ革命によってもたらされたロシアの混乱に乗じて、ルーマニア軍はベッサラビアに展開した。ルーマニア系の「モルドヴァ民主民族党」はモルドヴァ民主共和国宣言をおこない、さらに議会《スファトゥ》は対ロシア独立宣言に続いて、一九一八年四月にはルーマニアとの統合を採決した。また同年十二月には、トランシルヴァニアの民族党が中心となってアルバ・ユリアで民族会議が開かれ、ルーマニアとの統合を求めた。

ギリシアはドイツ皇帝の義弟であるコンスタンディノス国王と、協商側に好意的なヴェニゼロス首相とのあいだに意見対立があり、参戦の問題はギリシアを二分し、かつ参戦のプロセスは錯綜していた。一九一五年、ヴェニゼロスが協商軍のテッサロニキ上陸を許可したが、国王はヴェニゼロスを批判、辞任に追い込み、公式には国の中立を維持した。一九一六年十月、国王と完全に決裂したヴェニゼロスはテッサロニキに臨時政府を樹立した。協商諸国は同政府を承認し、艦隊をピレウスに派遣し、国王に退位を迫った。コンスタンディノスは正式ではないものの後継を第二子アレクサンドロスとし、ギリシアは一九一七年七月、中央同盟に宣戦した。

一九一八年九月、テッサロニキの連合国軍は攻勢に出た。九月末、総崩れとなったブルガリア軍では反乱部隊があらわれ、首都ソフィアに迫った。国王フェルディナントは退位し、ブルガリアは降伏した。オスマン帝国も十月末には休戦を求めた。十一月には中央同盟側と講和条約を結んでいたルーマニアが、再度参戦した。ハプスブルク帝国のカール一世(カール・フランツ・ヨーゼフ)は十月十六日に「諸民族に対する布告」のなかで帝国の枠組みを維持しつつ、民族国家からなる連邦への再編を訴えたが、帝国各地では、さまざまな民族会議が開催され、政治的独立の獲得をめざし始めていた。

講和会議と新しい国境線

一九一七年十一月(十月)、無併合、無償金、民族自決の原則による講和を求めたレーニンの「平和に関する布告」への対抗宣言として、一八年一月にアメリカ合衆国大統領ウィルソンは「十四カ条」を提示した。そこに盛り込まれた民族自決の原則は、理念的には当該地域住民の帰属意識とその表明による国境線の画定を支持していったが、それは、戦争中に結ばれた秘密条約による領土割譲の約定とは対立し、国境線画定を含む講和交渉の「原則」とはならなかった。それだけでなく、民族自決の原則そのものの現実性がそれほど大きいものとはいえなかった。とりわけ、さまざまな言語・宗教、そして「民族的帰属意識」が交錯する多文化的なバルカンでは、この問題は顕在化せざるを得なかった。新しい南スラヴ人の統一国家、領土を拡大してルーマニア系だけでなく非ルーマニア系住民も抱え込んだルーマニア、領土が拡大せず比較的「民族的」には「均質」とされたブルガリアとアルバニアや、多くの難民を抱えることになるギリシアの場合も国外の「民族同胞」の問題のみならず、国内住民の分裂状況に悩まされることになる。

一九一四年十二月、セルビア政府はニシュ宣言においてセルビア人、クロアチア人、スロヴェニア人すべての解放と統一を戦争目的と規定し、ハプスブルク出身の南スラヴ人指導者の一部は、翌年パリ(のちにロンドンに移る)でユーゴスラヴィア委員会を設立した。一七年、ウィーンの帝国議会南スラヴ系議員は「ユーゴスラヴィア・クラブ」を設立、「五月宣言」において三重制を唱え、一方、コルフ宣言において、セルビアの亡命政府首相ニコラ・パシッチと、ユーゴスラヴィア委員会代表アンテ・トルムビッチのあいだに、セルビア人、クロアチア人、スロヴェニア人を含む国家創設の合意が成立した。この国家はカラジョルジェヴィチ朝を統治者とすることにしたが、国家形態に関しては、連邦制をとるか中央集権制をとるかは決定されなかった。

中央同盟側の敗北が濃厚となる一八年夏以降、二重王国の枠組みのなかでの自治を求める選択肢はもはや現実的ではなくなった。十月にはハプスブルク帝国内で、スロヴェニアのコロシェツ、ヴォイヴォディナのプリビチェヴィチらを中心にザグレブで「スロヴェニア人・クロアチア人・セルビア人民族会議」が設立され、帝国内の南スラヴ地域を統合した国家の創設が宣言された。さらに十一月、「民族会議」、セルビア政府、ユーゴスラヴィア委員会代表が集まったジュネーブ会議では、制憲議会が国家形態を決めるまで、「民族会議」とセルビア政府が並存して統治にあたると宣言された。しかし、ハプスブルク帝国が敗戦側となったため講和会議においては発言権をもたず、イタリアがスロヴェニア系、クロアチア系住民の居住地域の領有を主張している状況から、国際的承認を受け政治的・軍事的影響力をもったセルビア政府主導で国家創設は進められた。一九一八年十二月一日、南スラヴ諸地域の代表がベオグラードに集まり、「セルビア人・クロアチア人・スロヴェニア人王国」の樹立が宣言された。

新国家の国境線画定は、イタリアの主張と対立した。イタリアは中央同盟側と同盟していたにもか

ドイツ
ポーランド
ソ連
チェコスロヴァキア
ブコヴィナ
ベッサラビア
オーストリア
デブレツェン
ハンガリー
ヤシ
キシナウ
モルドヴァ
ケルンテン
ゲルツ=グラディスカ
クライン
セゲド
ルーマニア
トランシルヴァニア
トリエステ
ザグレブ
スラヴォニア
バチュカ
ティミショアラ
バナト
イストリア
スレム
ブカレスト
ドブロジャ
リエカ
ベオグラード
ワラキア
黒海
クロアチア
セルビア
ユーゴスラヴィア
ボスニア=ヘルツェゴヴィナ
ダルマツィア
ディミトロフグラド(ツァリブロド)
ボシレグラド
ブルガリア
ソフィア
イタリア
モンテネグロ
アルバニア
スコピエ
ストルミツァ
エディルネ
イスタンブル
ティラナ
マケドニア
トラキア
アレクサンドルポリ
ギリシア
エーゲ海
トルコ
イズミル(スミルナ)
アテネ
ドデカネス諸島
1914年の国境
1914年時点の旧ハンガリー王国領
1923年の国境
1918〜23年時点のトルコ領
住民投票地域
海峡非武装地帯
0
150km
第一次世界大戦による領土の変更(1918〜25年)

かわらず、ロンドン条約に基づいて、一九一五年に協商側に立って参戦した。この条約はダルマツィアとアドリア海諸島を含む南スラヴ人居住地の相当の部分を、イタリアに与えることを約束したものであった。結局イタリアは、イストリア、フィウメ(リエカ)、ツァーラ(ザダル)、トリエステを獲得した。

新国家は旧セルビア王国、旧モンテネグロ王国、ケルンテン、クライン、ダルマツィア(以上、旧オーストリア領)、クロアチア゠スラヴォニア、一部バナトを除いたヴォイヴォディナ、バラニャ、プレコムーリエ、メジュムーリエ(以上、旧ハンガリー領)、ボスニア゠ヘルツェゴヴィナ(オーストリア゠ハンガリー共通蔵相の行政下)、東部国境地帯の四カ所(旧ブルガリア領)から構成されていた。

ユーゴスラヴィアとならんで面積を拡大したのはルーマニアであった。ルーマニアは、すでに戦争中から軍隊をベッサラビアに展開させ、アルバ・ユリアの民族会議がルーマニアとの統合を求めたのに呼応し、同地域にも進出していた。また旧モルドヴァ領で一七七五年以来ハプスブルク領であったブコヴィナは、ルーマニア人、ウクライナ人、ドイツ人、ユダヤ教徒をはじめ少数ながら、ハンガリー人、ポーランド人も共住していたが、一九一八年十一月以来ルーマニアに占領されていた。以上の地方に加え、マラムレシュ、クリシャナ、バナトの一部に対するルーマニアの領有は、ルーマニアを挟む二帝国の崩壊とロシア革命の進展という状況下で承認され、ブラティアヌは外交的勝利の立て役者となった。

ギリシアはトラキアの一部をブルガリアから獲得したが、ドデカニサ諸島はイタリアに残され、キプロスは引き続きイギリスが領有した。オスマン帝国領の分割にあたって、ギリシアは、多くのギリシア人住民のいるイズミル(スミルナ)市とその周辺地域を支配することが認められた。この地方は、五年間ギリシアの統治下に置かれたのち、住民投票によってその帰属が最終的に決定されることになっていた。しかし、「メガリ・イデア(大ギリシア主義)」の実現をめざすギリシアは一九二一年二月、軍隊をイズミルから小アジア半島の中心部へと進めた。

一方、オスマン帝国と戦勝国との講和条約であるセーヴル条約はまだ批准されていなかったが、ムスタファ・ケマルの指導のもとに組織されたトルコ新政府は、フランス、イタリア、ソヴィエト・ロシアの外交的支持を取りつけていた。

アナトリアにおいてギリシア軍は敗北し、退却を余儀なくされた。トルコ人はふたたびイズミルに入城し、何代にもわたって築かれてきたギリシア系住民の町とその周辺に存在した多言語的共生空間は焼失し、「メガリ・イデア」は致命的な打撃を受けることになった。バルカン戦争以来このギリシア・トルコ(トルコ・ギリシア)戦争までの住民の移動(難民)やこれ以後のローザンヌ条約に付属する協定による住民交換によって、この地域のギリシア系正教徒住民は彼らにとって「異郷」となるギリシアへ移動せざるを得なくなった。ギリシアは約一三〇万人の難民を受け入れなければならなくなった。

戦争中は両陣営の通り道となり、オーストリア＝ハンガリー、イタリア、フランスの軍隊が占領下に置いたアルバニアには、戦後ギリシア、ユーゴスラヴィア、イタリアが領土要求を主張した。講和会議における三国間の利害調整によって、アルバニア国家の存続は国際的に承認されたが、隣国からの脅威は続き、領土の最終的確定は一九二五年まで待たねばならなかった。

敗戦側に立ったブルガリアはヌイイ条約を結び、西トラキアをギリシアに、また西部国境地帯の四つの戦略上重要な地域をユーゴスラヴィアに割譲し、報復的な賠償も課された。戦争で疲弊したブルガリアでは、戦時中に反戦を主張していた左派勢力（農民同盟、共産党）が戦後、台頭した。また、挫折したナショナリズムと報復的講和条約は、経済恐慌にともないバルカンで進展した協調外交、連帯の模索の過程で、バルカン諸国に対するブルガリアの領土修正主義的な対応をもたらす一因になった。

第六章

両大戦間期の政治危機

1 戦間期バルカンの諸問題

国民統合と少数民族

第一次世界大戦後のバルカン諸国は、第二次世界大戦後にルーマニアがベッサラビアとブコヴィナをソ連に、南ドブロジャ（ドブルジャ）をブルガリアに割譲し、ユーゴスラヴィアがイストリア半島、リエカ、ザダルなどを、ギリシアがドデカニサ諸島を獲得したことを除けば、一九九〇年代にユーゴスラヴィア連邦においてその構成共和国の分離独立がおこなわれるまで、ほぼ変わらない国境線をもつことになった。バルカン戦争以来続いた戦争の結果、オスマン帝国とハプスブルク帝国の旧領土の分割とロシア帝国からの割譲により、新国家ユーゴスラヴィアが誕生し、ルーマニアは大きくその領土を広げた。一方、ブルガリアとアルバニアが、旧オスマン帝国領土の分割によって得たものは少なかった。バルカン戦争と第一次世界大戦の両戦争に続けて敗北した側であったブルガリアは、一度は獲得したトラキアをギリシアに割譲し、マケドニアの分割では「サン・ステファノ」のブルガリア国境線を獲得できなかった。またアルバニアは、アルバニア系住民の三分の一がユーゴスラヴィア領に残され、ギリシアの統治下に残った住民もいた。ギリシアはトラキアとマケドニアに領土を拡大したが、ドデカニサ諸島はイタリア領となった。さらに、トルコとの戦争に敗北して「メガリ・イデア」は挫折した。

一連の戦争においてバルカン諸国はナショナリズムに訴えて住民を動員し、すでに始まっていた「民族意識」による住民相互の差別化を強化し、これまでそこに存在してきた共生空間の破壊をもたらした。ルーマニア民族の統一や南スラヴの統一の理念のもとに生まれた新国家も、難民受け入れや住民交換も、国民統合を進めるものとはならなかった。

アナトリアでの敗北によってギリシア系正教徒住民は小アジア半島からの移住を余儀なくされた。これらの人々に加え、黒海沿岸やブルガリア領からの移住者の多くが、その後ギリシア領マケドニアに定住した。同地域は、住民交換によりブルガリア人とムスリムがそれぞれブルガリア、トルコに移住したことも手伝ってギリシア的性格が強くなったともいわれた。しかし、住民交換がもたらしたものは、「民族的」均質化とは異なるものであった。何世代にもわたって生活してきた土地をたび重なる戦争によって追われ、あるいはこうした現実を追認する住民交換という手続きによって離れざるを得なくなった人々は、新たな土地で容易に受け入れられたわけではなかった。こうした問題はギリシア社会においても、第二次世界大戦後も生き続けた。

これは、領土拡大を果たせなかったブルガリアにもあてはまる。ブルガリアは獲得領土がなく、また住民交換や戦時の非ブルガリア系住民の移住によって、「言語的」「民族的」に均質な(さらに小土地所有者が支配的であることから社会経済的にも平等で均質ともいわれるが)社会が生まれたようにみえた。しかし、マケドニア出身者や同地からの難民は、やはりブルガリアの社会のなかにあって特異な存在であった。さらに、内部マケドニア革命組織が実質的に支配していたピリン・マケドニアは「国家内の国家」の体をなした。この地域の住民やマケドニア出身者の帰属意識、とりわけ「民族的」帰属意識の問題は、戦間期ならびに第二次世界大戦後の共産党の民族政策とも関係して、ムスリムの問題とともにブルガリア社会に存続していった。

アルバニアの場合、シュクンビン川を境界として南北の住民がもつ言語と社会の違いは大きく、さらに個々の氏族への帰属意識が強いため国民統合は容易ではなかった。この問題はゾグとホジャという二人の「独裁者」の支配を経ても解消せず、今日にまで続いているということができる。

領土を拡大したルーマニアの場合、旧王国(レガート)時代には、ドブロジャのブルガリア人、トルコ人やモルドヴァのユダヤ教徒の存在が少数民族問題として取り上げられたが、トランシルヴァニア、バナト、クリシャナ、マラムレシュを領土とした結果、新たにハンガリー人、ドイツ人という、従来その地域では政治的・社会経済的に支配的だったグループを少数民族として抱え込むことになった。こうした住民は民族政党を結成し、国内的には「ルーマニア化」をめざした文化政策を進める政府と対立し、対外的にはドイツ、ハンガリー、ブルガリアとの関係のなかで政府にとってはむずかしい存在となった。また、都市部のユダヤ教徒人口が多い、モルドヴァ、ベッサラビア、ブコヴィナでは、十九世紀後半以来いくたびか反ユダヤ主義が顕在化したが、それは政治行政の浄化と正教を基盤とする社会の変革を求める急進主義と結びつき、バルカンでもっとも勢力を拡大したファシズム運動を生むことになった。領土拡大は、ルーマニア系住民のひとつの国家への統合をたしかに実現はしたが、旧王国と新領土、とくに旧ハプスブルク帝国領の地域とでは政治文化も異なり、トランシルヴァニア政治エリートのなかには旧王国の政治をきらう人々も少なくなかった。

ユーゴスラヴィアの場合、状況はさらに複雑であった。スロヴェニア人が比較的一定の領域に集住していることを除いて、他の地域では複数の民族が混住している場合が少なくなかった。ボスニア＝ヘルツェゴヴィナ、ヴォイヴォディナの言語・宗教・民族的多様性はもちろん、クロアチア、スラヴォニア、ダルマツィアではクロアチア人、セルビア人それぞれの集住・混住地域が存在した。新国家成立以前のセルビア王国やモンテネグロ王国のように独立した領域国家としての歴史をもつ地域であっても、「南セルビア」と呼ばれたヴァルダル・マケドニア、コソヴォやサンジャク・ノヴィ・パザルなど比較的新しい獲得領土では、アルバニア人やムスリム、さらにのちに社会主義ユーゴスラヴィアにあって「マケドニア人」という名で「民族《ナロード》」として承認される人々など、非セルビア系住民が混住していた(もっとも、「南セルビア」ではスラヴ語を話す正教徒住民は一律にセルビア人とみなされ、セルビア化政策がとられていた)。当初、「セルビア人・クロアチア人・スロヴェニア人王国」と呼ばれたこの国家は、南スラヴ人による単一の民族国家として位置づけられたが、クロアチアの自治と民族性を強調するクロアチア人政治エリートにとっては、受け入れがたかった。また、民族的には同じセルビア人であっても、旧セルビア王国とドナウ、サヴァ以北の「プレチャニン(川向こうの人々)」のあいだでも、その歴史経験の違いや政治文化の違いは無視できないものであったということができる。

土地改革と都市の成長

戦間期のバルカン諸国では、領土拡大や住民交換だけでなく、戦争の終結や医療・衛生などのレヴェル向上により大幅な人口増加がみられた。国によって実施時期は異なるが、一九三〇年前後の国勢調査によれば、ルーマニア一八一〇万、ユーゴスラヴィア一四〇〇万、ギリシア六二〇万、ブルガリアは五五〇万、アルバニア一〇〇万であった。そのうち農林水産牧畜業従事者(その家族構成員を含む)人口が占める割合は、アルバニア八〇%、ユーゴスラヴィア七六%、ブルガリア七五%、ルーマニア七二%、ギリシア六〇%であった。第二次世界大戦までの二〇年間、際立った農業技術の革新やそれにともなう生産性の向上、村落地域住民の生活条件の改善はバルカン地域にはおとずれず、経済恐慌や村落地域での人口の増加は農民の生活をますます圧迫することになった。

第一次世界大戦の戦中、そして戦後を通じて、すべてのバルカン諸国はロシア革命の影響と国内の政治的圧力によって土地改革をおこなった。個々の経緯は異なっており、たとえばギリシアではすでに戦前からヴェニゼロスが社会改革の一環として土地改革に着手していた。また、中央同盟側に旧王国の大半を占領されたルーマニアの場合は、ブカレストからヤシに逃れた国王フェルディナンドが士気を奮い立たせ、加えてロシア革命の影響をやわらげようとして「農民兵士」に土地を約束し、戦後、農民党の急進的な改革案は葬られたものの土地改革が実施された。ブルガリアのようにもともと土地所有については平等的であったが、土地改革を綱領に掲げ、政権に就いた農民同盟がそれを実行し、土地改革が実際の土地所有構造の転換の効果以上に、社会に対するイデオロギー的、象徴的効果をともなった場合もあった。

それぞれの国、地方の土地所有のあり方も一様ではなかった。セルビア、ブルガリアのように戦前から比較的平等な小土地所有が支配的な地域もあれば、ルーマニアの旧王国地域のように大土地所有が発達しているところもあった。マケドニアとボスニア＝ヘルツェゴヴィナではムスリムの地主が、また、トランシルヴァニア、クロアチア、ヴォイヴォディナではドイツ人、ハンガリー人が大土地を所有しており、このことがそれぞれの地域における土地改革を容易にする場合もあった。もっともボスニアのムスリムのように政権支持の見返りに、その地域での土地改革を骨抜きにし、社会構造が温存されたケースもある。また、いずれの場合もロシア革命の影響を最低限に食いとめ、あるいは戦後政治において台頭した共産党の潜在的支持勢力の拡大阻止を意図したものとみることができる。このように土地改革は、経済的配慮によるだけでなく政治的配慮によって実現された側面ももっていた。

土地の再分配は、農民の生活改善や農業改革にはつながらなかった。第一次世界大戦後、バルカンの人口は急激に増加した。戦争の終結で生活はより安全なものになり、医療と衛生の改善によって死亡率は低下した。しかし、バルカンでは農村部で増大する余剰人口を受け入れる産業部門が発達せず、発達しつつあった都市も人口吸収を可能とする工業を発達させてはいなかった。このため、農村における人口過剰は大きな問題となった。財産の均等分与の慣習も、土地の極端な細分化をもたらすだけで、アメリカ合衆国への移民の道を断たれた農民たちは、出稼ぎなど季節労働により生計を立てることも少なくなかった。政府は工業への助成、保護政策はおこなっても農業振興策はとらず、スロヴェニア、ブルガリアなど協同組合組織網が発達した所を除けば、農民は農機具購入費はおろか生活費の調達にも窮した。バルカン諸国は、人口の増加、所有地の細分化、生活水準の継続的低下という悪循環に陥っていった。

一方、十九世紀以来続けられてきた借款、外資導入、保護関税といった国内産業育成政策はルーマニアの石油開発などいくつかの場合を除けば、工業部門の十分な発達をもたらさず、工場や鉱山の労働者をはじめ第二次産業従事者の増加も、過剰人口を吸収したものではなかった。工業化の過程は、また農民の負担をさらに重くした。購入を不可能にするような高い関税が、自国産業と競争する外国製品にかけられた。そのため農民は、しばしば粗悪な製品に高い代価を支払うはめに陥った。関税は、農業に必要である肥料や農業機械のような品目にも課せられたのである。第二次世界大戦が始まるまでに、バルカン諸国の工業発展は、農村の過剰人口の問題を緩和するのに役立つほどの水準には達しなかった。このように農民は、彼らがそのために多くを支払ったものから、ほとんど何の恩恵も受けることはなかったのである。

都市、とりわけ首都は、政治的中心としてだけでなく経済・文化の中心として発展した。十九世紀以来、行政機関や文化・教育施設が設置され、市電や下水・街灯の整備がおこなわれた首都は、戦間期には人口を倍増させていった。高級官僚や政治家などの政治エリート、銀行家や企業家など経済エリートの多くが暮らし、都市知識人が議論を戦わす場として、権力と富と知がそこに集まった。居住し労働し社交する空間としての都市では、建造物、交通手段、服装、娯楽などの西欧化が進んでいった。ブカレストのように十九世紀後半以降フランスの建築家の設計による建造物が相次いで建てられ、「バルカンの小パリ」と呼ばれる場合もあった。都市と農村の格差の拡大は、農村地域に根をもちあるいはそこに暮らす村の知識人たちの憂慮や憤りの源泉となり、ブルガリア農民同盟をはじめ多くの農民政党のイデオロギーには、都市とその居住者に対する憎悪をみることができる。農民政党は戦間期の政治において政権を担う場合もあったが、クーデタにより打倒されたり、経済恐慌に対応する政

世紀初頭のソフィア(上)と1930年代のブカレスト　ブルガリアの首都となったソフィアは当初はバルカンの一地方都市にすぎなかったが，政治・経済・文化の中心となり整備された。写真(上)は「タルゴフスカ(商業)」通り。一方，ルーマニアの首都であるブカレストでは，1878年，露土戦争での勝利を記念して通りの改称がおこなわれた。写真(下)は1930年代のとある祝日。「バルカンの小パリ」ブカレストっ子でにぎわう「カレア・ヴィクトリエイ(勝利大通り)」。

策を打ち出すことができなかった。経済恐慌以降、農村・都市の貧困層や、職のない青年層を引きつけていくのは、以下に述べるように左右の急進主義であった。

国家装置と社会インフラ整備

十九世紀の国家形成以来、バルカン諸国は競って官僚機構、軍隊の整備拡充に努め、その人員を育成するための文化教育機関を設置し、通信輸送手段など社会インフラストラクチャーの整備にも乗り出した。中央集権的な行政制度を選んだバルカン諸国では、中央・地方に数多くのポストを設けたが、官僚機構の肥大化は国家財政に負担となっていった。もっともポストがなければ失業し、共産党や急進主義的右翼勢力の潜在的人員となった青年層の一部を、政治的に穏健化する効果は認められるかもしれない。

講和条約によって兵力に制限を設けられたブルガリアを除けば、戦後のバルカン諸国は今度は領土保全のために軍備を増強しなければならなかった。そして、新領土獲得にともなう国内輸送交通網の整備や移住者の定住政策との関連で、干拓や灌漑土地開拓事業も重要な課題となった。ブルガリアの「勤労義務制」は、軍隊のかわりに住民を動員して道路・橋などを建設し、インフラを整備する試みであったが、自国資金が乏しかったバルカン諸国は軍隊装備や土木建設工事の資材・技術にいたるまで、外国からの借款や投資に頼らざるを得なかった。

しかし、装備・資材・技術購入に際しては、工業発展や資源開発の場合と同様に、与党政治家と政府官僚がその方法や購入の選択に深く関与していた。役人たちは企業に利権を売り渡し、賄賂や贈与を受けることもあった。人事は、しばしば政権交代によって左右されたため、選挙は政策をめぐる争いよりも官職と利権をめぐる争いともなった。官職をめぐる争いはこうして、政治の世界にも持ち込まれ、十九世紀以来の政治家とその支持者の官職・利権を介してのつながりは、戦間期バルカン社会にも引き継がれた。

バルカンの政治

バルカン諸国においては、農民が人口の大多数を占めていたにもかかわらず、通常、政治権力から効果的に排除されていた。戦争直後、ブルガリア、クロアチア、ルーマニアに農民政党が登場し、短期間ではあったが政権に就くか、あるいは政府に影響をおよぼすほどに発展した。しかし、それらは急速に影響力やあるいは農民主義的な性格を失っていった。戦後、農民勢力と同様、共産党も勢力拡大に成功した。バルカン諸国では政府の工業化政策にもかかわらず、工場・鉱山労働者はごく限られていた。それでも、世紀転換期には社会民主党が各国で設立され、第一次世界大戦後には、そのうち左派勢力が共産党を結成した。しかし、二〇年代初めには次々と非合法化され、活動の制限が加えられた。また、「民族自決」をめぐる路線問題で各国における影響力を維持拡大できなかった。そのため政治権力は、富や教育を通じて有利な地位を確保し、警察や軍隊を支配する比較的少数の支配階級の手に、以前と同様、残されたままであった。それでも政治は議会制度のもとでおこなわれ、ほとんどの国において、国王独裁期にいたるまで、あるいは、それ以降も制限つきではあるが選挙が続けられた。しかし政党は、個々の人間やグループを中心に形成された。政治は争点をめぐる論議の問題ではなく、同じ社会的・経済的グループを代表する個々の人間の闘争の問題となった。十九世紀の選挙手続きにみられた不正な行動は、二十世紀までもちこされた。

深刻な社会・経済問題を抱えたバルカン各国では、軍部の勢力が増大し、国王独裁への道を歩んだ。軍部は第一次世界大戦前と同様、政治に深く関与し、軍内部に形成された秘密結社は、戦間期においてもクーデタや政権交代を実行、演出した。ユーゴスラヴィアのジヴコヴィチ周辺のグループ（ディミトリエヴィチの「黒手組」に対抗したため「白手組」と呼ばれた）などは官廷にも近く、国王独裁に深く関わった。また、ブルガリアの将校連盟のように戦間期二度のクーデタを実行したケースもみられた。ギリシアでは軍内部の共和派、王制派の対立が政治的社会的分裂に拍車をかけた。

戦間期の二〇年間は、議会制の試みと新たな選択肢の模索の時代だった。選択肢のなかには左右の急進主義、権威主義的刷新を唱えるグループがあり、国王独裁もそのひとつだったということができる。バルカンの諸政府は、バルカン戦争から第一次世界大戦、そして、ギリシアはさらに一九二三年まで戦争状態の連続だった。戦争で受けた打撃がようやく回復されるやいなや、今度は、全世界を巻き込む大恐慌にみまわれたのである。三〇年代には、バルカン諸国はいずれも権威主義体制へと移行し、経済的に、そして政治的にドイツとイタリアの影響下に入っていくことになる。

2　議会制の試行錯誤

農民政権の実験——ブルガリア

敗戦国であったブルガリアは、バルカン諸国のなかで唯一、第一次世界大戦前の領土を失った国であった。南ドブルジャ(ドブロジャ)をルーマニアに、エーゲ海への港となるデデアガチ(アレクサンドルポリ)を含む西トラキア地方をギリシアに、西部国境地帯の四つの地域をユーゴスラヴィアにそれぞれ割譲した。加えて、バルカン戦争、第一次世界大戦中からマケドニア地方の難民(移民)を受け入れ、「民族的」には周辺諸国に比べ均質な社会があらわれた。一方、戦間期のブルガリアの国内政治は、再三にわたるテロの応酬とクーデタによる政権交代を特徴とし、三〇年代半ばには、国王による独裁体制が成立することになる。しかし、国王独裁期まで複数の政党が参加する議会政治は維持され、戦後まもない数年間は、農民同盟政権によって人口の八〇%を占めるといわれた農業にたずさわる人々を中心とする新たな社会を創出する実験が試みられた。

スタンボリースキ（左）と父親　1879年生まれのスタンボリースキをはじめ，農民同盟の指導者のなかには，村落部に自らの根をもち，都市に出ても農学を学んだり，あるいは教師となってふたたび村落部に戻り，地域住民の生活向上のためサークル活動を組織する者もいた。

一九一八年秋の連合国の総攻撃によってブルガリア軍はマケドニアから撤退し、兵士らは国王フェルディナントの責任を問い、反乱部隊を形成して「ラドミル共和国」成立を宣言した。反乱部隊は鎮圧されたが、国王のフェルディナントは退位し、息子のボリス三世が国王となった。一九年の選挙では、戦前反戦活動を展開した農民同盟と共産党（一八九一年、ブラゴエフらによって設立された社会民主党は一九〇三年二派に分かれ、そのうちブラゴエフ率いる左派＝テスニャキ派は一九年に党名を改称した）が躍進を果たし、農民同盟の指導者であるアレクサンダル・スタンボリースキが首相となった。スタンボリースキは同年冬の共産党が指導する交通ストライキを鎮圧したが、翌二〇年の選挙では再度第一党となり、以後二三年のクーデタで打倒されるまで、多くの改革を試みた。

ブルガリアは土地の所有についていえば比較的平等な国であったが、農民同盟政権の土地改革によって、土地なし農民や難民を中心にさらに土地の再分配がおこなわれた。改革は教育分野にもおよび、農学など、実学を重視する改革がおこなわれた。「勤労義務制」は、ヌイイ条約によって軍隊規模が制限されているブルガリアにとって、社会インフラの整備に国民を参加させる政策として導入された。一九二三年のクーデタ後、農民同盟政権の政策の多くは破棄されたが、この「勤労義務制」だけは戦間期を通じて維持され、ブルガリア社会のインフラ整備に貢献することになった。外交面では、スタンボリースキは戦前から南スラヴ連邦、あるいはバルカン諸国の連邦構想を支持しており、戦後もとりわけ近隣諸国との関係修復に尽力した。また、資本主義の「白色インターナショナル」、共産主義の「赤色インターナショナル」に対抗して、ヨーロッパの農業組織、農民政党の連合となる「緑色インターナショナル」の結成をめざした。

スタンボリースキの政治手法は農民同盟の準軍事的組織ともいえる「オレンジ親衛隊」の動員にみられるように、しばしば強権的であった。さらに、彼が徹底した共和主義者であり、ユーゴスラヴィアに対して宥和的な姿勢であったことで、宮廷はもちろん、戦前からのスタッフが残っている軍隊内部においても、マケドニアの獲得をいまだに主張する民族主義勢力の反感を買った。一九二三年のクーデタは、軍隊内部の秘密組織「将校連盟」と二二年初頭に設立された「国民調和《ナロードンズゴヴォル》」によって計画された。「国民調和」は政治家、実業家、知識人、予備役将校などから形成され、指導者はアレクサンダル・ツァンコフであった。二三年六月九日、将校連盟配下の軍部隊によってクーデタは実行され、郷里に戻っていたスタンボリースキも軍部隊と内部マケドニア革命組織によって捕らえられ、殺害された。

クーデタ後、国王ボリスはツァンコフ政権を承認し、農民同盟と共産党を除く全政党が閣僚を出して組閣が進められ、「国民調和」は他の政党と合同して「民主調和《デモクラティチェスキ・ズゴヴォル》」へと拡大した。共産党は当初このクーデタを「ブルジョワ陣営内の内紛」として待機主義をとったが、コミンテルンの批判を受け、同年九月にはツァンコフ政権に対する武装蜂起を決行した。蜂起はブルガリア北西部では一〇日間程続いたが、事前の準備も徹底しておらず、容易に鎮圧された。この九月蜂起以降、農民同盟の指導者や共産党に対する弾圧は激しさを増し、一方、翌年四月には、共産党員による国王ボリスを狙った聖ネデリャ教会爆破事件が起きるなど、ブルガリアの政治状況は暴力化した。共産党は一九二四年には非合法化されたが、以後もさまざまな党名で活動を続け、三〇年代後半には国王独裁に対抗して祖国戦線を組織し、他の左派・民主勢力とともに抵抗運動を組織した。

自由党の時代——ルーマニア

ルーマニアは多くの新しい領土を得て、国土を倍増させたが、それとともに、数多くの少数民族を抱え込むことになった。さらに、人口の七割を占めるルーマニア系住民のあいだでも、レガートと呼ばれる旧王国地域（モルドヴァ、ワラキア、ドブロジャからなる）と、トランシルヴァニアやバナトなど旧ハプスブルク帝国地域では、その政治文化は異なっていた。トランシルヴァニアのハンガリー人やドイツ人はこれまでの支配的な政治的立場を失い、また、戦後ルーマニア政府がおこなった土地改革によって、従来の経済的基盤を失うことにもなった。モルドヴァ、ベッサラビア、ブコヴィナのユダヤ教徒はとりわけヤシ、キシナウ、スチャヴァなど都市部に住んでいたが、彼らは産業部門の資金源を握って経済活動を展開し、あるいは不在地主であったため戦間期にあっても反ユダヤ主義の攻撃対象となっていく。

戦後、他のバルカン諸国と同様、ルーマニアにおいても土地改革が実施された。これは第一次世界大戦中、ヤシにおいて国王フェルディナンドが約束したものであったが、農民党の指導者ミハラケの土地改革案は急進的であるとして見送られ、旧王国時代から二大支配政党のひとつであった自由党によっておこなわれた。この土地改革によって、大土地所有者の代弁者であった保守党は勢力を失った。バルカンでもっとも規模の大きいと評されるこの土地改革であるが、その分配の対象となった土地の多くは、トランシルヴァニアのハンガリー人の土地のように非ルーマニア系住民から収用されたもの

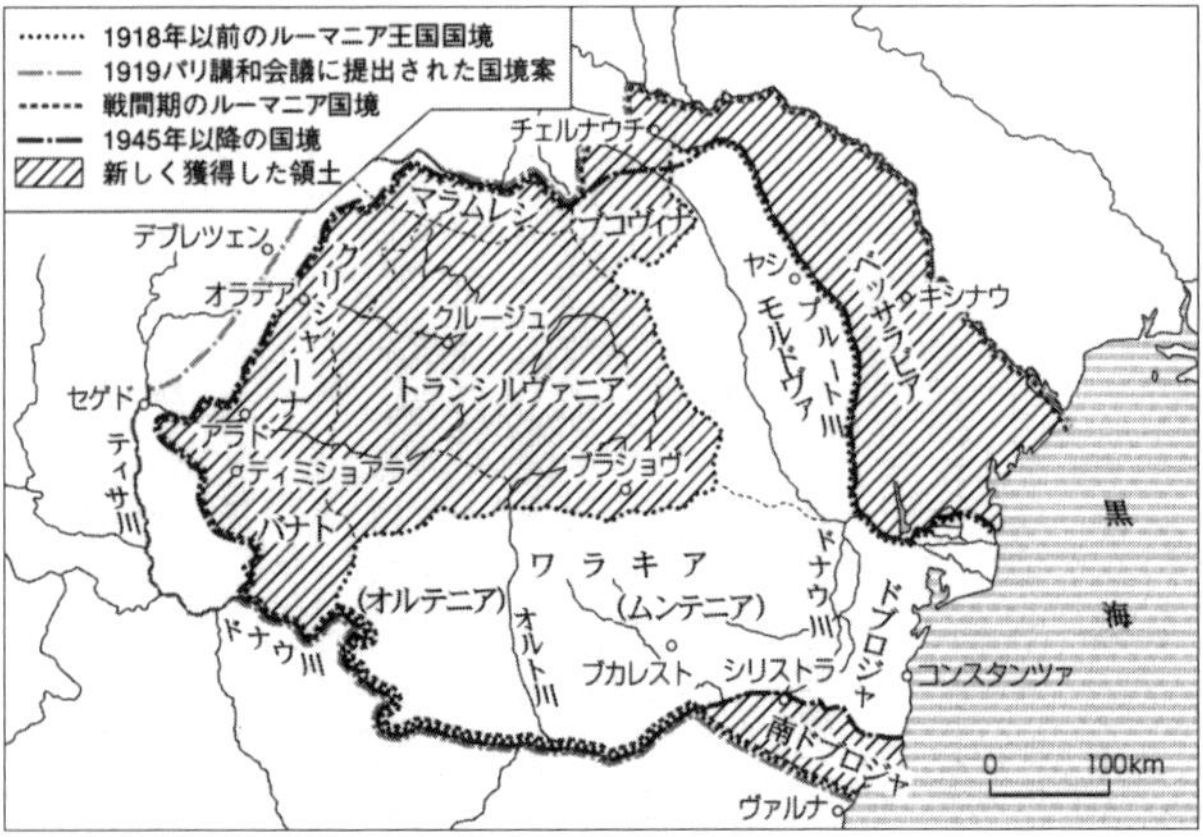

ルーマニアの領土拡大

であった。加えて、トルコ人やブルガリア人が住み、肥沃な土壌をもつ穀倉地帯のドブロジャには積極的にルーマニア系住民の入植がおこなわれた。

一九二〇年代のルーマニア政治は、二八年に戦間期ルーマニアで唯一「公正に」おこなわれた選挙によってマニウを首班とする民族農民党政権が誕生するまで、ブラティアヌ一家を歴代の指導者とし、旧王国の産業ブルジョワジーに地盤をもつ自由党がほぼ独占していた。ルーマニアの選挙制度は、形式的には一九年十一月の男子普通選挙制度導入によって、制限つきではあったが広く住民の政治参加を可能にするものであった。しかし実際には選挙前の政権党が警察権力を動員したり、投票の操作によって単独過半数を獲得することが常態となっていた。さらに、二六年には新たな選挙法が成立した。同法は四〇%以上の票を得た政党に議席の半分を与えた上で、残る議席を得票率二%をこえる全政党に得票率に応じて分配することを定め、これによって政権党は議会内での安定した基盤を確保した。自由党は二三年に中央集権的な憲法を、二五年には新しい行政法を採択し、全国を七一の県に再編し、トランシルヴァニアなど戦後統合された地域に旧王国地域出身の官吏を送り込んだ。また、一方では、二四年のエネルギー利用と工業に関する法律によって天然資源の国有化をはかり、ルーマニア工業を保護する政策を実施し、自国の商工業者、金融業者の利害を代弁し続けた。しかし、住民の多くを占める農民層の生活改善や農業技術の刷新などの農業助成策はとられなかった。そのため、高関税によって高くつく工業製品と安価な農産物価格によって、農民層はより大きな経済的負担を負うことになった。

こうした状況への反発を背景に、旧王国において発足した農民党とトランシルヴァニアの民族党が合同するのは一九二六年のことであった。農民党は小学校教師だったミハラケらが中心となり、聖職者や農民の参加によって形成された政党であったが、ヤシ大学の教授でナロードニキの影響を受けた知識人ステレらも加わっており、農民層の生活改善や農地のより平等な分配をめざしていた。一方、民族党は、二重君主国時代のトランシルヴァニアにおいてルーマニア人の母語教育やルーマニア人の政治的権利を求める運動を展開してきた人々を中心に結成され、合同後は、ブカレスト中心の中央集権的な政治や、戦前以来の旧王国の政治文化に対してしだいに反発を強めていた。

一九二八年十二月の選挙で民族農民党は七八％の得票で三一六議席を獲得し、政権に就いた。首相のマニウは地方分権化を進め、農具や農民の消費物資となる工業製品の関税を引き下げ、農産物に対する輸出税を廃止した。しかし、政府が農業振興策の準備をしていたまさにそのとき、穀物価格の下落とヨーロッパ諸国の農業自給自足体制への政策転換によって、民族農民党政権の打ち出した政策はその効力を発揮しないまま頓挫することになる。

新生国家の試み——ユーゴスラヴィア

一九一八年十二月一日、セルビア王国の摂政アレクサンダル・カラジョルジェヴィチは、南スラヴという「単一民族」の国家として「セルビア人・クロアチア人・スロヴェニア人王国」(ユーゴスラヴィア王国と国名が変わるのは二九年のことであるが、以下、便宜上ユーゴスラヴィア王国と呼ぶ)の樹立を宣言した。ユーゴスラヴィア王国は大戦前のセルビア王国、モンテネグロ王国、ボスニア＝ヘルツェゴヴィナ、クロアチア＝スラヴォニア、ダルマツィア、ヴォイヴォディナ、スロヴェニアなどの地方から構成されていたが、各地方の住民は言語・宗教をはじめとする文化的な側面だけでなく、政治的経験や行政制度、経済的な背景からみてもきわめて多様であった。

建国直後、セルビア急進党のストヤン・プロティチを首班とする臨時政府が形成されたが、制憲選挙までの二年間、この新国家の統治はセルビア人の支配する行政機関によっておこなわれた。行政機関の活動は臨時の国民議会の「監督」を受けていたが、たとえば、クロアチアの共和農民党は、その議会には参加できなかった。国民議会が戦前の選挙実績に基づいて形成されていたからである。

閲兵するアレクサンダル国王　南スラヴ統一国家は中央集権主義と連邦主義のあいだで揺れ，それは「クロアチア問題」というかたちでユーゴスラヴィア史を貫く問題でもあった。国王アレクサンダルは「上から」の統合をはかった。

一九二〇年十一月には制憲議会選挙がおこなわれ、急進党のパシッチを首相とする急進党・民主党連立内閣が誕生した。この連立政権はセルビア中心的な中央集権体制をユーゴスラヴィアの国家像として考えており、より地方分権的な連邦主義を唱えるクロアチア共和農民党と対立することとなった。スチェパン・ラディチ率いるクロアチア共和農民党は制憲議会の審議をボイコットした。他の政党では共産党やクロアチア、スロヴェニアの地域政党が一九〇三年のセルビア王国憲法を範とする新しい憲法案に反対したが、政府は農地改革に際しての補償を約束して、ボスニア゠ヘルツェゴヴィナのムスリムに基盤をもつユーゴスラヴィア・ムスリム機構の支持を取りつけ、二一年六月二十八日、「ヴィドヴダン憲法」が制定された。この制憲議会で第三党であった共産党は、摂政アレクサンダルの暗殺未遂事件などに関与したとされ、八月、国家保護法《オブズナーナ》の適用により非合法化された。

同憲法によってユーゴスラヴィアは国王にのみ責任をもつ一院制の議会(スクプシュティナ)をもつ立憲君主制の国家となり、セルビア王国の伝統を引く中央集権体制が定められた。さらに、一九二二年には全国を三三の行政区(オブラスト)に分割し、中央政府の管理下に置くことを定めた行政機構区分法が成立した。同憲法体制は二九年一月に国王アレクサンダルによって独裁が敷かれるまで存続した。この間、スロヴェニア人民党のコロシェツを除いてすべての首相はセルビア人であり、陸海軍の大臣はすべてセルビア人だった。加えて、スロヴェニア地域を除けば、官吏の多くはセルビア系の人々で占められていた。

連邦主義者であり共和主義者であったラディチは、バルカン・ドナウ連邦共和国を唱えるモスクワの農民インターナショナル(赤色インターナショナル)への加入を表明する。政府は一九二五年一月にラディチ、マチェクら農民党の指導者を逮捕するが、翌二月の選挙で農民党は得票を伸ばし、かつては急進党のパートナーであった民主党と提携して一時は反急進党グループを形成した。投獄されていたラディチにパシッチは接近し、ヴィドヴダン憲法の承認、農民インターナショナルからの脱退、党名から「共和」を削除することを甥のパヴレ・ラディチを通じて議会で表明させた。同年七月、ラディチが釈放されるとともに、パシッチ、ラディチの連立政権が誕生した。この結果、クロアチア農民党は二七年の選挙で得票を前回比で一五万票減らし、同年、農民党は再度野党勢力となって、民主党から分派した独立民主党と提携した。

ユーゴスラヴィアの国家構想をめぐる連邦主義と集権主義の対立は続き、一九二八年六月、議会議事録の文字(ラテン文字かキリル文字か)をめぐって審議がおこなわれるなか、モンテネグロ出身のセルビア急進党議員ラチッチが国会内で発砲する事件が起きた。この事件で傷を負ったラディチが死亡して五カ月後に国王アレクサンダルが独裁制の樹立を宣言した。

ゾグ体制の成立――アルバニア

バルカン戦争後、ロンドン会議に集まった大国の意向によって、ドイツ人貴族のヴィルヘルム・ヴィートが独立アルバニアの公となったが、一九一四年、再度バルカンで戦争が始まると、ヴィルヘルムは国外に去り、無政府状態となったアルバニアは、交戦諸国の軍隊に占領された。第一次世界大戦とそれに続く講和会議のなかで、アルバニアはそれに隣接するイタリア、ギリシア、ユーゴスラヴィアの利害の交錯する地域となったが、一九二〇年一月から二月にかけて、アルバニア人政治指導者たちはルシュニャ会議を開催して四人の摂政を置き、スレイマン・ベイ・デルヴィナを首班とする新政府の樹立を宣言し、ティラナを首都とした。

一九二五年八月、最終的に国境線をめぐる協定が調印されるが、それは、一三年のロンドン条約の国境を再確認するものであった。この国境線は国外に多くのアルバニア人を残すことになったが、国内人口においては九割以上をアルバニア系住民が占め、ほかにはギリシア人やスラヴ系の人々、ヴラフなどが居住していた。しかし、このことはアルバニア社会が均質であるということを意味しなかった。アルバニア中央部を流れるシュクンビン川を挟んで、北部のゲグ系住民と南部のトスク系住民のあいだには、言語の違いに加えて社会経済的な違いもあった。北部の山岳地帯では氏族社会の伝統が強く、牧畜を生業としており、女性による羊の飼育が重きをなしていたが、南部は大土地所有も存在し、タバコやぶどう栽培がおこなわれ、商業活動も盛んであった。宗教の点からみても、アルバニア人の七割を占めるムスリムは全国に散在していたが、北部地域にはローマ・カトリック教徒が、南部地域には正教徒が多くみられた。

一九二〇年の会議以降、デルヴィナを補佐する内務大臣となり、自らも憲兵隊を組織して頭角をあらわしたのがアフメド・ゾグであった。ゾグはオスマン帝国期に政治経験をもつベイや地主層のグループに属し、マティ一門の長であり、二二年、コソヴォから侵入したユーゴスラヴィア軍と戦って国境線を守り、軍事的な手腕を示した。その一方で、一門の者を警察隊に入隊させるなど、政府機関にその人脈を通して影響力をおよぼした。また、南部の農耕地帯から税を取り立て、山岳地域住民のためにその収入を使うような政策をとった。

こうした動きに反発して、一九二四年にはハーヴァード帰りで正教会主教のファン・ノリ周辺に集まった人々が武装蜂起し、ゾグはベオグラードに逃れた。ノリはヨーロッパ世論を意識して、「自由

アルバニアに戻ったファン・ノリ　正教会主教であり，また作家でもあったファン・ノリは，1912年ハーヴァード大学を卒業し，24年6月「民主政権」の首相となった。

主義化」「近代化」の公約をおこなったが、これらはアルバニア国内では不人気だった。加えて、国民投票や総選挙によってその地位の強化をおこなわず、当時まだ国際的に承認を受けていなかったソヴィエト連邦を承認する意向を示した。このためゾグは、当時ユーゴスラヴィアにあったウランゲリ率いる白軍の援助も得て、十二月にアルバニアに侵入し、首都ティラナに入って政権を奪取した。ゾグは反対派を粛清し、政権を強固にするとともに、二五年に共和制を宣言した議会により大統領に任命された。

ゾグはアルバニア共和国を承認したイタリアを頼みとしていた。経済的には、イタリア資本によって国立銀行が設立され、政治的にはティラナ第一・第二条約によって、アルバニアの領土保全に関する支援を取りつけ、防衛同盟関係を築いた。

共和制の成立――ギリシア

アナトリアでの敗戦の結果、ヴェニゼロス派のプラスティラス大佐らは革命委員会を樹立し、国王コンスタンディノスに退位を迫った。コンスタンディノスはゲオルギオス二世に後継をゆずったが、新国王ゲオルギオス二世も国を離れ、議会は共和国宣言を採択し、一九二四年四月におこなわれた国民投票でも共和制支持が七五万八四七二票、王制支持三二万五三二二票でギリシアは共和政体となった。

ギリシアでは、一九一七年に土地改革法が施行され、その後、全耕地の二八％におよぶ土地が分配されたが、そのかなりの部分はマケドニア、トラキアなどのブルガリア人、トルコ人の土地だった。戦後大量の難民・移民が流入したが、その多くはマケドニア、トラキアに定住・入植させられるか、アテネなどの郊外に居住地域が設けられた。移住者と王国期以来の居住者との乖離は著しく、統計的には「民族的」な均質化が進んだとされる戦後ギリシア社会は分裂をはらんでおり、第二次世界大戦以降も持続する政治危機の根底をなしていた。また共和制か王制かをめぐる分裂はたび重なる政治危機をもたらし、さらにアナトリア敗北後に激化する軍内部の共和派と王制派の対立と双方によるクーデタがそれに拍車をかけた。

一九二五年六月に、パンガロス将軍がクーデタを起こし、政治的安定と経済再建のための独裁制を敷くと発表したが、二六年八月になって、同じく共和派の将校団によって追放された。比例代表制の選挙の結果、全政党による連立内閣が成立し、ザイミスが首相となり二七年には新憲法が制定された。二八年七月、首相となったヴェニゼロスは三三年まで政権を維持し、近隣諸国との協力による安全保障に力を注いだ。

ギリシア領でギリシア・アルバニア国境画定委員会に参加していたイタリア人の殺害事件以来、イタリアによるコルフ島爆撃・占領や、ドデカニサ諸島に対するギリシアの返還要求などがあり、両国関係は険悪な状態が続いた。ヴェニゼロスはドデカニサの現状維持を前提に関係改善をめざし、二八年九月に両国間で条約が締結された。ユーゴスラヴィアのエーゲ海進出要求をめぐる交渉は、二三年五月の協定締結にいたり、テッサロニキ港の一部区域でギリシアの行政・警察権のもとでユーゴスラヴィアが関税権を行使することになったが、さらに二九年、ユーゴスラヴィアの権限を強化する内容の協定も結ばれた。

ブルガリアとの対立はより尖鋭的なものであった。マケドニア、西トラキアの国境部分で頻繁に衝突が発生し、一九二五年にはギリシア軍がブルガリア領を侵犯する事件も起こった。ブルガリアが国際連盟に提訴し、調査委員会の報告に基づいて双方が損害賠償を支払い、ギリシアが撤兵することによってこの事件は一応解決した。ヴェニゼロスはブルガリアとの国交回復は果たしたが、さらにギリシアが提案したテッサロニキかアレクサンドルポリにブルガリア関税区域を設置する案は拒否された。

トルコとのあいだには、住民交換協定の解釈や住民交換後に残されたそれぞれの国民の財産補償の問題が存在していた。ヴェニゼロスはトルコとの交渉に着手し、一九三〇年六月に、ギリシアがトルコ人の財産補償要求に対して四二万五〇〇〇ポンドを支払い、他方トルコはイスタンブル在住ギリシア人に永住権を与えるという協定の締結にこぎつけた。同年十月にヴェニゼロスはアンカラを訪問し、トルコと友好条約や通商協定を結んでコンスタンティノープル総主教座をはじめて訪問するギリシア首相となった。

3　国王独裁に向かうバルカン

国王ゾグのアルバニア

アルバニアは一九二五年からゾグを大統領とする共和制が続いたが、二八年九月一日にゾグは議会に憲法を改正させ、「アルバニア人の王ゾグ一世」として国王の座に就いた。以後三九年、イタリア軍の侵入によって併合されるまで、アルバニアは独裁的な権力をもつ国王ゾグの統治下にあった。ゾグは純粋なアルバニア語の名前ではないアフメドの名を使わず、アルバニア語で鳥を意味する「ゾグ」のみを彼の呼称とした。国王となってからも軍の統帥権を保持し、自分の氏族であるマティ族および同盟氏族を除くすべての氏族に武装解除をおこなって権力基盤の強化を試みた。彼はアルバニア社会の「血の復讐」の習慣を抑制するため、二九年に近代的な民法、三〇年には刑法を導入した。文化教育面ではエリート育成のための高等学校を援助し、その卒業生をヨーロッパの大学に留学させた。三三年には学校教育は国有化され、宗教共同体の運営する学校や私立学校は閉鎖されたが、国家による統制を認めたフランチェスコ会系の学校のみが再開された。正教会では、以前からすでに礼拝式などがアルバニア語でなされていたが、三七年にアルバニア正教会はギリシア政府の妨害を受けながらも、コンスタンティノープル総主教座から自治権を与えられた。このようにゾグはイタリアやギリシアの影響を排し、アルバニア・ナショナリズムを強化する政策をとった。

ゾグはイタリアの影響力を減らそうと、一九三一年、更新期限を迎えていたティラナ第一条約を拒絶し、三二年にイタリアからの関税同盟の申し入れをことわり、ユーゴスラヴィア、ギリシアと貿易協定を結んで、三三年、イタリアの軍事顧問団の一部を解任した。これに対し、三四年、イタリアはアドリア海に艦隊を派遣してアルバニアを威嚇したために、対イタリア従属は逆に深まる結果となった。三〇年代後半には、ナチス・ドイツが中部ヨーロッパ、バルカンに勢力を拡大し、とりわけ、オーストリア併合、チェコスロヴァキア解体をおこなったことに影響を受けて、ムッソリーニは、アルバニアに対する支配を強化しようとした。三九年三月末、イタリアはアルバニアに対して事実上の保護国化を求める最後通牒を突きつけた。ゾグは時間稼ぎをはかったが、ムッソリーニは四月七日に軍隊をアルバニアに上陸させ、首都ティラナをおとしいれた。イタリア国王のヴィットーリオ・エマヌエーレがアルバニア国王を兼ね、ゾグはギリシアに逃れた。

ユーゴスラヴィアの再編をめぐって

一九二六年、急進党内外での指導力が徐々に弱くなったとはいえ、戦後ユーゴスラヴィアの政治を担ってきた指導者パシッチが死去したのに続き、二八年、ラディチが死去したことで、政治危機がおとずれた。国王アレクサンダルはクロアチア農民党の指導者マチェクと協議し、その際マチェクは協力のための条件として、新憲法の制定、連邦制への国家再編、連邦構成単位ごとの経済政策の承認などを提示した。しかし、アレクサンダルは二九年一月六日にヴィドヴダン憲法を停止し、議会を解散して、政党の活動を禁止し、独裁体制を敷いた。アレクサンダルは自らに権力を集中させることで、セルビア、クロアチアの対立を終わらせ、さらに、ユーゴスラヴィア国家に対する忠誠心を育成することにより、国民の統合をはかろうとした。同年十月三日には、国名をユーゴスラヴィア王国と改め、さらに、ユーゴスラヴィア意識を強め、中央集権を徹底するために、地方行政機構を再編する法律を発布した。この法律により、ユーゴスラヴィアにはセルビア、クロアチアなど歴史的な名称ではなく、河川など自然地理によって名づけられ、またそれによって分けられる九つの州（バノヴィナ）とベオグ

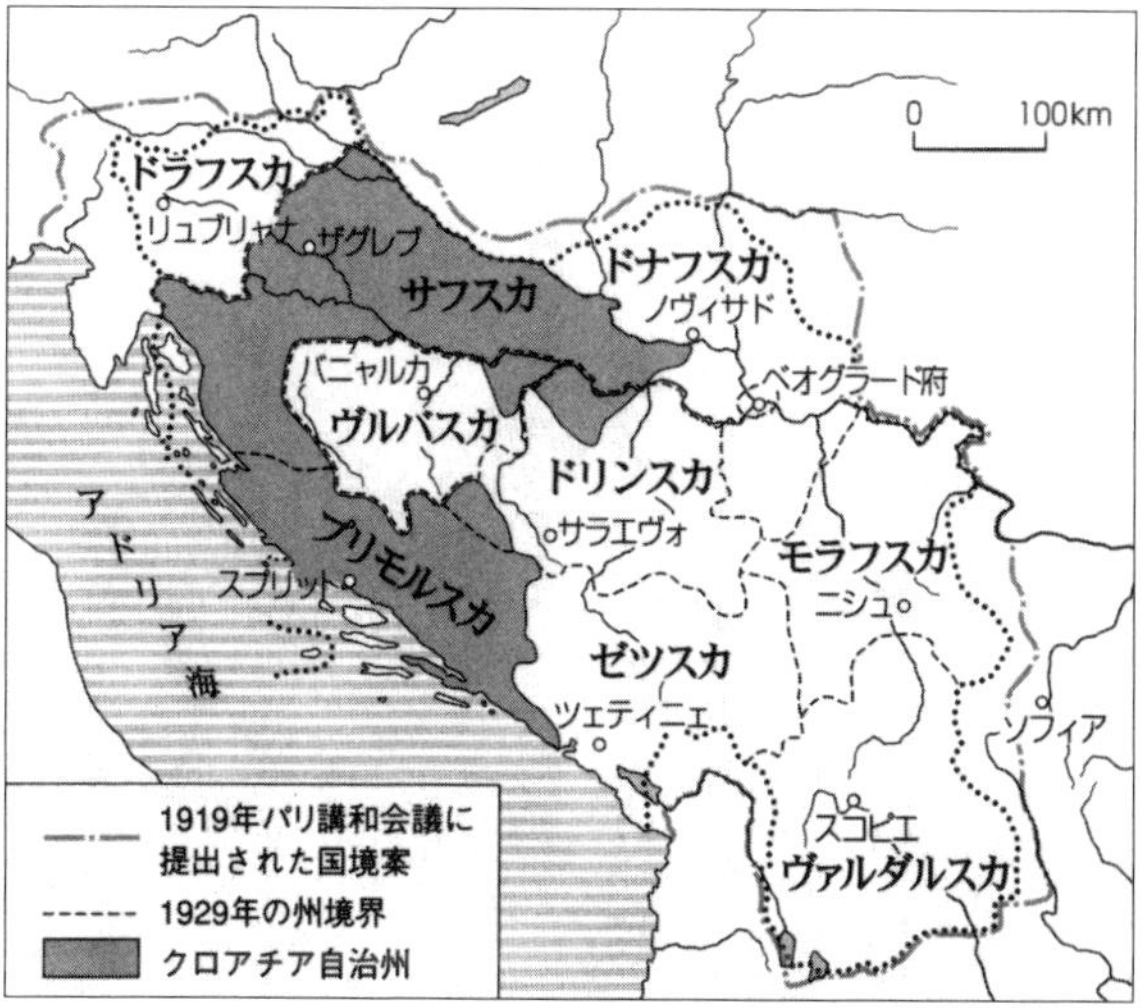

ユーゴスラヴィアの州とクロアチア自治州の範囲

ラード府が設けられた。

国王の独裁制は、当初マチェクのように好意を示す者もいたが、個々の民族性が損なわれるとしてしだいにクロアチア人からも反発を招き、また、立憲制の停止は多くの反発を招いた。国王は一九三一年九月に新憲法を発布し、ふたたび二院制の議会を設置して、制限つきではあったが、司法権の独立や市民的自由も明記したが、ユーゴスロヴェンストヴォ(ユーゴスラヴィア統一主義)に基づく、「上から」の国民統合の試みは続けられた。ユーゴスラヴィア国内では国民統合への反発だけでなく、世界恐慌を契機としてバルカン全体で進行していた農業恐慌による経済危機によって農民の暴動が起こるにいたった。

のちにナチス・ドイツの傀儡であるクロアチア独立国の担い手となるウスタシャが設立されたの

も、ちょうどこの時期（一九三二年）であった。ウスタシャはクロアチアの独立を目標とするクロアチア権利党（フランコヴァッ）の指導者パヴェリッチが創設し、創設当初はクロアチアの民族性を前面に掲げる彼らの主張は農民党に吸収されてしまっていたが、パヴェリッチはイタリアやハンガリーなど国外に居住するクロアチア人の組織化をおこない、あらゆる手段を講じて、独立の達成をめざした。ウスタシャはユーゴスラヴィアがイタリアと不可侵条約を結んだ三七年以降、政府との関係を強化し、農民党に匹敵する存在となった。

農民党は、サフスカのセルビア人を支持基盤とする独立民主党と提携し、セルビア中心の政治体制と国王独裁の排除を求め、ユーゴスラヴィア国家再編を要求するザグレブ決議を発表した。この決議にはスロヴェニアの政党やボスニア＝ヘルツェゴヴィナのムスリム政党も支持を表明したが、セルビアの野党勢力との合意にはいたらず、国家再編への勢力結集とはならなかった。

国王アレクサンダルは、対外的には一九二〇年代の小協商（チェコスロヴァキア、ルーマニア、ユーゴスラヴィア）に加え、三〇年代のバルカン協商（ギリシア、トルコ、ルーマニア、ユーゴスラヴィア）によってフランスを後ろ盾としつつ、新国家の安全保障体制を築いてきた。しかし三四年、フランス訪問の際、マルセイユにおいてアレクサンダルとフランス外相バルトゥーはウスタシャと内部マケドニア革命組織の両組織に属する青年に殺されてしまう。跡を継いだのはアレクサンダルの息子ペータルであったが、成年に達していなかったため、従兄弟のパヴレ公ら三人が摂政となった。以後パヴレを中心とする摂政時代は四一年まで続いた。

パヴレは一九三五年の選挙後、急進党の指導者であるストヤディノヴィチを首相に就けたが、ストヤディノヴィチは政治犯に恩赦を与え、警察の政治犯に対する取り締まりを緩和し、議会ボイコットを継続するクロアチア農民党の活動も容認した。しかし、自らの急進党とユーゴスラヴィア・ムスリム機構、スロヴェニア人民党を合同させ、ユーゴスラヴィア急進同盟を結成して政治基盤を固めた。さらに、スロヴェニア人民党のコロシェツが内相となって以降は、ヴァティカンとのコンコルダート(宗教協約)をめざして交渉を続けたが、三七年、コンコルダート案は正教会の反発に遭い、無期限棚上げとなり頓挫した。

一九三〇年代後半にはナチス・ドイツが勢力を拡大し、とりわけ三九年三月、独立スロヴァキアが建設されたことに影響を受け、ウスタシャの活動は活発化した。そのため、当時首相のツヴェトコヴィチは外国勢力の介入を招かずにクロアチア問題を解決するため、マチェクとの協議に入りった。ツヴェトコヴィチはクロアチアの自治権を認めたが、自治領域とその内容をめぐって、協議は難航した。結局八月には両者のあいだでスポラズム(協定)が調印され、ザグレブを州都とするクロアチア自治州が誕生した。クロアチア自治州はクロアチア、スラヴォニア、ダルマツィアに加えて、ボスニア＝ヘルツェゴヴィナの一部地域を含み、ユーゴスラヴィア王国人口の三分の一を含んだ。自治州は議会《サボル》をもち、バン(知事)が任命された。ツヴェトコヴィチはさらにマチェクを副首相に任命し、クロアチアへの配慮を示したが、ウスタシャはクロアチアの分離独立を主張し続けた。スポラズムは、戦間期ユーゴスラヴィアの連邦主義と集権主義という国家構想をめぐる議論、具体的にはクロアチア問題に対するひとつの解答であったが、クロアチア以外の地域においても自治を求める動きが強まり、一方でクロアチア内部においてさえ、クロアチア人居住地域すべてを含んではいなかったことから、ウスタシャの勢力拡大をもたらすこととなった。

「五月十九日体制」の成立——ブルガリア

ツァンコフ政権とそれに続くリャプチェフ政権の時代は、議会制の枠組みは維持されるが、共産党、農民同盟左派に対する弾圧と内部マケドニア革命組織によるテロ行為が続いた。一九二三年、クーデタ後にスタンボリースキの干渉から解放された内部マケドニア革命組織は、事実上ブルガリア南西部のペトリチ県を支配下に置き、ユーゴスラヴィア領やギリシア領を襲撃しただけでなく、ブルガリア国内でも近隣諸国との友好を唱える政治家を暗殺した。

内部マケドニア革命組織は、三国にまたがるマケドニア地域を統合して自治区とする主張を掲げる「連邦派」と、あくまでもマケドニアのブルガリアへの併合を主張する「中央派」など、すでにいくつかのグループが形成されていたが、一九二四年三月に連邦派の代表が、バルカン諸民族の分離・独立を主張し始めていたコミンテルンとウィーンで接触し、両者間にマケドニアの解放と統合を主張する四月協定が締結された。ユーゴスラヴィア、ギリシアの共産党はそれに強く反発したが、ブルガリアにおいては中央派が連邦派を非難、連邦派の指導者アレクサンドロフが暗殺され、その後、連邦派のプロトゲロフ将軍のグループと、中央派のミハイロフの対立は暴力的傾向を強めた。

経済恐慌にともなう社会的不満の増大と「民主調和」内部の権力闘争の結果、一九三一年六月の選挙では、民主党、農民同盟右派などが結成した野党連合が勝利を収めた。この野党連合は、「民主ブロック」と称したが、官僚ポストをめぐる対立から「民主調和」との提携を拒否し、選挙直前に結成された選挙連合であった。元首相で民主党のマリノフが連立内閣を組織したが、連立内閣はポストや権限をめぐる内紛を続け、農業危機の打開策を打ち出せなかった。

一九三四年に内政・外交両面での行き詰まりを一挙に打開することをめざし、ヴェルチェフ大佐らの将校グループがクーデタを起こした。ヴェルチェフは二三年のクーデタの現場での実行責任者であったが、三〇年に陸軍将校の多くを将校連盟に集めた。また、二七年に結成された超党派組織「ズヴェノ」には学者など多くの知識人やさまざまな政党メンバーが参加していたが、その目的は将校連盟と同様、腐敗した政党政治を廃止し、テロを抑圧し、危機に対処し得る専門家技術者集団による強力な政府を樹立し、権威主義的刷新をおこなうことであった。両組織をつないだのが二三年クーデタにも加わったキモン・ゲオルギエフであった。

一九三四年五月十九日、将校連盟はクーデタを起こし、首都を制圧し、国王ボリスはズヴェノのゲオルギエフを首班とする新政権(「五月十九日体制」)の任命に同意した。将校連盟とズヴェノの政府は議会を解散してあらゆる政党を禁止し、新聞を検閲下に置き、労働組合を禁止して、かわりに非政治的協同組合を設けた。また、軍隊はペトリチ県の内部マケドニア革命組織の指導者を逮捕し、ミハイロフは国外に逃れた。

翌一九三五年、政府を支える将校内部の対立に乗じて国王ボリスはゲオルギエフを退け、キョセイヴァノフら無党派の高級官僚からなる内閣を通じて統治をおこない、ブルガリアにおいても国王独裁制が敷かれた。ボリスは、ズヴェノの政策を踏襲しつつ、外交的にはドイツ、イタリアへの傾斜を強めていくことになる。

鉄衛団と国王——ルーマニア

一九二七年のフェルディナンド国王の死後、皇太子だったカロルは愛人のマグダ・ルペスクとの関係を保つため、王位継承権を放棄して国外にあった。後継国王にはカロルの息子で未成年のミハイが即位し、摂政が置かれていた。権力に就いたマニウは、マグダ・ルペスクと絶縁する条件を提示し、カロルは国王となった。カロルはその後、議会制度を維持しつつも、自ら政治家や政党を操作することで権力を握った。

一九三〇年代には、議会制民主主義の現実を批判し、ルーマニア正教の精神を拠りどころとしてル

鉄衛団の集会　カリスマとしてのコドレアヌへの崇拝と死への賛美は，鉄衛団のテロ行為肯定の思想に通じ，その規律は軍隊的な位階制により維持された。民族衣装を身にまとった団員の姿は農民礼賛・反都市・反工業的な性格を示している。

ーマニア国家の刷新をめざす、バルカンで唯一大衆的な基盤を得たファシスト組織である「鉄衛団」が台頭する。鉄衛団指導者のコドレアヌは、二〇年代にはヤシ大学の教授でルーマニアの民族主義、反ユダヤ主義の推進者であったアレクサンドル・クザを担ぎ出し、キリスト教民族防衛連盟を結成した。また、二七年には独自の組織として「大天使ミハイル軍団」を創設した。のちにその戦闘組織である鉄衛団の名で知られることとなるこの軍団は、以後名称を数度変えるが、既成の政治家・官吏の腐敗を厳しく批判し、支持を増やしていった。カロルは当初、鉄衛団を利用してその権力を強化していくが、三八年には鉄衛団を含むすべての政党を禁止し、国王に独裁的な権限を与える新憲法が制定された。カロルは鉄衛団の指導者であったコドレアヌらを逮捕し、脱獄を企てたとして、射殺した。指導者を失った鉄衛団は、三九年、カロルの腹心であるカリネスク首相を暗殺して対抗した。

カロルは対外的にはドイツ寄りの姿勢を示し、一九三九年三月にはドイツと経済協定を締結した。しかしヴェルサイユ体制の受益者であり、その体制維持に腐心してきたルーマニアがドイツと提携することには危険がともなっていた。三九年八月の独ソ不可侵条約に続いて、翌四〇年六月にはソ連がベッサラビアとブコヴィナの割譲を迫り、ハンガリーはトランシルヴァニアを、ブルガリアは南ドブロジャ(ドブルジャ)をそれぞれルーマニアに対して求めた。ルーマニアにそれを拒否する後ろ盾はなかった。カロルはハンガリーの要求をトランシルヴァニアの北部地域に限定することには成功したが、ほかの領土要求についてはそのまま受け入れざるを得なかった。国内でのカロル批判の声は一挙に高まり、四〇年、カロルによって首相に任命されたアントネスク将軍は、カロルに独裁権の放棄を要求し、カロルはスイスへと亡命した。

アントネスクは当初鉄衛団の指導者であるホリア・シマを副首相に起用するなど、再建された鉄衛団と提携するが、一九四一年一月にはヒトラーの承諾のもと、鉄衛団を解体し、軍事独裁政権を確立した。ルーマニアは日独伊三国同盟に加盟し、第二次世界大戦を迎えることになる。

王政復古とメタクサス体制の成立――ギリシア

ギリシア経済は農業恐慌によって、嗜好農産物(干しぶどう、タバコ、オリーヴなど)中心の弱体だった対外輸出が壊滅状態に陥り、移民からの送金などの貿易外収入も激減した。一九三二年九月の選挙でヴェニゼロスの自由党は過半数を失い、それに近い議席数まで追い上げてきた人民党のツァルダリスが政権を担当した。翌三三年二月五日の選挙では人民党が過半数の一三五議席を獲得し、自由党のそれは九六まで落ち込んだ。プラスティラス将軍をはじめ、共和派は以後数度にわたりクーデタを試みるが成功せず、三五年三月の反乱に失敗すると、ヴェニゼロスと反乱軍の一部は国外に逃れた。王制派は共和派の公職追放を実行した。同年十一月三日におこなわれた国民投票では一四九万一九九二票が王制を支持、反対は三万二四五四票にとどまった。十一月二十五日にゲオルギオス二世は亡命先のロンドンから帰国し、ふたたび王位に就いた。ゲオルギオス二世はアテネ大学法学部教授デメルジスを首相に任命して、一九一一年憲法を復活させた。

一九三六年一月におこなわれた選挙では、王制派一四三、共和派一四一、共産党一五という勢力配置になり、共産党がキャスティング・ヴォートを握るにいたった。ギリシア共産党は一八年に結成されたが、テッサロニキの組織の一部を除いて社会民主党が改良主義的傾向に強く支配されていたり、またマケドニア、トラキアの分割を求めるコミンテルンの路線がギリシアでは支持されなかったので、三〇年代までは支持層は小さかった。しかし、戦中戦後の移住者や社会的経済的弱者に、また知識人や学生に支持層を広げていた。国王は結局デメルジス教授を首相としたが、陸軍大臣には極右のメタクサスが就任した。四月にデメルジス首相が死去すると、国王はメタクサスを首相に任命した。メタクサスは首相に就任すると労働組合の解散、指導者の逮捕、ストライキの非合法化などの政策を打ち出した。共産党の呼びかけに呼応して五月にはテッサロニキでタバコ労働者がストを組織したが、発砲事件によって死傷者が出た。翌日のゼネストを前にした八月四日、国王はメタクサスに独裁権を与える勅令を発布した。非常事態が宣言され、議会は解散、憲法の一部条項の停止が発表された。メタクサスはこの体制を「八月四日体制」と称し、軍隊が動員され、左翼ばかりでなく、自由主義者も含めた反対政党の中心人物が数百人逮捕された。

メタクサスはドイツやイタリアをモデルとして「民族青年組織」を結成して、ファシスト式の挙手の礼を導入し、さらに自ら「第一の農民」「第一の労働者」を標榜し、その時代を「第三のギリシア文明」の時代として古代ギリシア、ビザンツの文明と対比してみせた。また労働運動を弾圧する一方で、最低賃金制、年二週間の有給休暇制、強制調停による紛争処理などを実施し、道路や公共施設の建設もおこなった。メタクサスはファシズム運動への傾斜をみせていたが、その権力基盤は国王にあり、また国王に忠誠を誓う軍部や警察にあった。その意味では、メタクサス体制を権威主義体制としてとらえ、バルカンに広くみられた国王独裁への潮流の一部分をなしているとみることもできる。

第七章

第二次世界大戦とバルカン

1　ヴェルサイユ体制の崩壊とバルカン諸国の混迷

バルカン――世界大戦への道

第二次世界大戦は、東欧をめぐる諸大国間関係の基軸がミュンヘン会談に代表される「英独の平和」から「独ソ東欧分割」へと転換した時点において生じたが、この段階ではバルカン諸国はいまだ戦争の圏外にあった。ナチスのポーランド攻撃に先駆けて一九三九年八月二十三日に独ソ間で結ばれた東欧分割の取り決めが、ドナウ以北の東欧諸国のみを対象としていたからである。バルカンに戦争の暗雲が立ち込めるのは、フランスが降伏して西欧がドイツの支配下に陥る四〇年六月以降のことで、西欧を制圧したドイツの次なる攻撃目標がイギリスからソ連へとしぼられていくにつれ、未分割のバルカンをめぐって「独ソ対立」が熾烈化していったためであった。それまで中立をかたくなに守ることだけをドイツから要請されていたバルカン諸国であるが、ヒトラーが独ソ戦を決意するや同諸国はドイツ陣営に加わるよう厳しい圧力にさらされることとなり、四一年四月までにすべてのバルカン諸国が枢軸側に組み入れられるか、あるいは軍事占領されるかして、同年六月二十二日に開始される独ソ戦に引き込まれていったのであった。

　バルカン諸国を直接戦争へと駆り立てた経緯はおよそこのようなものであるが、同諸国がそもそもそのような経緯をたどることになる根本的原因は、ヴェルサイユ体制そのものに根ざしていた。同体制は敗戦国の犠牲の上に立って戦勝国の国益を追求するという体制であったがゆえに、成立当初から体制維持派と修正主義派に分断されたきわめて不安定な体制であったからにほかならない。戦勝大国の英仏、ことに後者は東欧現状維持国であるポーランドおよび小協商のチェコスロヴァキア（以下チェコと略記）、ルーマニア、ユーゴスラヴィア（以下ユーゴと略記）との同盟関係を通じて体制の維持をはかろうとし、他方ドイツ、ソ連、イタリア、さらにはオーストリア、ハンガリー、ブルガリアは自国の国益にそぐわないヴェルサイユ体制を修正しようと機会を狙っていた。しかも、ヴェルサイユ体制の要であった英仏は対ドイツ政策をめぐって意見が合わず、必ずしも歩調のとれた政策を展開できたわけではなかった。フランスはドイツの孤立化を切望し、イギリスは大陸における勢力均衡維持の観点からドイツに理解ある態度で接したのである。また、東欧現状維持派諸国間の関係も、領土・民族問題や主要な敵対大国の相違などから、地についた強固な同盟関係とは程遠いものであった。ここにドイツやイタリアなど修正主義(現状打破)諸大国のつけこむ隙が十分残されていたのであり、ヴェルサイユ体制の脆《もろ》さがあった。

しかしながら、ヴェルサイユ体制に潜むこのような構造的欠陥は、一九二〇年代を通じて顕在化することはなく、欧州国際政治は比較的安定していた。それはひとつには、潜在的修正主義の大国であるドイツとソ連が戦争の痛手から回復せず、国際社会において孤立していたからであった。また、ヴェルサイユ体制の盟主であるフランスと、戦争で勝利したが講和で敗れたといわれるイタリアが東欧をめぐって抗争したとはいえ、前者が小協商と同盟網を構築して、後者のドナウ修正主義諸国との同盟を抑えることができたために、ヴェルサイユ体制はフランス現状維持派の優勢のうちに安定期を迎えたかにみえた。

ところが、一九二九年に始まる世界恐慌を境に、ヴェルサイユ体制は一気に崩壊へと向かい始める。同体制に潜む構造的欠陥が世界恐慌とヒトラーの権力掌握によって顕在化し、同体制の立て直しに向かった英仏の対ドイツ政策がことごとく失敗に帰していくなかで、ヴェルサイユ体制は崩壊を余儀なくされていったのである。東欧・バルカン諸国がドイツの「生存圏」へと包摂され始めるのは、このヴェルサイユ体制の崩壊過程においてであり、その意味で同体制の崩壊は、バルカン諸国が第二次世界大戦へと引き込まれていく過程の始まりでもあった。

仏独対立とバルカン協商の成立

一九三〇年代の東欧をめぐる大国間関係の基軸は、二〇年代の仏伊対立から、一転して仏独対立へと転化した。三三年一月にドイツに誕生したヒトラー政権が、ヴェルサイユ体制の打倒を掲げて、イタリアにかわる修正主義国のリーダーにのし上がってきたからである。ヒトラーはさっそく同年十月に国際連盟から脱退して国際的拘束から逃れると、翌年にはシャハト計画に則って東欧・バルカン諸国のドイツ経済への従属化に乗り出した。同計画はたしかにドイツ経済の必要性に即して作成されたものではあったが、そこにはフランスおよびイタリアとその東欧同盟諸国との絆を、貿易面から切り崩す狙いも込められていた。世界恐慌によって壊滅的打撃を受けたバルカン諸国はドイツの申し出を歓迎し、以後、農産物価格が下落して輸出収入が激減したバルカン諸国と、輸出市場を喪失して売れない工業製品を抱えつつ同時に原料、エネルギー、食糧を輸入しなければならないドイツとのあいだに、相互補完的な経済関係が形成されていくことになる。その結果、バルカン諸国の対ドイツ経済依存度はしだいに高まっていき、三八年までにブルガリアの輸出入に占めるドイツのシェアーは輸出六三・六%と輸入五七・九%、ユーゴのそれは四九・九%と五〇・〇%、ルーマニアの場合は三五・九%と四八・五%に達したのであった。しかし、このような経済依存度の高まりが政治的従属の深化につながっていくことは至極当然のことであり、ここにシャハト計画の神髄があった。

こうしたドイツのヴェルサイユ体制への挑戦と東欧・バルカンへの経済的浸透に直面したフランス

バルカン協商会議(1934年)　左からティトゥレスク(ルーマニア), アラス(トルコ), メタクサス(ギリシア), ストヤディノヴィチ(ユーゴスラヴィア)の各外相。

は、経済面ではタルデュー・プランを提唱して東欧諸国の対ドイツ経済依存の軽減をはかるとともに、政治面ではドイツの再軍備阻止、ソ連との同盟に基礎を置いた東欧安全保障体制の再編、イタリアとの協力を通じた独墺合併の阻止を掲げて、ヴェルサイユ体制の立て直しに乗り出した。また、フランスの東欧・バルカン同盟諸国も安全保障を強化するために、地域協力機構の整備に着手し始めた。軍縮会議が一九三二年十二月に欧州安全保障システムを構築することなくドイツの軍備平等権を承認し、その一カ月後にヒトラー政権が誕生すると、小協商諸国は二月に小協商組織条約を締結して常設外相会議、常設事務局、経済評議会を創設し、加盟国の組織的統合をはかったのである。

他方、世界恐慌の煽りを受けて経済困難に直面したバルカン諸国は、一九三四年二月にバルカン協商を創設して、国境の相互保障や紛争に関する協議を誓い合い、十月には常設外相評議会やバルカン銀行設立を決議するなど組織の強化に向かった。ただ、バルカン協商はすべてのバルカン諸国に開かれた機構であるとされたが、実際に加盟したのはユーゴ、ルーマニア、ギリシア、トルコの四カ国だけで、国境の修正に固執するブルガリアとイタリアの保護下にあるアルバニアは加盟しなかった。ここからバルカン協商が、全バルカン諸国の経済・文化協力を目的として三〇年十月に発足したバルカン会議とは異なり、ヒトラー・ドイツの影響を受けて現状打破の姿勢を強めるブルガリアを意識した、相互防衛機構的色彩を帯びたものであったことが理解できる。

フランス・東欧同盟の亀裂

しかしながら、このようなフランスとその東欧・バルカン同盟諸国とのヴェルサイユ体制維持に向けての努力は、本来の目的とは裏腹に、同盟関係に亀裂をもたらすこととなった。フランスがドイツに対抗する必要上、ソ連やイタリアに接近し始めたことから、同諸国を潜在敵国とみなす東欧現状維持派諸国が、フランスとの同盟関係を見直し始めたからである。中東欧でその先陣を切ったのはポーランドであったが、バルカンではユーゴが最初に外交政策の転換をはかった。イタリア、オーストリア、ハンガリーが一九三四年にローマ議定書に調印して同諸国間関係の強化がはかられたが、これはユーゴにとって修正主義諸国による対ユーゴ包囲網以外のなにものでもなかったし、三三年の英仏独伊による四カ国協定や三五年の仏伊ローマ協定の締結など、同盟国の英仏までがイタリアに接近し始めたからであった。そこでイタリアを最大敵国とするユーゴは同国の影響力増大を恐れて、その対抗勢力としてのドイツに接近し始めたのである。また、このイタリア要因に加えて、フランスとの同盟外交に積極的であったアレクサンダル国王が暗殺され、かわってファシズムに共感をいだくストヤディノヴィチがリーダーシップを掌握したこと、さらにはイタリア経済封鎖に協力した煽りでユーゴ経済が一層苦境に立たされドイツへの経済依存を増大せざるを得なくなったことも、ユーゴの対ドイツ傾斜にさらなる拍車をかけることとなった。

ユーゴに次いでフランスとの距離を置き始めたのはルーマニアであった。ヴェルサイユ体制の維持こそ自国の国益であるとの信条をいだいていたルーマニアのティトゥレスク外相は、フランス・チェコ・ソ連同盟に加わろうと、一九三六年七月にベッサラビア問題を棚上げにしてまでソ連との同盟条約の仮調印に踏み切った。ところが、カロル国王は、石油資源にめぐまれるルーマニアがこの同盟網に組み込まれることを極力避けたいドイツと、自国の対ソ接近を阻止したい国内右翼勢力の双方から圧力を受けて、ティトゥレスク外相を八月末に解任し、ソ連との同盟条約を葬り去ってしまったのである。

一説によれば、ソ連との関係が強化されれば、自国内で共産勢力の勢いが増すばかりかパン・スラヴ主義が台頭し、それがやがてドイツを刺激することになるのではないかと恐れたユーゴが、ルーマニアの対ソ接近をきらって、ドイツ、イタリア、ポーランドと協力してティトゥレスク解任に動いたといわれる。また、数カ月前のドイツによるラインラント再占領が、ティトゥレスク解任におよぼした影響もはかりしれない。これによってフランスの防衛線がマジノ線まで後退したため、同国の東欧諸国への軍事援助が実際には不可能となり、フランスと東欧諸国との軍事同盟が事実上葬り去られてしまったからである。これ以降ルーマニアは、それまでの親英仏外交を修正して、英仏とドイツのはざまで等距離外交を展開するようになっていく。

英独欧州分割と小協商の破綻

一九三六年のドイツによるラインラント再占領と同年秋のベルリン・ローマ枢軸の樹立によって、ヴェルサイユ体制は完全に崩壊したが、この時点でフランスにかわり欧州国際秩序の再建に乗り出したのがイギリスであった。伝統的に欧州大陸における勢力均衡の維持を外交政策の基本目標とするイギリスは、これまで大陸におけるフランスの優位をきらってドイツに好意的態度で接してきたが、フランスがドイツとの抗争で敗退してバランスがドイツ有利に傾斜するにおよんで、大陸への介入を余儀なくされたのであった。とはいえ、当時のイギリスは深刻な貿易・赤字問題を抱え、なおかつ衰えゆく大英帝国の維持に最大の関心をいだいていたため、ドイツとの直接対決を望まなかった。むしろ東欧をドイツの勢力圏と認めることによってドイツとの共存を確保し、そうすることでドイツの拡張政策を抑制するとともに、大英帝国の温存、西欧の安定、自国の経済発展というイギリスの国益を追求しようとしたのであった。

しかし、この欧州分割構想に基づく「英独の平和」は、ユーゴの枢軸寄りを一層強めることになった。ユーゴはまずドイツの支援を受けて、一九三七年一月二十四日にブルガリアと恒久友好条約に調印し、東部国境の脅威を取り除いた。次いで、三月二十五日にはイタリアと同盟条約を締結して、イタリアのアルバニア支配を認めるかわりに、同国から対ユーゴ領土修正要求の取り下げ、ウスタシャ援助の停止、対ユーゴ攻撃への不参加を取りつけたのである。三六年三月十九日のイタリア・アルバニア協定によって前者の後者に対する支配が一層強固となり、ユーゴにとってイタリアの存在感がそれまでにも増して大きくなったことに加え、翌年一月にイギリスとイタリアが地中海紳士協定を締結して両国が地中海の現状維持で合意に達したため、ユーゴは孤立への恐怖からイタリアに接近したのであった。このようにして、ユーゴはこれら二つの枢軸諸国と条約を結ぶことによって、潜在敵国による包囲網から脱却するとともに、ウスタシャや内部マケドニア革命組織（ＶＭＲＯ）の弱体化に成功したのである。

ところが、このようなユーゴの枢軸寄りの政策は、小協商やバルカン協商の結束をさらに弱体化させることとなった。なかでもユーゴ・ブルガリア恒久友好条約が、ブルガリアから攻撃を受けた際の援助義務を定めたバルカン協商に矛盾する相互不可侵を謳っていたことから、バルカン協商の存在意義が根底から問われることとなった。そこで同盟諸国の分裂傾向に危惧をいだいたフランスとチェコは、小協商を同盟機構に格上げすることでユーゴを現状維持派にとどめようとするのであるが、ストヤディノヴィチ首相の拒否にあって失敗し、結局小協商は一九三八年九月のミュンヘン会談における対ドイツ宥和政策によって事実上崩壊してしまうのである。小協商の第一の同盟国であるフランスが、英独伊とともにズデーテンの割譲を同盟国であるチェコに迫ったのであるから、ほかの小協商諸国がドイツを相手取ってチェコの防衛に単独で立ち向かうなどおよそ至難の業であった。

バルカン危機と英独対立の先鋭化

この対独宥和政策によって小協商の一角が崩れたことは、ルーマニアの安全保障にとって危険信号を意味した。ことにハンガリーがミュンヘン会談の直後にチェコに対して領土修正要求をおこない、ドイツとイタリアによる第一次ウィーン裁定がおこなわれて、南スロヴァキア一帯とルテニア地方の一部がハンガリーに割譲されたことは、同じくハンガリーとのあいだにトランシルヴァニア問題を抱えるルーマニアにとって直接の脅威と受け取られた。そこでルーマニアは石油供給を増大するよう圧力をかけ始めたドイツに、それとの交換条件としてルーマニア領土保全への保障を要求するのであるが、圧力手段の喪失につながることを恐れたドイツの拒否にあうと、今度はふたたび英仏に接近して等距離外交の延命に苦心するのであった。

ところが、ルーマニアは英仏から明確な支援の約束が得られないまま、一九三九年三月のドイツ軍によるチェコ侵攻と同国解体およびハンガリー軍によるルテニア侵攻という、自国の安全保障にとってきわめて深刻な事態を迎えることになる。窮地に追い込まれたルーマニアは、危機を一時的に回避して体勢を立て直そうと、同月二十三日にドイツの申し出を受け入れることとし、自国の領土保全に関してドイツから何ら具体的な保障を得られないままに、石油輸出増に関する経済協定に調印したのであった。

しかしバルカンを覆う危機はこれだけでは収まらなかった。四月七日、ヒトラーの「輝かしい功績」に刺激されたムッソリーニが、アルバニア攻撃に踏み切り、同国を支配下に収めたからである。だがこのムッソリーニのアルバニア攻撃にはユーゴ情勢も絡んでいた。二カ月前の二月四日にストヤディノヴィチ首相が解任され、同首相とのあいだで合意に達していたアルバニア分割案が水泡に帰してしまったことから、ムッソリーニはユーゴが英仏との関係強化に乗り出す前にアルバニアを占領しておく必要性に迫られたのであった。

ところで、このような東欧・バルカン危機は「英独欧州分割」という欧州国際政治の枠組みのなかで生じたものであるから、同危機が英独関係に影響をおよぼさないはずはなかった。チェコ解体による対独宥和政策の失敗に、ルーマニア問題に象徴される新たな東欧危機とアルバニア併合が加わったことで、これまでドイツを刺激しないよう努めてきたイギリスも、ようやくドイツの拡張政策に対し

イタリアのアルバニア併合(1939年4月)　これ以後，イタリア国王ヴィットーリオ・エマヌエーレ3世がアルバニア国王を兼ねることになる。国王ゾグは国外に脱出した。

て対抗措置をとる必要性を認識するにいたったのである。まず三月三十一日にポーランドに対して、続いて四月十三日にギリシアとルーマニアに対してそれぞれ保障宣言を発したイギリスは、五月十二日にトルコと共同宣言を出して、英仏がルーマニア援助に踏み切った場合のトルコの支援と地中海の現状維持に関する協力を取りつけることで、これら諸国による対枢軸包囲網の形成に着手したのであった。

ところが、イギリスのこの政策転換に対してドイツが対抗姿勢を強めたことから、以後バルカンをめぐる英独の綱引きが激しさを増していくことになる。イギリスはブルガリアをバルカン協商に加盟させてドイツの影響力拡大に歯止めをかけようとし、イギリスとの協力関係を誓ったトルコはユーゴとルーマニアに中立主義を捨ててイギリス側につくよう説得に乗り出した。これに対してドイツは、トルコがイギリスと協力宣言を出したことを理由に、バルカン協商が中立性を捨ててドイツの敵対組織になったと非難しつつ、ユーゴおよびルーマニアに同組織からの脱退を迫るとともに、ハンガリー・ユーゴ・ブルガリア・ブロックの形成を提唱したのである。他方、英独双方から圧力を受けたユーゴは、ハンガリー・ルーマニア・ブルガリアからなる中立ブロック構想を打ち出すとともに、ルーマニアと一緒にイギリス・トルコ宣言を批判するなど、独伊枢軸と英仏連合とのあいだで何とか中立主義を維持しようと懸命に努めるのであった。

2　独ソ対立のはざまで

独ソ東欧分割から独ソ対立へ

ところで、このように英独対立が激化するにつれて、ソ連の重要性が否が応でも高まることとなり、一九三九年春以降、英仏とソ連のあいだで軍事同盟に関する交渉が開始される運びとなった。しかしながら、英仏のソ連共産主義に対する嫌悪感とソ連軍事力に対する信頼感の欠如に加え、ルーマニアがポーランドとともに最後までソ連軍の自国通過を認めようとせず、ソ連の武力干渉を正当化する「間接侵略」方式にも断固反対したことから交渉は遅々として進まず、そうこうしているうちに同年八月二十三日に独ソ間で不可侵条約が締結されることとなり、九月一日のドイツによるポーランド攻撃を迎えるのである。

同条約の締結によって、ドイツはソ連の中立と協力を盾にあわよくば英仏を屈服させて第二のミュンヘンを実現し、戦わずしてポーランド回廊などを奪取できるか、あるいは最悪の場合でも、東西からの両面攻撃を回避できることとなった。他方、チェンバレン首相はこの期におよんでも対ドイツ戦の回避に最後まで尽力を惜しまなかったが、結局ドイツのポーランド侵攻に対する世論の激しい抗議に押されて、対独宣戦布告へと追い込まれていくのであった。そこには、二つの異端国家であるドイツとソ連が手を結んだことに対する民主主義陣営の危機観が色濃く反映していたといわれるが、もしそうであるとすれば、独ソ不可侵条約の締結こそ、ヒトラーの目論見とは裏腹に、イギリスを対独宣戦布告へと駆り立てた決定要因となったのであり、ここに歴史の皮肉を感じざるを得ない。

それはともかく、独ソは不可侵条約秘密付属議定書およびそれを若干修正した九月二十八日の独ソ境界・友好条約を通じて、東欧勢力圏分割をはかった。ソ連はフィンランド、バルト諸国、ポーランド東部、ベッサラビアを勢力圏に入れるとともに、第一次世界大戦後に喪失した旧ロシア帝国領をほぼ回復した。また、ドイツと同盟に近い関係を築くことで、少なくともしばらくのあいだは、ドイツの攻撃目標を西方に釘づけにしておくことができた。スターリンをはじめとする当時のソ連指導部は、力の劣勢ゆえに、いかなる不平等な条約を結んででもドイツとの関係を良好に保ち、そうすることでドイツの対ソ攻撃をかわそうと決意していたのである。たとえば、九月二十八日の独ソ条約には、戦争が継続した場合の相互協議、ドイツ潜水艦によるムルマンスク軍事基地の利用、経済封鎖されているドイツにかわってソ連が第三国から物資を購入してドイツに引き渡すことなど、ソ連にとって不都合な内容が含まれていたのであった。

ところが、一九四〇年六月二十二日にフランスが休戦協定に調印して、ドイツの支配が中欧から西欧にまでおよぶようになり、次なるドイツの攻撃目標がイギリスないしソ連にしぼられてくると、ソ連指導部は自国の安全保障をドイツとの友好関係のみに任せておくわけにはいかなくなった。迫りくる戦争に備えて、これまで勢力圏分割の対象から除外されてきたバルカンを自己の勢力圏に取り込むことで、自国の安全保障を高める必要性に駆られ始めたのである。他方、ドイツにとっても、重要資源や食糧の供給源として重要な役割を担うバルカンを支配下に収めることは、戦争を継続していく上で必要不可欠であった。こうして、中欧とは対照的にそれまで力の真空状態に置かれてきたバルカンが、フランスの降伏と同時に一挙に独ソ関係の焦点となり、以後両国はこの地をめぐって勢力圏抗争を熾烈化させていくのである。

ルーマニア分割

バルカンをめぐる独ソ勢力圏抗争の火蓋は、ルーマニアにおいて切って落とされた。ソ連は英仏による対ルーマニア保障とドイツのルーマニアへの関心の大きさを考慮して、ポーランド、バルト、フィンランドとは違ってベッサラビアの占領には慎重な態度をとり続けた。しかし、フランスの敗北によって英仏の対ルーマニア保障が有名無実となり、しかも英独が単独講和へと向かう可能性が出てきたために、ソ連は独ソ不可侵条約で約束されたベッサラビアを急いで獲得する必要に迫られたのであった。これに対しドイツは、ソ連の中立を取りつけるためにベッサラビアのソ連領への編入を認めたものの、それが高じてルーマニア全体がソ連の手に陥ることを恐れた。ルーマニア油田の喪失は、戦争を継続していく上で、ドイツにとって致命的でさえあったからである。そうしたことから、ソ連が一九四〇年四月三日にバルカンの現状維持に強い関心を表明すると、ドイツはベッサラビアに侵攻するソ連に対抗してルーマニア油田を占領するために、ドイツ軍の領内通過を認めるようハンガリーに要請し、その見返りとしてハンガリーに対してトランシルヴァニアの割譲を申し出たのであった。

こうした状況下において、すでに六月十五日にバルト諸国の支配に乗り出していたソ連は、フランスが休戦協定に調印した翌日、ベッサラビアの併合をドイツに通告した。その際、ソ連が独ソ不可侵条約秘密付属議定書に含まれていなかったばかりか、一度たりとてロシア領であったことのないブコヴィナまで要求したことから、ただちにドイツの抗議するところとなり、両国はわずかこの一万平方キロメートル余りの地をめぐって火花を散らすこととなったのである。交渉の末、結局ウクライナ住民の多い北ブコヴィナだけがソ連に割譲されることで妥協が成立すると、ソ連は二十六日にルーマニアに対して二四時間の時限つきで最後通牒を突きつけ、ルーマニアが独伊の勧告に従って翌日最後通牒を受け入れると、二十八日に赤軍を進めて同地を軍事占領したのである。

しかしルーマニアをめぐる独ソ対立は、これで終わったわけではなかった。独伊はルーマニア分割によってバルカン戦争が勃発し、バルカン諸国から重要物資が輸入できなくなることを恐れて、ハンガリーやブルガリアのルーマニアに対する領土返還要求を戦後まで延期させようと努めた。ソ連が両国の修正主義を鼓舞することで、バルカンへの影響力拡大をうかがっていたからである。そして、ハンガリーおよびブルガリアは、ソ連の誘いに応えるかのようにルーマニアに対する領土返還要求を強め、たとえばブルガリアのボリス国王は六月二十九日にドイツ大使に対し、南ドブルジャ（ドブロジャ）の返還をドイツを通じて達成したいが、もしそれが不可能ならソ連経由で実現せざるを得ないと警告したのであった。

このようなことから、ドイツはルーマニア領土をめぐる争いに英ソが介入してくることを懸念して、八月三十日にイタリアを誘って第二次ウィーン裁定に乗り出し、北トランシルヴァニアのハンガリーへの割譲をルーマニアに承諾させたのである。割譲がトランシルヴァニア領全土ではなくその一部に限られたのは、ルーマニアとハンガリー双方が残りの領土回復のためにドイツに依存せざるを得ない状況をつくり出すためであった。ソ連のモロトフ外相はこのウィーン裁定を、共同の利益に関わる問題についての協議義務を定めた独ソ不可侵条約第三条に違反する行為であると非難したが、それを無視するかのように九月七日にはクライヨーヴァ条約が締結され、南ドブルジャのブルガリアへの割譲が決定された。そうしておいて、ドイツはイタリアとともに、残されたルーマニア領土に対する保障宣言を発して、ソ連のバルカン進出をベッサラビアでくいとどめることに成功したのである。

その結果、ルーマニアではカロル国王が亡命を余儀なくされ、かわってアントネスク軍事政権が誕生した。同政権は十月十二日にドイツ軍を迎え入れ、十一月二十三日にハンガリーに次いで三国同盟に加盟したが、わずか二カ月間で国土の三分の一以上を喪失したルーマニアは、ドイツが期待した通り、ベッサラビア領の挽回とその後おとずれるであろう北トランシルヴァニア領の回復のために、もっとも熱心な対ソ戦協力国になっていくのである。

バルバロッサ作戦とマリタ作戦

ルーマニア分割をめぐってたがいに猜疑心を募らせた独ソは、その後も対立を深めていった。ソ連が自国内にバルト諸共和国やモルダヴィア共和国を樹立したのに対し、ドイツは一九四〇年七月末にフィンランドと協定を結んで自国軍隊の領内通過と駐留に関して了解を取りつけ、さらに九月二十七日には日独伊三国同盟を締結するなど、ソ連包囲ともとれる政策を展開した。そこで、高まるソ連の不信感をやわらげようというドイツの意向に沿って、十一月十二日から独ソ外相会談がベルリンで開催された。同会談でリッベントロップは独伊日ソ四カ国同盟による世界分割案を掲げて、ソ連のインド洋方面への勢力伸張をうながしたが、モロトフは四カ国同盟案に関心を示さず、あくまでバルカン

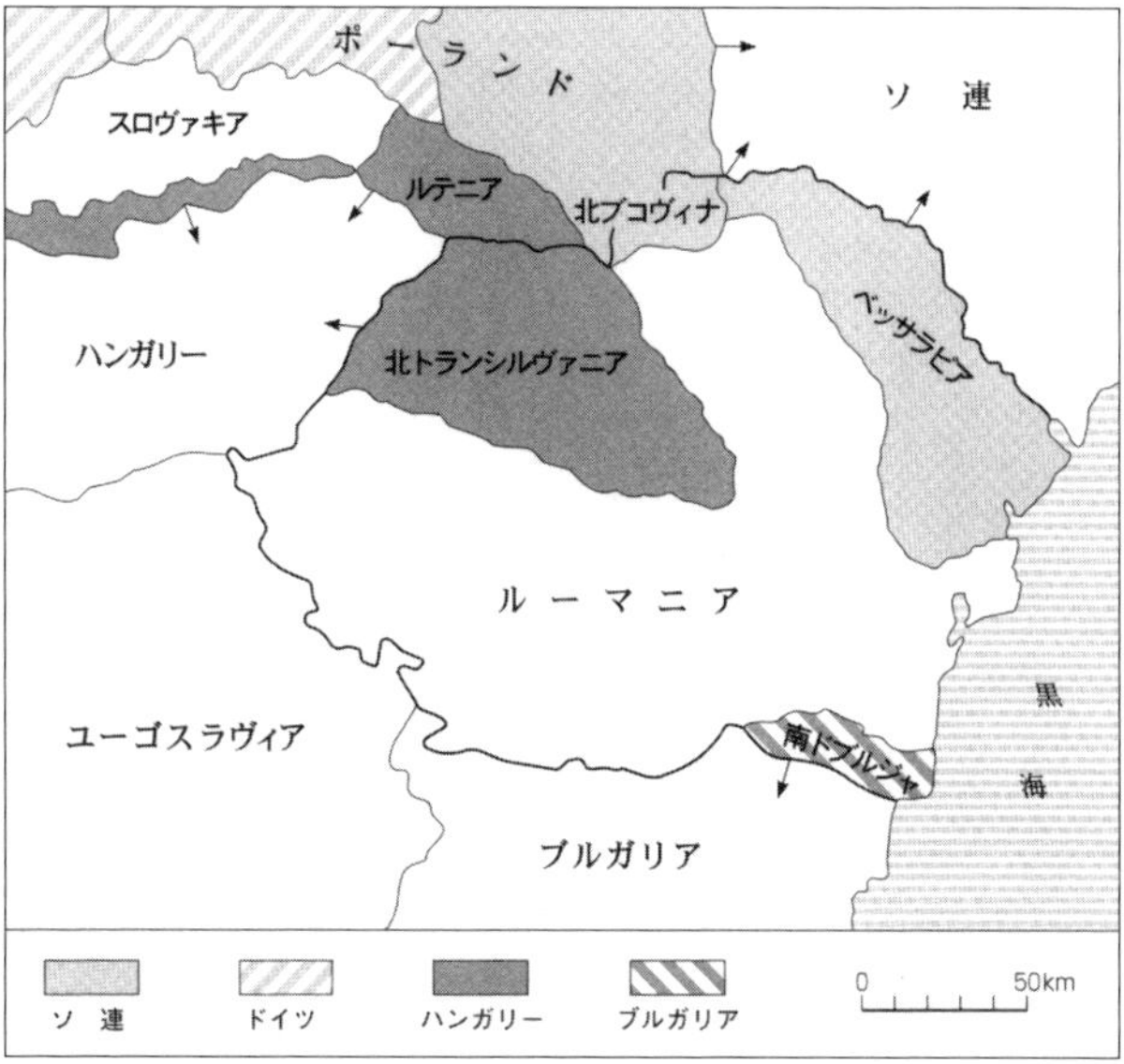

ルーマニア分割

に固執した。そして、ドイツ軍のフィンランドおよびルーマニアへの進駐の意味を執拗に問いただそうとしたため、会談はもの別れに終わってしまった。

しかし、ソ連はその後方向転換をはかり、同月二十五日付のスターリン書簡を通じていくつかの条件と引き換えに四カ国同盟への参加を表明した。ところが、ベルリン外相会談が開催されたまさにその当日に、すでに命令第一八号を発してバルバロッサ作戦の準備命令を出していたヒトラーにとって、四カ国同盟などはもはや眼中になかった。そもそも、ヒトラーが外相会談開催を提唱した真の目的はソ連の真意を探ることにあったといわれ、その点でヒトラーの関心を呼んだのは、スターリン書簡のなかで掲げられたバルカンに対するソ連の具体的関心であった。書簡には、ドイツ軍のフィンランドからの撤退要求とならんで、ソ連・ブルガリア相互援助条約の締結、ソ連の黒海海峡（ボスフォラス海峡、ダーダネルス海峡）通行権と同地への軍事基地建設、ルーマニアやハンガリーへの関心などが表明されており、ここにおいてヒトラーは対ソ攻撃の前に是が非でもバルカンを押さえておく必要性を認識するにいたったのである。

しかも、その必要性はムッソリーニの対ギリシア攻撃によって一層高まった。ムッソリーニは次々と功績を重ねるヒトラーがドイツ軍をルーマニアに進行させたことをラジオで知ると、かつてチェコ解体の直後にヒトラーへの対抗心からアルバニア制覇に向かったように、今回も彼への対抗心から十月二十八日にギリシア攻撃に踏み切ったのであった。ムッソリーニがチアノ外相に述べた次のことばが、彼のギリシア攻撃の動機をいいつくしている。「ヒトラーはつねに私に既成事実を突きつけてくる。今度は私が彼にお返しをする番だ。私がギリシアを占領したことを、彼は新聞で知ることになろう」。

ところが、ムッソリーニは攻勢に転じたギリシア軍に逆にアルバニアまで攻め入られたばかりか、イギリス海軍の到来をも招いてしまった。ヒトラーはバルバロッサ作戦の前にマリタ作戦を実施してギリシアを制圧するとともに、支援に向かったイギリス軍をバルカンから一掃しておかねばならなくなったのである。

独ソ対立の焦点――ブルガリア

そこで、ヒトラーは一九四〇年十一月二十日にハンガリー、二十三日にルーマニア、二十四日にスロヴァキアを次々と三国同盟に加盟させるとともに、十七日にはブルガリアのボリス国王を自国に招いて、ギリシア領であるエーゲ海沿岸地域の供与を条件に三国同盟への加盟を迫った。これに対してソ連のモロトフ外相は、ボリス国王がドイツに赴いたその日、駐ソ・ブルガリア大使に経済援助の申し出とともにブルガリアの領土拡大要求への理解を伝えた。また、二十五日にはソボレフ外務次官をブルガリアに派遣して、かつて一九三九年十月に提案した相互援助条約を再度もち出して、トラキア地方の供与と引き換えにソ連軍による黒海軍事基地の使用を迫ったのであった。ソ連がこのころブルガリアのソ連勢力圏入りをドイツに迫っていたことは、すでに指摘した通りである。

このようにして、ブルガリアはルーマニアに次いで独ソ対立の焦点に浮上したのであるが、これらに加えて九月にはトルコから防衛条約の締結をもちかけられ、またイタリアからもエーゲ海へのアクセスを条件に対ギリシア攻撃の誘いを受けるなど、まさにブルガリアはバルカン国際関係の要となった。しかし、ブルガリアはこのような複雑な国際関係を逆に利用して、同諸国との多角外交を推進することで、しばらくはこれらすべての誘いを拒み続けることができた。ところが、ヒトラーが十二月十三日に命令第二〇号を発してマリタ作戦を命じたことから、ドイツ軍の通過地点に位置するブルガリアの重要性が一気に高まることとなり、十二月には数千人のドイツ人軍関係者が商社マンや旅行者を装ってブルガリアに押し寄せ、対ギリシア攻撃の準備に着手した。

これに対してソ連は、自国の安全保障圏に属するブルガリアに外国軍が進駐することは、ソ連邦の安全保障利益を損なうものであるとドイツに激しく抗議し、またアメリカも最終的に勝利するのは自国が支援するイギリスであるとして、中立国にとどまるようブルガリアの説得にあたった。ところが、ブルガリア政府は、ドイツの圧力がますます強まるなかでドイツ軍の到来は避けられないとの結論に達し、そうであればもしドイツがブルガリアの戦争への不参加に同意するのであれば、敵軍としてではなく友軍としてドイツ軍を迎えたほうが得策であるとの判断に傾いていった。こうした状況下において、トルコから不可侵条約締結の話をもちかけられたブルガリアは、すぐさまそれに応えて一九四一年二月十七日に同条約に調印し、東西からの両面攻撃の危険性を排除すると、独立とエーゲ海への出口の保障と引き換えに、三月一日に三国同盟に加盟したのである。

ユーゴスラヴィアの三国同盟加盟

ハンガリー、ルーマニア、ブルガリアを同盟国に加えたドイツが次に目標とする国は、ギリシアに隣接するもうひとつの国ユーゴであった。ヒトラーはユーゴの軍事的中立が不確かなうちは対ギリシア攻撃は不可能であると判断して、一九四〇年十一月末に訪独したユーゴ外相に対して、テッサロニキの供与、領土保全の保障、ユーゴ内民族和解への協力、イタリアの対ユーゴ不可侵の保障など具体的な条件を掲げて、ユーゴの三国同盟入りを迫るのであった。

ところが、ユーゴはこのような好条件にもかかわらずヒトラーの申し出を拒否し、対ギリシア援助を秘密裏に続けた。ギリシアとは王家の婚姻や同盟条約などを通じて特別な関係にあったからであるが、ユーゴがこのようにドイツの申し出を拒否できたのは、このころソ連やハンガリーとの関係改善を進めていたからでもあった。ユーゴはドイツの圧力に抗する必要から、またバルカンの勢力均衡を回復して自国の安全保障を高めるために、他方ソ連はドイツのバルカン進出に対抗する必要から、両国は一九四〇年春以来、急速に接近し始めた。そして両国は五月十一日の通商条約調印に続いて六月二十四日には外交関係まで樹立し、ソ連のユーゴへの武器供与も取り決められた。さらに、ユーゴはドイツとの交渉において自国の立場を強化するために、またユーゴを取り巻く一角に風穴をあけるために、十二月十二日にハンガリーと友好条約を締結したのである。

しかし、年が明けてマリタ作戦およびバルバロッサ作戦の実施が迫るとともに、一九四一年二月になるとイギリスがギリシアに援軍を本格的に送り始めたことから、ヒトラーはユーゴを三国同盟に加盟させるべく圧力を強めた。二月十四日にツヴェトコヴィチ首相を、三月四日にはパヴレ摂政を招いて会談を重ねたヒトラーは、ユーゴの領土保全、軍事援助義務の免除、換言すれば中立義務の履行、外国軍の領内通過および駐留の不承認、テッサロニキのユーゴへの割譲などの諸条件と引き換えに、ようやく三月二十五日にユーゴを三国同盟に引き入れることに成功したのであった。

ユーゴは三国同盟への加盟をあくまで拒否してドイツとの戦争の危険をおかすか、あるいは三国同盟に加盟してドイツに門戸を開くかの二者択一を迫られたわけだが、ドイツの申し出を拒否するにはユーゴを取り巻く国内外の諸条件はあまりにも劣悪すぎた。ユーゴは周囲を枢軸諸国に囲まれた上、ルーマニアとブルガリアにはドイツ軍が、アルバニアにはイタリア軍が駐留し、さらに一九四一年二月にはトルコまでがブルガリアとの中立同盟条約に調印したのであった。しかも、かつての同盟国フランスはすでに敗北し、イギリスやアメリカの援助はほとんど期待できないまま、ソ連との関係もふたたび疎遠になっていた。ドイツとの関係が一層悪化することを恐れたソ連が、ユーゴとハンガリーとの友好条約締結やユーゴとドイツとの通商条約締結を表向きの理由として、ユーゴへの武器供与の約束を反故にしてしまったからであった。

このソ連の武器供与取り消しは、ドイツがチェコのシュコダ軍事工場を支配下に置いて以来、武器調達に困窮し軍事的弱体を克服できずにいたユーゴにとって、はかりしれない痛手となった。さらに、国内においても三九年八月二十六日に成立していた「スポラズム」(協定の意味。政府とクロアチア農民党との交渉により、クロアチア自治州が創設された)が破綻してふたたび民族対立が深刻化し、ユーゴは国内統一とはほど遠い状態に陥ってしまった。このような状況下において、ユーゴ指導部に残された選択肢は、三国同盟への加盟をおいてほかにはなかったのである。

ユーゴスラヴィアの分割占領

ところが、ひとたび三国同盟加盟の報が伝わるや伝統的に親仏・反独感情の強いセルビア人を中心に抗議集会が催され、これらセルビア人とあくまでも三国同盟を民族独立の保障とみなす多くのクロアチア人とのあいだで亀裂が深まるなか、一九四一年三月二十七日未明に軍部がクーデタを決起したのであった。シモヴィチ将軍を首相とする新政権は、三国同盟を堅持しつつも対英関係の緊密化をはかり、同時に四月五日にソ連と友好不可侵条約を締結して中立路線の回復に努めるのであるが、マリタ作戦をひかえたヒトラーがそのような中立路線を甘受するなどおよそあり得なかった。セルビア民衆の三国同盟に対する抗議デモのなかにユーゴ中立主義の本質をみて取ったヒトラーは、即座にユーゴ征服を決意し、四月六日にギリシアとユーゴに対する攻撃を開始したのである。そしてイタリア、ハンガリー、ブルガリアの軍隊が四方から攻撃に加わったため、ユーゴは四月十七日に、ギリシアは二十日に相次いで降伏した。

その結果、ユーゴは分割統治されることとなり、セルビアと北スロヴェニアがドイツ支配下に、南スロヴェニア、ダルマツィア海岸、アドリア海諸島がイタリア占領下に置かれ、マケドニアはブルガリアに、ヴォイヴォディナはハンガリーに、コソヴォはイタリア支配下のアルバニアに併合された。セルビアではネディチ将軍によるドイツ傀儡政権が樹立され、クロアチアではイタリアの影響下においてウスタシャの指導者アンテ・パヴェリッチを首班とする独立国家が形成された。またモンテネグ

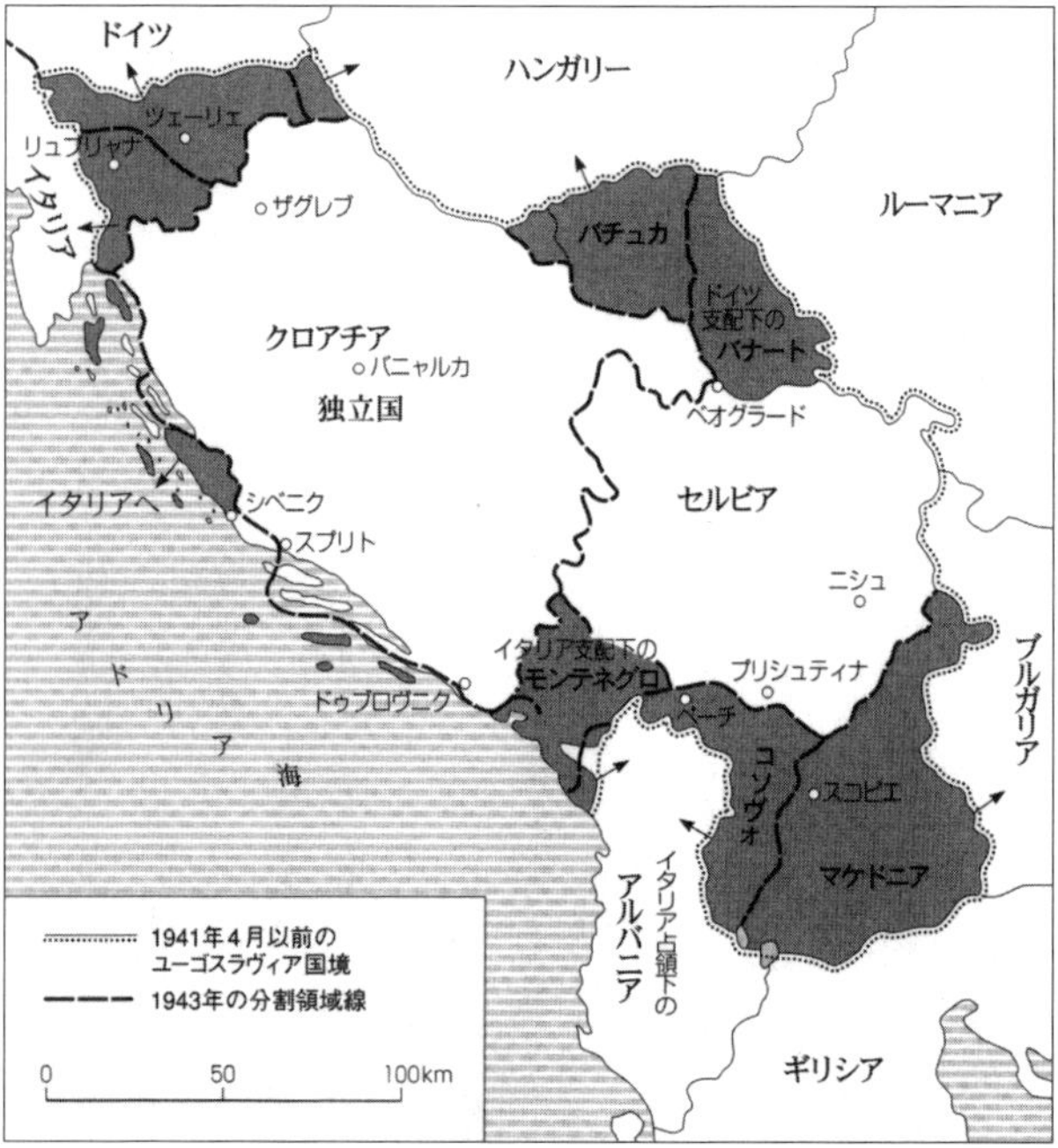

ユーゴスラヴィアの分割

ロでは同じくイタリアの影響下において、自治が許されることとなった。

このようにしてバルカンは、一九四一年四月までに、ルーマニアやブルガリアのようにドイツの同盟国となるか、あるいはユーゴ、ギリシア、アルバニアのように占領支配されるかして、六月二十二日未明の独ソ戦を迎えるのである。

3 連合国戦時外交と社会主義政権樹立への序曲

バルカン戦後政権の決定要因

ドイツとともに対ソ宣戦布告をしたのはルーマニア、ハンガリー、スロヴァキア、クロアチアで、なかでもベッサラビア奪還について国民的合意ができ上がっていたルーマニアは、アントネスク軍事政権のもとで果敢に対ソ戦を展開した。しかし、軍がベッサラビア領をこえてソ連領奥深くまで進撃を続けると、野党勢力が停戦を唱え出し、ソ連の反撃が間近に迫る一九四四年六月には、民族農民党、民族自由党、社会民主党、共産党が国民民主ブロックを組織して、アントネスク親独政権打倒に向かって動き出す。

他方ブルガリアは、枢軸国であったにもかかわらず、国民の親露感情ゆえに対ソ戦を免除されたばかりか、対ドイツ協力も経済的貢献に限定されるなど枢軸国のなかでもっともめぐまれた状況にあり、占領したマケドニアと西トラキアのブルガリア化に専念することができた。にもかかわらずこの国では、ルーマニアと違って早くからパルチザン闘争が展開され、一九四二年七月には共産党を中心に「ズヴェノ」、社会民主党、農民同盟左派などからなる祖国戦線が組織された。祖国戦線はユーゴやギリシアのパルチザンと連携しながら抵抗運動を繰り広げていき、やがて政権の受け皿になっていく。

これに対し、枢軸諸国に占領されたユーゴ、ギリシア、アルバニアでは、旧体制につながる勢力と共産系のパルチザン部隊が抵抗運動を展開したが、これら左右両勢力は戦後の政権樹立をめぐって競合関係にあったため協力関係を築くことができず、やがて内戦へと突き進んでいく。ユーゴではミハイロヴィチ大佐率いる亡命政府系のチェトニクとチトーのパルチザンが、ギリシアでは旧体制派のゼルヴァス大佐率いるギリシア国民民主連盟（EDES）、プサロス大佐の国民社会解放運動（EKKA）が、共産党主導の人民解放戦線（EAM）とその軍事部隊である人民解放軍（ELAS）と競った。またアルバニアでは反ゾグ派の民族主義的な知識人からなる民族戦線と、ゾグ派のアバス・クピ率いる合法運動が、エンヴェル・ホジャを議長とする共産党主導の民族解放戦線と内戦を繰り広げた。

しかし、バルカンの戦後政権を決定づけたのは、このような各国の政治勢力関係だけではなく、戦況の推移と関連して展開された米英ソ連合国間の戦時外交であった。とはいえ、これら国内要因と国際要因の重みはバルカン各国にとって一様ではなく、ルーマニアとギリシアにおいては大国間関係が決定的であり、逆にユーゴとアルバニアでは国内情勢に比重が置かれ、ブルガリアはその中間に位置した。

対英米単独講和を模索するルーマニア

ルーマニアはスターリングラード戦の雲行きが怪しくなると、政府・野党ともに枢軸側からの離脱と西側連合国との単独講和の可能性を探り始めた。アントネスク首相と民族農民党指導者のマニウは一九四二年十月に、ルーマニアの独立と領土の回復が保障されればアントネスク自らが直接講和に踏み切るか、あるいはマニウがアントネスクの同意を得て政府を打倒し講和を達成するかで合意に達した。そこでまず同年秋にイタリアと共同で西側連合諸国と講和交渉に臨む道が探られたが、同案が翌年一月にムッソリーニの拒否にあって頓挫すると、副首相のミハイ・アントネスクはスイス、ポルトガル、スペイン、トルコなどのルーマニア外交使節に西側連合諸国と接触をはかるよう訓令を出した。またマニウも四三年八月に、英米軍がルーマニアに到来すれば二四時間以内にアントネスク政府は崩壊して民主的な政府がそれにとってかわるだろうとの信号を西側に送るのであるが、英米からの反応はなかった。

こういった背景に一九四三年一月のカサブランカ会談における無条件降伏決定があったことは否めないが、ルーマニアの和平交渉を実りないものにした直接の原因は大国間関係、なかんずく英ソ関係にあった。ソ連は四一年十二月のイーデン訪ソ以来、フィンランドとともにルーマニアとの戦後同盟関係の樹立を一貫して主張し続け、四三年三月にはイギリスのバルカン連邦構想からルーマニアを除外するよう求めたりした。これに対してイギリスは、独ソ単独講和を阻止するとともに、ソ連の要求をそれ以上拡大させないためにも、またバルカン連邦構想やその他でソ連から譲歩を引き出すためにも、ソ連のルーマニアに対する関心を認めるべきであると判断し、「対ルーマニア政策を対ソ関係に従属させる」(四三年三月のイーデン発言)方針を固めたのであった。またアメリカもソ連との友好関係を最重要視する立場から、ソ連を刺激しないようルーマニアに関する発言をひかえた。

このような国際状況のなかで、ソ連との和平交渉が一九四三年十一月から開始され、ストックホルムでフリーデリッチ・ナヌ特使がソ連の外交代表と交渉にあたった。また、ルーマニアはチェコのベネシュ大統領にもソ連との調停を依頼した。しかしアントネスク首相は英米との単独講和の可能性を放棄したわけではなかった。英米の協力が得られた場合にルーマニアが差し出すであろう金、食糧品、石油、兵力などの具体的数値を掲げて、彼自ら英米軍の到来を要請したのである。ところが、どの交渉チャンネルも進展のないまま、四四年三月十七日からカイロにおいて、野党の特使バルブ・シュティルベイと英米ソ代表とのあいだで交渉が開始されることとなった。

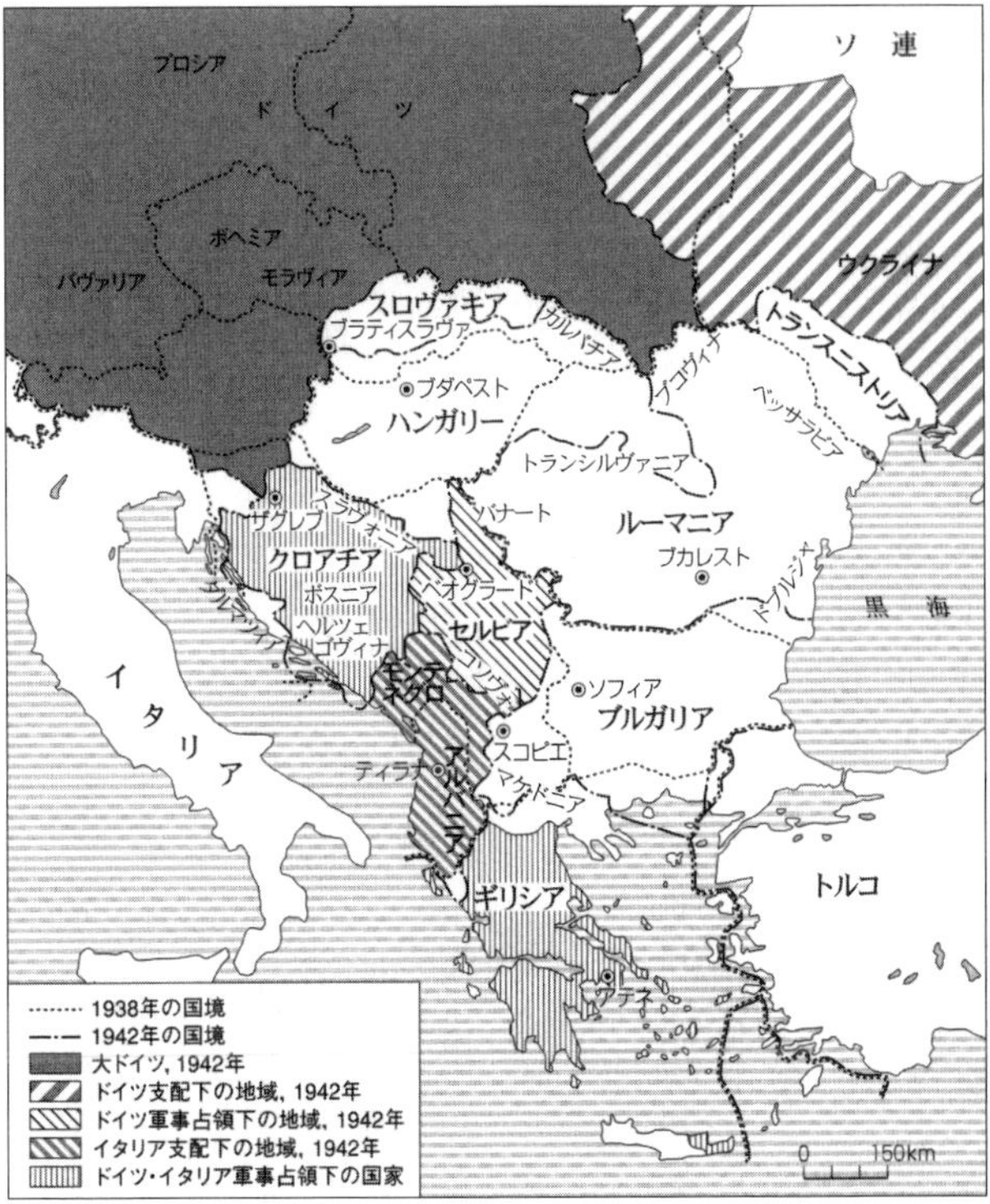

ソ 連
プロシア
ド イ ツ
ボヘミア
バヴァリア
モラヴィア
スロヴァキア
ブラティスラヴァ
カルパチア
ウクライナ
トランスニストリア
ベッサラビア
ブダペスト
ハンガリー
トランシルヴァニア
ルーマニア
ザグレブ
バナート
クロアチア
ブカレスト
ボスニア
ヘルツェ
ゴヴィナ
ベオグラード
黒 海
セルビア
イ タ リ ア
ソフィア
ブルガリア
スコピエ
ティラナ
マケドニア
トルコ
ギリシア
アテネ
1938年の国境
1942年の国境
大ドイツ, 1942年
ドイツ支配下の地域, 1942年
ドイツ軍事占領下の地域, 1942年
イタリア支配下の地域, 1942年
ドイツ・イタリア軍事占領下の国家
0 150km

第二次世界大戦中のバルカン

英ソのバルカン分割とルーマニア

ルーマニアの最大の関心はソ連による占領をいかにして回避するかにあったため、民族農民党のマニウらはソ連のみならず米英を加えた三国がルーマニアに対して内政不干渉と独立を保障すること、それを具体的に実現する方法として米英空軍のルーマニア駐留を要請した。これに対してソ連は一九四四年四月八日に休戦協定案をシュティルベイに伝達し、そのなかで、ルーマニアの対独宣戦布告、四一年六月二十二日のソ連国境承認、賠償支払い、ソ連赤軍のルーマニア領内自由移動、ウィーン裁定の無効とトランシルヴァニア解放のための対ルーマニア援助などを提示した。ところがアントネスク政府は四四年五月十五日に同案を拒否し、マニウも五月二十七日に米英空軍到来のための詳細な軍事プランを携えたコンスタンティン・ヴィショイアヌをカイロに送ったため、ソ連は六月一日に休戦条件を受諾しなければ交渉を打ち切るとルーマニアに通告した。

この時期の対ルーマニア和平交渉におけるソ連政府の態度硬化と英米の消極的姿勢の背景には、一九四四年三月のソ連軍による春期攻勢という軍事情勢に加えて、ここでも連合諸国間関係が存在した。四三年十月のモスクワ外相会談で三大国は、対ルーマニア政策ではソ連が主導権を握ることで合意をみたし、ギリシアで窮地に陥ったイギリスは四四年五月にルーマニアをソ連の勢力圏と認めるかわりにギリシアをイギリスの勢力圏と認めるようソ連に提案したのであった。国務省の反対にあってはじめ難色を示していたローズヴェルトが、結局三カ月という条件つきではあるが同提案を了承したため、ルーマニアに対するソ連の優先的権利が三大国のあいだで了承されたのである。

こうしたことから連合国との和平交渉が進展しないまま、ルーマニアは八月二十日のソ連軍による夏期攻勢を目前にひかえ、手をこまねいていれば敵国としてソ連に占領されるという最悪の事態を迎えた。その場合、ソ連軍とともに帰国するソ連派共産党員に権力への最短距離が開かれることになる。しかし、もしアントネスクがソ連に降伏を申し出れば西欧派野党の出る幕はなくなり、この場合も共産政権への移行がよりスムーズになるし、アントネスクが対ソ降伏をドイツに伝えるつもりでいたことから、国土がドイツ軍によって占領されるか、あるいは戦場と化す恐れがあった。ここにおいて、国王、西欧派野党、国内派共産党の利害が一致し、すでに国民民主ブロックを組織していた彼らは共同でクーデタ計画を作成するのであるが、一刻も猶予ならない事態に追い込まれたミハイ国王は、マニウの助言を受けてアントネスクが宮殿をおとずれた八月二十三日に彼をその場で逮捕し、連合国との戦争停止と対独宣戦布告を断行したのである。

こうして最悪の状況はまぬかれたものの、九月にソ連主導のもとで締結された休戦協定と、十月にチャーチルとスターリンのあいだで交わされたバルカン勢力圏分割協定(ルーマニアに対してはソ連が、ギリシアに対してはイギリスが、ユーゴとハンガリーに対しては両国が共同で影響力を行使する旨の取り決め)によって、ルーマニアのソ連勢力圏入りは決定的となった。イタリアの降伏処理を独占したのは英米であったが、ソ連はそれと同じ権利をルーマニアに対して主張し、かつ実行していくのである。

英ソの対ユーゴ政策

　ユーゴはギリシアと同じく連合国で、国内情勢もギリシアときわめてよく似た状況にあった。双方ともロンドン亡命政権、枢軸側の傀儡政権、国内レジスタンスが主要な勢力として存在し、そのなかにあって共産党系のパルチザン部隊が優勢を誇り国内の大部分を制圧していた。あえて相違点をあげれば、ギリシアの亡命政権が国内のどのレジスタンス部隊とも関係をもっていなかったのに対し、ユーゴのロンドン亡命政権が旧王党派のチェトニク部隊と関係を保っていたという程度のことであった。しかしこのように似かよった状況にあったにもかかわらず、両国には戦後異なる政治体制が誕生することになる。それはいかなる理由によったのであろうか。

　ソ連はルーマニアおよびポーランドに対しては断固たる態度をとったが、ユーゴに対してはギリシアと同じく英米への配慮を優先させ、ロンドン亡命政権との外交関係を維持してチェトニクを支持するとともに、チトーに慎重に振る舞うよう再三注意をうながした。たとえば、ソ連は一九四二年三月にパルチザンの共産主義的性格が西側を刺激していることに懸念を表明し、プロレタリア的性格ではなくすべての反ヒトラー勢力の結集が第一であるとして、中国、フランス、チェコの各共産党に対してと同じく、チトーにもチェトニクとの国民戦線結成を迫ったのであった。また四三年十月のモスクワ外相会談においても、ソ連は亡命政権と国王の排除を主張するチトーの立場を代弁することはなかった。

このようにユーゴの内政を決定したのがソ連ではなかったとすると、イギリスの対ユーゴ政策が重要な要因として浮かび上がってくる。イギリスははかりしれない犠牲が予想されるフランス上陸作戦を延ばしつつ、地中海陽動作戦を展開する必要上、ギリシアとユーゴのレジスタンス運動を重視した。パラシュート部隊を一九四二年秋にギリシアへ、四三年春にユーゴへそれぞれ派遣して、共産党系および非共産党系レジスタンス運動双方の協力と統合に尽力したのであった。

イギリスの対照的な対ユーゴ・ギリシア政策

ところがこのような軍事戦略上の要請に基づいた政策は、共産主義政権の樹立を阻止しブルジョワ政権の発足を促進するという政治的要請と矛盾した。両国におけるパルチザン活動はいずれも共産主義勢力によって指導されていたため、イギリスが軍事的要請に従って行動すれば、これら共産主義勢力の増長は避けられなかったからである。そこから、一九四三年秋以降、ギリシアにおいては政治的顧慮が軍事的配慮を上回るようになり、ＥＡＭがイタリア軍の武器を得て同年十月にＥＤＥＳ攻略を開始すると、イギリスはＥＤＥＳの援助に乗り出すのであった。また翌年二月のプラカ協定で武器や資金などを全パルチザンに平等に供給する義務を負ったにもかかわらず、イギリスはＥＤＥＳやＥＫＫＡへの優遇策をとり続けたのである。

しかし、イギリスの対ユーゴ政策はこれとはまったく対照的であった。チトーはモスクワ外相会談

冬の山岳地帯を整然と行進するユーゴ・パルチザン　赤い星の記章に象徴されるパルチザンは，厳格な規律に基づく軍事組織をつくり，不足する武器を敵の部隊から奪って，果敢に戦闘を続けた。

宛てに、ロンドン亡命政府および国王を承認しないばかりか、ユーゴスラヴィア人民解放反ファシスト会議（AVNOJ）を唯一の正当権力とすることを伝えた。また、四三年十一月二十九日には第二回AVNOJを開催して、同組織をユーゴの最高立法行政機関と位置づけるとともに、チトーを首相とする臨時政府（全国解放委員会）を樹立して政権獲得への意欲を示したのである。しかし、それにもかかわらずイギリスはチトーのパルチザン支持を明確にし、テヘラン会談ではチトー援助とミハイロヴィチへの援助取り下げが決定されたのであった。

ここにユーゴに対しては戦略的配慮を優先するが、ギリシアには政治的利益を重視するイギリスの個別政策をみて取ることができるが、その後イギリスはギリシアに対する政治的配慮をますます重要視するようになり、一九四四年秋には軍事介入に踏み切って優勢にあった共産党系レジスタンス部隊の権力奪取を実力で阻止し、亡命政府を中心とする内閣を成立させたのであった。これに比してユーゴの場合は、亡命政府とチトー勢力との連立政権樹立というチャーチルの戦後構想に基づいて四四年六月十六日にチトー=シュバシッチ協定が成立したが、同協定はギリシアの場合とは対照的に、ユーゴ共産主義勢力の実効支配を反映したものであった。そこではロンドン亡命政府がAVNOJをユーゴ国内における唯一の政治的権威と認めること、パルチザン部隊を正式の軍隊として承認すること、君主制にするか否かは戦後決定すること、連立政権には亡命政権から民主的で進歩派な人々を参加させること、などが取り決められた。この共産主義勢力に有利な取り決めは十一月一日の第二次チトー=シュバシッチ協定に継承されていき、翌年三月七日の連立政権(民主連邦ユーゴスラヴィア)において二六の閣僚ポストのうち二三を共産党が占めるというかたちで具体化されるのである。

一九四四年春にギリシアの四分の三の国土を制圧していたEAMが、五月のレバノン協定で四分の一の閣僚ポストしか与えられなかったこととあまりにも対照的であるが、それはひとえに英ソによるバルカン勢力圏分割に起因するものであった。チャーチルは同年十一月七日のイーデン宛て書簡のなかで、「われわれはギリシアにおける行動の自由を得るためにロシアに対して代償を支払ったのであるから、イギリス軍を使ってパパンドレウ下のギリシア王国政府を支持することに躊躇すべきではない」と勢力圏分割に率直に言及しているのである。

アルバニアのレジスタンス運動

一九三九年四月にイタリアに併合されたアルバニアでは、亡命したゾグ国王にかわってイタリアのエマヌエーレ三世が国王を兼ねることとなり、そのもとで最初ヴァルラツィを、四一年十二月以降はムスタファ・クルヤを指導者とする傀儡政権が樹立された。以後この傀儡政権とイタリア支配に対して、ゾグ派、共産主義勢力、民族戦線（バリ・コンバタール）がそれぞれレジスタンス運動を組織していくのであるが、そのなかで先陣を切ったのは共産主義勢力であった。アルバニアの共産主義勢力はそれまでいくつかのグループに分かれていたが、ユーゴ共産党の援助を得て四一年十一月に党大会を開き、ホジャを書記長とするアルバニア共産党を創設すると、今度は同党を中心に反ファシスト勢力の包摂に取りかかり、翌年九月には民族解放戦線を組織して、ユーゴのパルチザンと連携しながらレジスタンス運動を展開し始めるのであった。さらに四二年十月にリベラルな親西欧派で反ゾグ派の共和主義者が民族戦線を組織すると、共産党は四三年八月に同民族戦線とともにアルバニア救済委員会を組織して共闘を開始した。

ところが、アルバニア共産党がユーゴ共産党の圧力を受けてコソヴォのアルバニアへの併合に反対したことから、コソヴォをアルバニア領であると主張する民族戦線と真向うから対立することとなり、両者のあいだで内戦が繰り広げられることとなった。また、それまで共産党と協力してきたアバス・クピ率いるゾグ派も、合法運動と呼ばれる独自組織を形成して、戦後政権の樹立をめざして内戦に突入するのであるが、内戦を有利に進めたのは共産党率いる民族解放戦線であった。

民族解放戦線は降伏したイタリア軍の武器を手に内戦を戦い抜き、イタリアにかわってアルバニアを占領支配するにいたったドイツに対してもレジスタンス運動を強化した。彼らは解放区に解放地区委員会を発足して地域行政にも着手し、一九四四年五月二十四日にはユーゴにならって第一回目の人民解放反ファシスト会議を開催し、十月には第二回大会を組織して臨時政府を樹立するとともに、十一月十七日には首都ティラナを自力で解放した。

ブルガリアとアメリカの休戦交渉

ルーマニアの運命がソ連の安全保障上の強い関心によって早期からソ連の意向に結びつけられていたのに対し、ブルガリアの場合はルーマニアと同じく枢軸国でありながら対ソ宣戦布告をひかえたがゆえに、ソ連の動向に左右されることはなかった。かわってブルガリアに対する発言権は交戦国であった英米が握ることとなり、ルーマニアとの講和交渉ではひかえめな態度に終始した同諸国も、一九四三年春以後バルカン作戦が現実味を帯び始めるや、ブルガリアとの講和交渉に積極的に乗り出した。

なかでもアメリカのブルガリアに対する関心はイギリスのそれを凌駕した。とはいえ、アメリカは太平洋戦をひかえて欧州戦の早期終了を望んでいたし、また国際平和維持機構の創設に関してソ連の同意を得るためにも、ソ連がかねてより要請していた第二戦線の開設を急がねばならず、対バルカン作戦にはそれだけ消極的にならざるを得なかった。しかし、アメリカはノルマンディ上陸作戦（オーヴァーロード作戦）を側面援助する必要からも、バルカンの重要性を十分認識していたのであり、それは一九四三年五月にローズヴェルトが軍上層部に出した、ブルガリア、ルーマニア、トルコからの対ドイツ攻撃の可能性について検討せよとの指令のなかにみて取ることができる。このアメリカのバルカンへの軍事的関心は、北アフリカ上陸作戦（トーチ作戦）の成功とそれに続くシチリア島上陸、さらにはイタリアの降伏という軍事的展開のなかでおのずと高まっていったのであるが、オーヴァーロード作戦を優先する英米にとって、バルカンに動員できる兵力と資材には限界があった。ここにおいてバルカン枢軸国の戦線からの離脱と同諸国の対ドイツ戦への参加が、ことのほか重要性を帯び始めたのである。そこでアメリカ、なかんずく戦略情報局（OSS）と国務省は、バルカンのなかでもソ連と利益が交錯しないブルガリアに特別な関心を寄せることとなり、四三年春からスイスとトルコで講和条件について交渉を開始した。

　ところが、ブルガリアが無条件降伏の不適用と一九四一年国境に固執し、他方アメリカが国境問題を戦争終結まで棚上げする態度を崩そうとしなかったため、交渉は暗礁に乗り上げた。しかしそこには英米とハンガリーおよびルーマニアとの休戦交渉の妨げとなったソ連問題は、存在しなかったのである。ハンガリーおよびルーマニアとの休戦交渉は、両国がソ連によって占領されない保証を英米に求めたのに対し、アメリカがそれを確約できなかったがゆえに頓挫した。だが、ことブルガリアに関しては交戦国でないソ連の発言力には限界があり、その点でアメリカはブルガリアとの講和交渉においてはイニシアティヴを発揮できる立場にあった。事実、ソ連は四三年の暮れにアメリカの対ブルガリア降伏計画に賛同して、アメリカの同国に対する影響力行使を認めるとともに、講和交渉において傍観的態度に終始することさえ自ら申し出た。また、イギリスも、テヘラン会談でバルカン連邦案が葬り去られると、ブルガリアのバルカン連邦への参加計画を放棄して、政策目標を同国の早期降伏へと転換せざるを得なくなったため、以後米英ソ三国はアメリカのイニシアティヴのもとに足並みを揃えてブルガリアに降伏を迫ることとなった。

ソ連の対ブルガリア宣戦布告とクーデタ

連合国は一九四四年一月二十七日にブルガリアに対し、対ドイツ援助の中止、枢軸同盟の破棄、占領地域からの軍隊の引き揚げを要求すると同時に、英米がブルガリアに対して空爆を開始し、ソ連も同国の中立違反に抗議して共同で圧力を加え始めた。その結果、ブルガリア指導部が枢軸国からの離脱を決意するところとなり、カイロでの連合国との講和交渉が設定される運びとなった。ところが、ドイツが同年三月十九日に枢軸同盟破棄を決意したハンガリーを占領して枢軸諸国の連合国への接近を威嚇し、英米が領土問題で譲歩することに難色を示したため、結局カイロ交渉は開かれなかった。

しかし、八月二十日のソ連のバルカン攻撃開始によって危機に瀕したブルガリアは、ドイツに対して全軍の撤退を要求するとともに、セルビアとマケドニアからの自国軍の撤退をも決断し、さらに八月二十八日には旧農民同盟党首のムラヴィエフを首班とする救国内閣を発足させて、九月一日からカイロで英米との非公式交渉に臨んだ。しかしながら、時すでに遅く、ソ連が同月五日にブルガリアに宣戦布告し、九日に祖国戦線がクーデタを起こして権力を掌握したため、英米との和平交渉は永久に幕を閉じることとなったのである。

ソ連の対ブルガリア宣戦布告とソ連軍の同国駐留は、ブルガリアに対する連合国間関係を根底からくつがえすこととなった。米英だけがブルガリアの交戦国であるという事実がそれまでソ連にひかえめな態度をとらせてきたのであるが、宣戦布告によってソ連も米英と等しくブルガリアの交戦国となったばかりか、英米軍ではなくソ連軍だけがブルガリアに進駐してそのまま同地に駐留したことで、ルーマニアの場合と同じくブルガリアに対しても、「イタリア方式」を適用する道が開かれたのであった。ちなみに「イタリア方式」とは、豊下楢彦によれば、枢軸国を軍事的に占領した連合国が同国に対して排他的な管理権を行使することをいう。ここにおいて、かつてブルガリア問題に関しては聞き役に徹することを自ら申し出たソ連が、連合国管理委員会の権限をソ連占領軍に無制限に委譲することを主張し始めたため、管理委員会の権限をめぐって三連合国間で応酬が開始されるのであるが、その応酬に終止符を打ったのはここでもギリシア情勢であった。この時期ギリシアで苦境に立たされていたイギリスはギリシア問題を自国に有利に解決するために、アメリカの反対を押し切って、ブルガリアにおけるソ連の優越的権限を認めたのである。

このようにブルガリアの場合は、ルーマニアやギリシアと違って、バルカンの重要性が高まる一九四三年春から連合国の勝利が明らかになる四四年夏までの期間は、英米との講和交渉が成功する可能性が少なからず残されていた。しかも英米はギリシアやユーゴの軍隊を対ブルガリア占領軍に含めないとか、エーゲ海への出口の可能性も示唆するなど領土問題でも相当の配慮を示した。にもかかわらず、ブルガリアは指導部内の分裂とマケドニアへの固執などその対応のまずさゆえに好機を逸し、やがてソ連軍の侵攻とそれにともなう共産党の権力奪取によって、ソ連圏に組み込まれていくのである。

第八章　多様な社会主義の試み

1　人民民主主義体制

ソ連の対東欧政策と人民民主主義

前章では、連合国の戦時外交を通じて、ギリシアを除くバルカン諸国がソ連勢力圏に組み入れられていく過程を概観した（なお、ギリシアは戦後、イギリスやアメリカの強い影響を受け、西側陣営へ引き込まれた）。しかしながら、ソ連はこれらのバルカン諸国を含めた東欧（以後ギリシアを除くソ連勢力圏として、「東欧」を用いる）の国々を戦後ただちに共産化する意図をもち合わせていたわけではなく、少なくとも一九四七年前半までは、東欧の多様性に対して寛大であった。チェコスロヴァキア（以下チェコと略記）やハンガリーではヤルタ会談の取り決めに従って自由選挙が実施され、ブルジョワ政党と共産党による真の連立内閣が長期にわたって機能した。また、ブルジョワ諸政党の弱体化と共産党政権の樹立が強引に進められたポーランド、ルーマニア、ブルガリアにおいてさえ、農民党をはじめとする親西欧派諸政党の徹底的な排除がおこなわれるのは四七年六月以降のことであった。しかも、自力で政権を奪取したことから戦後即座にソ連型社会主義建設に取りかかり、米英に対する対決姿勢を隠そうとしなかったユーゴスラヴィア(以下ユーゴと略記)に対して、スターリンは自重さえうながしたのである。

このようなことから、戦後しばらくのあいだ東欧には、資本主義体制でもソ連型社会主義体制でもない、その中間に位置するさまざまな政治体制が存在することとなった。それは人民民主主義体制と呼ばれたが、同体制の成立はこの時期のソ連が戦後復興に追われて、米英諸国との協調関係の継続をひとつの重要な外交政策目標に据えていたからであった。ここからスターリンの対東欧政策は、ソ連の安全保障観に基づく東欧各国の戦略的重要度、イギリスとの勢力圏分割協定、東欧の共産党やブルジョワ諸政党の強弱の度合、その他の東欧各国の国内事情を考慮した、個別的かつ柔軟なものとなった。今日ではこのような解釈が、冷戦時代の解釈、すなわちソ連は戦時中に周到に準備した青写真に基づいて、終戦と同時にすべての東欧諸国の一枚岩的なソヴィエト化をはかろうとしたという解釈に取ってかわりつつある。

しかしながら、それではソ連が一九四七年前半まで東欧各国に対してどのような具体的な政策目標を描いていたのかとなると依然として不明瞭な点が多く、また東欧の共産党がいかなる人民民主主義体制の構築を進めようとしていたのかについてもほとんど明らかにされていない。そういったことから近年、冷戦後に公開され始めた旧ソ連および東欧諸国の資料を用いて、この時期の人民民主主義体制を見直そうとする動きがみられ、その成果が期待される。

ユーゴスラヴィアとアルバニアの社会主義建設開始

イギリスの東欧専門家シートン・ワトソンによれば、東欧共産党政権は三段階を経て確立された。共産党が他の諸政党とともに正真正銘の連立政権を組む第一段階、形式的には連立政権の形態をとるものの実質的には共産党が権力を掌握する第二段階、共産党による一党独裁が完成する第三段階である。東欧の多様性はこの共産党政権樹立の過程においてもみられ、この点と関連して東欧は三つのグループに類型化される。第一は共産党政権樹立の過程がもっとも緩慢に進行したチェコとハンガリー、第二は同過程が第二段階から開始されたポーランド、ユーゴ、アルバニア、第三は第一段階から始まり共産党による権力奪取が急速に進められたブルガリアとルーマニアである。

ここからバルカンが、チェコやハンガリーと比べて戦後急速に社会主義化への道をたどったことが理解できるが、なかでもその急先鋒はユーゴであった。一九四五年三月にユーゴに成立した連立政権は、共産党が解放戦争と内戦を通じてすでに戦時中に確立した政治権力を、英ソの圧力を受けたがゆえに、また国際的承認を得んがために、否応なくロンドン亡命政府の穏健派に一部ゆずった結果にほかならなかった。したがって、十一月十一日の選挙では共産党率いる人民戦線が連邦院で九〇・五％、民族院で八八・七％という高得票率を獲得するところとなり、新議会はこの選挙結果を背景に十一月二十九日に共和国宣言をおこない、翌年一月三十一日にはソ連憲法に則った社会主義憲法を採択して、ユーゴは他国に先駆けて社会主義建設に乗り出すのであった。

アルバニアでも、共産党主導の人民解放反ファシスト会議を引き継いだ国民解放戦線が一九四五年十二月の議会選挙で九三％の得票率を得ると、新議会は四六年一月に君主制を廃止して共和制を敷き、三月十四日にソ連型の社会主義憲法を制定して、ユーゴの社会主義建設に続いた。

ブルガリア共産党主導内閣の誕生

このようにユーゴとアルバニアで共産党政権の樹立が円滑におこなわれたのは、すでに指摘したように、共産党が戦時中に実権を握っていたからであるが、ルーマニアとブルガリアでは、一九四四年の八月二十三日と九月九日のクーデタによって戦時中のブルジョワ政権が打倒されたとはいえ、依然として親西欧派の右派勢力が残存したために、共産党政権の樹立はそれだけ遅れることとなった。また、ルーマニアとブルガリアにも差異がみられ、戦時中に政権を担当した政治勢力の相違、共産党の強弱の度合、クーデタの担い手の違いなどから、共産党の権力強化はルーマニアよりブルガリアにおいて、より迅速かつ強行に進められた。

それは、第一に、アントネスク独裁体制が敷かれ右派政党が在野にいたルーマニアとは対照的に、ブルガリアでは戦時中に右派勢力が一貫して政権に就いたため、戦後同勢力の戦争責任が問題化して、右派の弱体化がまぬかれなかったためである。また第二に、ルーマニアのクーデタは国王や右派勢力が中心となって進められたが、ブルガリアでは中道左派の親ソ派諸政党からなる祖国戦線がクーデタを決行したため、右派勢力の政治権力からの排除がクーデタ直後から徹底的に進められたからであった。なかでも祖国戦線において中核を占めた共産党は、クーデタ後に首相ポストを「ズヴェノ」のゲオルギエフ大佐にゆずったものの内相と法相のポストを握り、人民警察と人民法廷を組織して反対派を次々と抹殺していった。

そして一九四四年末までに右派勢力の排除に成功したブルガリア共産党は、四五年に入ると、四四年九月に亡命先から帰国して農民同盟の立て直しに着手したゲオルギ・ディミトロフ(労働者党の指導者とは同姓同名の別人)を党書記長のポストから引きずり下ろすなどして、ともに祖国戦線を組んだ農民同盟と社会民主党の切り崩しに取りかかった。またディミトロフの跡を継いだ農民同盟のペトコフ派や社会民主党のルルチェフ派が政党別の単独リストに基づいた選挙を主張して祖国戦線から引き揚げると、共産党はこれら両党の残党メンバーとともに統一リストによる選挙を十一月に断行して八八%を得票し、四六年三月三十一日に祖国戦線のみからなる第二次ゲオルギエフ内閣を樹立した。同内閣は九月に国民投票を実施して人民民主主義共和国を宣言、十月二十七日には祖国戦線を構成する政党別の選挙を実施して少数派の諸政党を排除し、元コミンテルン議長のゲオルギ・ディミトロフを首相とする共産党(労働者党)主導の内閣を誕生させた。

ルーマニア共産党連立政権の成立

これに比してルーマニアでは、アントネスク軍事政府が戦時中を通して政権を担ったため、戦間期に与党であった民族自由党や民族農民党など親西欧派の右派政党は、戦時中、野党の地位に甘んじていなければならなかった。しかし、それが幸いしてこれら右派勢力は戦争責任をまぬかれ、戦後政治において少なからぬ政治力を発揮することができた。しかも、ルーマニア共産党の力は弱く、国内のおもな活動家は獄中に監禁されていたし、ソ連に亡命した共産党指導者の多くは非ルーマニア人であった。したがって、右派政党がソ連を意識して共産党の連立政権への参加に同意したからといって、実際には共産党が政治的影響力を行使し得るような状況にはなかったのである。

こういったことから、一九四四年後半にルーマニアに誕生した三つの連立内閣(第一次、第二次サナテスク内閣、ラデスク内閣)では、いずれもブルガリアとは対照的に右派勢力が強く、共産党は法相のポストは得たものの内相のポストを手にできず、ラデスク内閣にいたってようやく内務次官のポストを得たにすぎなかった。とはいえ、共産党は十月に耕民戦線(南トランシルヴァニアで生まれた急進的農民運動)、労働組合、自由党タタレスク派、社会民主党の一部からなる中道左派勢力を結集して国民民主戦線を組織し、政権の受け皿づくりに入るとともに、翌年早々ギョルゲ・ギョルギュウ＝デジとアナ・パウケルが訪ソして、スターリンから国民民主戦線内閣を樹立するよう指令を受けると、ヤルタ会談後の二月二十四日に反政府デモを組織してラデスク内閣の退陣を迫ったのである。そういった状況下において二十七日にヴィシンスキー外務次官がソ連から駆けつけ、ミハイ国王に最後通牒を突きつけてラデスク内閣の退陣と国民民主戦線内閣の樹立を迫ったため、三月六日に耕民戦線議長のグローザを首班とする連立内閣が発足した。この一連の行為は明らかに英ソによるバルカン勢力圏分割に則ったもので、このころギリシアではイギリスが軍事力を用いて共産党主導の人民解放戦線（ＥＡＭ）勢力を一掃し、二月十二日のヴァルキザ協定によって旧勢力主体のブルジョワ政権を樹立させたのであった。

このようにしてユーゴやアルバニアでは共産党による一元的支配が一九四五年に樹立され、ルーマニアやブルガリアでも四五年から四六年の暮れにかけて共産党主導の内閣が成立した。また、まがりなりにも選挙が実施され、パリ講和条約も締結されたことから、これら諸政権の正当性が国内外で承認されたのである。しかし、ルーマニアやブルガリアには、権力が大幅に弱体化されたとはいえまだ野党勢力が存在していたのであり、これ以後もそのような政治的多元性が何らかのかたちで維持されていくのか、あるいは共産党が権力の独占をめざして残存勢力の殲滅《せんめつ》に乗り出すのかが、その後の展開におけるひとつの焦点となった。

バルカン人民民主主義の諸政策

以上検討した、バルカンにみられた共産党による二つの型の権力奪取過程の違いは、この時期の政策面での相違をもたらした。共産党が早期に権力を固めたユーゴとアルバニアでは、国有化と計画経済が早くから導入され、ユーゴではすでに一九四五年八月に「没収に関する法律」が制定されて交通機関、主要銀行、基幹産業の八〇％が国有化され、四六年十二月と四八年四月にはさらに中小企業と零細企業の国有化がおこなわれた。また、アルバニアでも四六年までにすべての工業が国有化された。ところが、ブルガリアとルーマニアが国有化に関する法律を制定するのは、それぞれ四七年十二月と四八年六月になってからのことであった。

計画経済に関しても、ユーゴは早くも一九四七年四月から第一次五カ年計画に着手し、国民所得の四分の一から三分の一を投資にまわして急速な重工業化に乗り出した。ところが、ブルガリアが四七年に開始したのは戦後復興のための二カ年計画であり、ルーマニアにいたっては四九年になってようやく戦後復興一カ年計画を開始するといったありさまであった。経済復興に関してルーマニアがブルガリアに遅れをとったのは、ユーゴが賠償請求を取り下げたことから賠償額が軽減されたブルガリアとは対照的に、ルーマニアは三億ドルの賠償金をソ連に支払わねばならなかったばかりか、合弁会社ＳＯＶＲＯＭを通じてソ連から経済的搾取を受けたからであった。ちなみに当時の三億ドルとは、ルーマニアの国民所得の一四〜一五％、四七〜四八年度予算の四七％に相当する額といわれる。

しかし、土地改革に関しては各国のばらつきはほとんどなく、共産党の政権奪取とは無関係におこなわれた。バルカン諸国はおしなべて一九四五年三月からおよそ一年のあいだに土地没収に関する法律を定め、戦犯、敵対協力者、不在地主の土地に加えて、ルーマニアでは五〇ヘクタール以上の農地、ユーゴでは四五ヘクタール以上の農地と二五〜三五ヘクタール以上の非耕作地、ブルガリアとアルバニアでは二〇ヘクタール以上の農地が没収され、貧農に分配された。

モルダヴィア・ソヴィエト社会主義共和国の成立

上述したような体制変動とならんで、第二次世界大戦が東欧にもたらしたもうひとつの変化は国境線の変更であった。バルカンにおける領土修正は第一次世界大戦後のときほど大がかりなものとはならなかったが、それでもソ連がベッサラビアを獲得し、ユーゴがスロヴェニアの西部、イストリア半島の大半とトリエステの南部、リエカ(フィウメ)を含むアドリア海東部の旧イタリア領を領有した。

ベッサラビアとは、十四世紀に建国されたモルドヴァ公国の東部に位置するプルート川、ドニエストル川、黒海に囲まれた領域で、一八一二年のブカレスト条約によってロシア帝国領に編入された地域をいう。ロシアはかつてこの地を支配したワラキア公国バサラブ公の名にちなんでベッサラビアと命名し、以後およそ一世紀にわたってロシア化政策を進めた。ところがロシア革命の最中に同地に創設されたモルドヴァ議会(スファートゥル・ツァーリ)が一九一八年二月六日(新暦)にモルドヴァ共和国

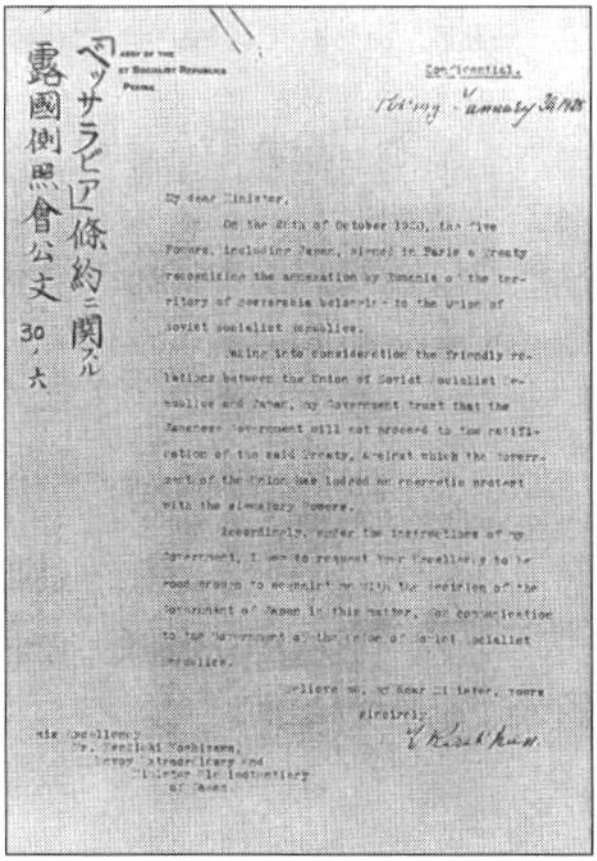
「ベッサラビア」條約ニ關スル
露國側照會公文
30/六

Confidential.

My dear Minister,

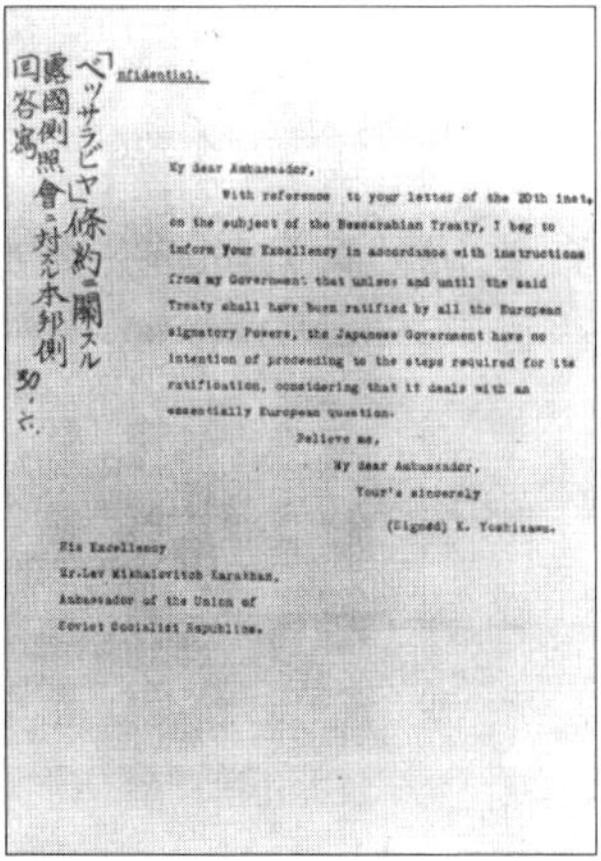
「ベッサラビヤ」條約ニ關スル
露國側照會ニ対スル本邦側
回答寫
30/六

nfidential.

My dear Ambassador,

With reference to your letter of the 20th inst, on the subject of the Bessarabian Treaty, I beg to inform Your Excellency in accordance with instructions from my Government that unless and until the said Treaty shall have been ratified by all the European signatory Powers, the Japanese Government have no intention of proceeding to the steps required for its ratification, considering that it deals with an essentially European question.

Believe me,

My dear Ambassador,

Your's sincerely

(Signed) K. Yoshizawa.

His Excellency
Mr.Lev Mikhalovitch Karakhan,
Ambassador of the Union of
Soviet Socialist Republics.

「日本国及ソヴィエト社会主義共和国連邦間の関係を律する基本的法則に関する条約(日ソ基本条約)」の付属文書としての，ベッサラビア条約に関するソ連側の照会公文(左)と日本側の回答(日本外交資料館所蔵)。

の独立を宣言、続いて四月九日にルーマニアとの統一を賛成八六、反対三、棄権三六で議決し、それをルーマニア議会が承認して、ここに一世紀ぶりに旧モルドヴァ公国領の復元が達成されたのであった。

しかし、ソ連は同決定がルーマニア軍の駐留下においてなされたばかりか、議会が広く人民大衆の意志を代弁する機関ではなかったとしてこれを認めず、ルーマニアとのウィーン交渉が行き詰まった一九二四年に、ドニエストル川以東のウクライナ共和国内に「モルダヴィア・ソヴィエト社会主義自治共和国」を創設してベッサラビアの併合に備えたのである。と同時に、ソ連は同年五月に北京で開始された芳沢－カラハン交渉を通じて、ベッサラビアとルーマニアの統一を承認したベッサラビア条約を批准しないよう、英仏伊とともに同条約に調印した日本に迫った。ソ連の執拗な要請を受けて事の重要性を悟った日本は、逆にこのベッサラビア・カードを用いてソ連から譲歩を引き出そうと、二五年一月の日ソ基本条約付属文書において、全欧州調印国の批准完了まで同条約の批准をひかえることを約束した。

ところが、英仏に続いて一九二七年にイタリアが批准したのちも、日本が対ソ関係の悪化を恐れて同条約を批准しようとしなかったために、結局同地はベッサラビア条約が成立しないままに、四〇年六月のソ連による併合を迎えるのであった。ソ連邦最高会議は八月二日に北ブコヴィナと南部ベッサラビアをウクライナに割譲することと、残るベッサラビアの領土を先のモルダヴィア自治共和国領土の一部とあわせて「モルダヴィア・ソヴィエト社会主義共和国」とすることを決定した。同地は四一年六月二十二日の独ソ戦の開始によって一旦はルーマニアの占領下に置かれるが、四四年にはふたたびソ連軍の占領するところとなり、同年九月のルーマニアと連合国との休戦協定および四七年二月の平和条約において、この地のソ連邦への割譲が国際的に承認された。以後、同地はモルダヴィア・ソヴィエト社会主義共和国としてソ連邦下に置かれ、ソ連型の社会主義建設が進められていくのである。

2　東欧のスターリン化とユーゴ型社会主義

冷戦と人民民主主義体制の終焉

ブルガリアとルーマニアでは一九四七年六月以降野党に対する弾圧が再開され、八月にはブルガリアの最大野党である農民同盟とルーマニアの最強右派勢力である民族農民党および民族自由党が解散命令を受けた。そしてルーマニアでは十一月に内閣改造がおこなわれ、外相にパウケル、蔵相にルカ、国防相にボドナラシュが就任するなど共産党指導者が政府の重要ポストを独占して、ブルガリアのディミトロフ内閣に相当する実質的な共産党政権を樹立し、十二月三十日には王政を廃止して人民共和国を宣言した。以後ブルガリアとルーマニアは着実に社会主義化を進めていき、ブルガリアが四七年十二月四日に、ルーマニアが翌年四月に人民民主主義憲法を制定、また四七年十二月と翌年六月には各々主要産業の国有化も開始した。さらにルーマニアでは四八年二月に、ブルガリアでは八月に共産党が社会党を吸収して労働者党を結成し、ここに両国において実質的な一党独裁体制が築き上げられることとなった。

このようにルーマニアとブルガリアは一九四七年夏以降、共産党による権力の独占とソ連型社会主義建設に向けて動き始めたのであるが、それはこのころ本格化する冷戦の影響を強く受けてのことであった。四七年三月のトルーマン・ドクトリン、五月のフランスとイタリアにおける連立政権からの共産党の追放、六月のマーシャル・プランと続く西側の対ソ封じ込め政策の流れのなかで、ソ連は最終的にマーシャル・プランの受け入れ拒否を決定し、すでに参加の意向を固めていたチェコやポーランドに圧力をかけて、同プランへの加盟を思いとどまらせた。これはソ連が、アメリカとの協調を維持しつつ東欧で自国の利益を追求するというそれまでの外交路線を転換し、アメリカとの協調路線を捨ててでも、東欧を自国の確固たる勢力圏下に置く決断をしたことのあらわれであった。実際ソ連は、英米との同盟関係を慮《おもんぱか》って四三年五月に解散したコミンテルンを、九月にコミンフォルム（共産党・労働者党情報局）という名称で復活させ、それまで容認してきた「社会主義への多様な道」の終焉とソ連型社会主義への早期移行の必要性を力説したのであった。加えて、ソ連は四八年二月から三月にかけて、旧枢軸諸国のルーマニア、ハンガリー、ブルガリアと友好協力相互援助条約を締結して、東欧との同盟関係の強化に乗り出したのである。

スターリン‐チトー論争

このようにして冷戦はヨーロッパを東西に分断したが、それだけでは収まらず、共産主義陣営にも亀裂をもたらした。一九四八年六月のコミンフォルム大会でユーゴが激しく批判され、同組織から除名されたのである。ユーゴは早くからソ連型社会主義建設に取り組み、コミンフォルム創設大会でも、ソ連にかわって一刻も早いソ連型社会主義への移行を呼びかけるなど、ソ連のもっとも忠実な同盟国とみられていただけに、当時ユーゴとソ連の対立が世界に与えた衝撃は少なくなかった。

しかし、突然降って湧いたかにみえるこの対立も、歴史をたどっていけば、その背景に第二次世界大戦中および戦争直後の両国の国益の対立とそれに由来する政策上の食い違いが、遠因として横たわっていたことがわかる。ただそのような対立は、両国が共産勢力の拡張という共通目標を達成するために、戦後しばらくのあいだ政策上の違いを克服して協力関係を築こうと努めたことから、当時は表面化することがなかった。ところが、冷戦が始まりソ連が東欧の一枚岩的結束に乗り出すと、ユーゴの自主路線がソ連ブロックの結束を乱す深刻な脅威としてソ連に受けとめられるようになり、それまでの協力関係にひびが入り始めたのである。

ユーゴは一九四七年十一月から十二月にかけ、ソ連に先駆けて旧枢軸諸国のブルガリア、ハンガリー、ルーマニアと友好協力相互援助条約を締結し、十二月にはアルバニアから専門家を引き揚げるようソ連に要請したばかりか、翌年一月にはユーゴ軍の駐留を受け入れるようアルバニアに求めたりもした。また、ブルガリアのディミトロフ首相が四八年一月にユーゴとの合意に基づいて、両国にハンガリー、ルーマニア、アルバニア、さらには共産党が激しいゲリラ闘争を展開していたギリシアを加えた広域バルカン連邦構想を掲げると、スターリンはただちにユーゴとブルガリアの代表をモスクワに呼び寄せ、同案にかえてブルガリアとユーゴからなる連邦形成をうながした。ところが、ユーゴは二月十九日の政治局会議において、このスターリン案の拒否を決定したのである。同案を受け入れることで、自国に対するソ連の影響力が、ソ連に忠実なブルガリアを介して増大することを恐れたためであった。しかも、アルバニアのユーゴ連邦への吸収を好機がおとずれるまで待つようスターリンが忠告したにもかかわらず、ユーゴは自国の七番目の共和国になるようアルバニアの説得に努めたのであった。

このようにして一九四八年の一月から二月にかけて、ソ連とユーゴのあいだでバルカン連邦構想やアルバニア問題をめぐってかなり深刻な対立が生じたのであるが、それでもまだ三月初めの段階では話し合いの余地が残されていた。モロトフはチトーが三月か四月に訪ソすればスターリンは歓迎するであろうとこの時期に述べているし、前年九月の第二回ユーゴ人民戦線大会におけるチトー演説を三月にソ連で出版する準備が進められていたからである。

この可能性を葬り去り、両国を決定的な対立へと追いやったのは、一九四八年三月一日のユーゴ共産党拡大政治局会議における決定であり、同会議における討議内容が会議に出席していた親ソ派のジューヨヴィチ政治局員によってソ連の最高指導部に伝えられたことであった。同会議では、ソ連が自国の利益を押しつけるために、ユーゴに約束した武器供与や経済協力を意図的に遅らせている点が指摘され、それへの対抗策として自力で国防力を強化し経済発展を推進していく方針が打ち出されたのである。さらに、この点と関連して、ユーゴがそれまでの慣習を破って、ソ連顧問団への経済情報の提供を拒むようになったことから、ソ連はユーゴの対ソ政策に変更が生じたものと判断し、三月十八日から十九日にかけて軍事顧問団と民間人専門家の引き揚げを通告した。しかも、ソ連がその後書簡を通じて対ユーゴ批判を強めるとともに、ユーゴ国内の親ソ派を使って指導部の転覆を企てる一方で、ユーゴ共産党が親ソ派を逮捕・粛清して党内の結束強化に乗り出したことから、両党の対立はますますエスカレートしていき、ついに四八年六月のコミンフォルム大会における公開の場でのユーゴ非難と除名という事態を迎えるのである。

東欧スターリン体制の構築

このようにして冷戦を契機に始まったソ連とユーゴの対立は、東欧に三つの波紋を引き起こした。第一は、同じく冷戦の煽りを受けてすでに開始されていた東欧のスターリン化とソ連ブロックの一枚岩的結束の強化に、さらに拍車がかかることとなった点である。チトー狩りの嵐が東欧を吹き荒れ、スターリンの眼鏡にかなった小スターリン主義者が東欧に輩出することとなり、彼らのリーダーシップのもとで強固なスターリン体制が東欧に築き上げられていくことになるのである。

ルーマニアではソ連・ユーゴ紛争たけなわの一九四八年二月にパトラシュカヌ法相が逮捕され、ブルガリアでは翌年三月にコストフ副首相が反ソ・民族主義のかどで批判されて、十二月に処刑された。両人とも国内派民族主義者の実力者で、パトラシュカヌは休戦交渉において、コストフは貿易交渉において、それぞれソ連に対して自国の国益を主張した点がソ連の反感を買ったものと思われる。ブルガリアではコストフが失脚し、ディミトロフが四九年七月に、コラロフが翌年一月に相次いで死去したことから、ディミトロフの義兄弟であるチェルヴェンコフが五〇年二月に首相、三月に祖国戦線国家評議会議長、十一月に党書記長のポストを掌握して、ブルガリアの小スターリンとなった。チェルヴェンコフは二五年から四六年までソ連で亡命生活を送った親ソ派で、コストフ裁判に付随して、多数の党・国家官僚を逮捕・監禁して国内派を粛清し、ソ連派勢力の伸張に努めた。

他方、スターリンによって開始された反ユダヤ主義的傾向のなかで、チェコでは一九五一年暮れにスランスキー党書記が逮捕・処刑されたが、ルーマニアでも五二年春にユダヤ人のアナ・パウケル外相とハンガリー人のルカ蔵相、およびルーマニア人ではあるが彼らの同僚であったジョルジェスク内相が、農業集団化と通貨改革における右翼偏向的誤りなどを理由に粛清された。これを受けてデジが六月に書記長ポストに加えて首相ポストを兼任することとなり、ルーマニア共産党はブルガリア共産党とは対照的にデジ派の国内派で固められた。

ルーマニアおよびブルガリアでは、これら二人の小スターリンの支配のもとで、五カ年計画、重工業化、農業集団化、強制労働、宗教弾圧、社会主義的リアリズムに則った文化政策など、さらなるスターリン化が進められていった。加えて、ルーマニアでは一九四八年五月に黒海のドナウ河口にある蛇島がソ連に譲渡されるなど、外交面での親ソ路線が強化されるとともに、五三年にRomânia のâ

がîに書き換えられるなど自民族のラテン性の否定とスラヴ化が始まった。

アルバニアの親ユーゴ路線から親ソ路線への転換

スターリン‐チトー論争の第二の波紋は、アルバニアが主権国家としての存亡の危機から救済された点である。アルバニア共産党の設立時から同国の内政に関わったユーゴ共産党は、一九四六年七月にアルバニアと友好協力相互援助条約を締結し、多数のユーゴ専門家を派遣するなどして、アルバニアの社会主義建設に深く関与した。しかし、ユーゴはアルバニアを主権国家として扱うというより、むしろ保護国の立場から接することが多くなっていった。この点で、ユーゴとアルバニアの関係は、ソ連とユーゴの関係に相似していた。ユーゴは、アルバニアに合弁会社を設立して同国から資源を低価格で買いつけるとともに、金融・関税政策などを通じてアルバニア経済の自国経済への統合をはかりつつ、他方でアルバニアが期待する軽工業や精油工場の建設には熱意を示さずに農業や鉱山資源の開発に力を注いだ。それゆえ、ユーゴがアルバニアの植民地化を狙っているのではないかとの猜疑心が、一部アルバニア人指導者のあいだで広まった。しかも、ユーゴがコソヴォをふたたび自国領土に組み入れ、コソヴォのアルバニア人を殺害したことから、アルバニア人の対ユーゴ不信は否が応でも募ることとなった。

その結果、アルバニアでは、一九四七年七月のホジャとゾゼのソ連訪問、同年十二月のブルガリアとの友好条約の調印、さらにはナコ・スピル国家計画委員会議長によるユーゴ経済への従属化への抵抗など、ユーゴからの自立化をめざす動きが活発化した。しかし、アルバニアは国際的に孤立していたばかりか、国内では内務大臣のゾゼを筆頭とする親ユーゴ派が優勢であったため、対ユーゴ依存関係の是正は容易なことではなかった。こういった状況において、ユーゴは四七年から四八年にかけてアルバニア軍のユーゴ軍事組織への統合や、アルバニアのユーゴ連邦への加盟を強力に推し進めようとしたのである。

コミンフォルムからのユーゴ追放劇は、アルバニアが国家存亡の危機に晒されたまさにこのときに生じたのであった。ホジャはすぐさまユーゴ専門家の四八時間以内の立ち退き命令を出すとともに、同年十月から十一月にかけて親ユーゴ派の政府ポストからの追放と党籍剝奪をおこない、さらに翌年六月十一日には彼の宿敵ゾゼを処刑した。この一連の動きの背景にソ連の支援があったことは疑いなく、ソ連はその支援と引き換えにアルバニア領内に海軍基地を獲得した。他方、アルバニアは親ユーゴ路線から親ソ路線に方向転換することで、ソ連から独立の保障と経済援助を受け取ることができたのであった。

ユーゴ型社会主義モデルの模索

さて第三の波紋は、それまで現存社会主義の唯一のモデルであったスターリン型社会主義に対抗するものとして、ユーゴ型社会主義モデルが登場した点である。ソ連・東欧諸国における対ユーゴ批判と親ユーゴ派に対する粛清のなかで、しばらくはソ連の批判に応えてソ連型社会主義の徹底化とソ連外交への同調路線を継続したユーゴであるが、国内外の状況が著しく悪化したことから、ユーゴはその突破口を求めて何らかの解決策を打ち出す必要性に迫られた。そこでまず外交的孤立と経済不況から脱却をはかるために、ユーゴは一九四九年七月にギリシア共産党系のゲリラへの支援を打ち切って西側との関係改善をはかり、アメリカから経済援助のみならず軍事援助を取りつけることに成功した。また五三年二月にはギリシアおよびトルコと友好協力条約を締結し、翌年十月にはロンドン覚書を取り交わして懸案事項であったトリエステをめぐる紛争に終止符を打った。

このような西側との関係改善を通じてソ連・東欧に対する立場を強化したユーゴ共産党指導部は、一九四九年ころからソ連型社会主義の理論的見直しに入り、翌年六月二十七日に「国営企業の運営と労働集団によるより高度な経済連合に関わる法律」を採択して、ユーゴ独自の「労働者自主管理」社会主義を生み出すにいたった。労働者自主管理とは、生産に携わる労働集団(「労働者評議会」)による直接的自主管理を中核に据えた体制で、ソ連型の国家社会主義体制でもなく、西側の資本主義体制でもない、まさにユーゴ独自の資本家抜きの市場経済体制であるとされた。同体制の導入によって、官僚支配による党・国家体制化ないし国家資本主義化したソ連型社会主義ではない、真のマルクス・レーニン主義に則ったユーゴ独自の社会主義建設に着手したとして、ユーゴ指導部はソ連の対ユーゴ批判に反論を加えるとともに、同体制の正統性を国民に向けてアピールするのであった。

3　非スターリン化と社会主義への多様な道

非スターリン化とバルカンの小スターリン

一九五三年三月のスターリンの死後クレムリンで開始された権力闘争が、ソ連国内のみならず東欧全体を巻き込んで展開されたことから、東欧にも集団指導制と非スターリン化路線が導入されることとなった。しかし、非スターリン化がバルカン各国の小スターリンにおよぼす影響は、必ずしも一様ではなかった。非スターリン化を歓迎したのはいうまでもなくユーゴのみで、他の三国の小スターリンたちはこの降って湧いた災難に一様に動揺を隠せなかったが、それでもルーマニアのデジは非スターリン化の過程を巧みに乗り切り、アルバニアのホジャはこの逆風を何とかしのいだが、ブルガリアのチェルヴェンコフは一人窮地に追い込まれていく。

集団指導制の導入によって、チェルヴェンコフは一九五四年二月に、デジは同年四月に、それぞれ第一書記のポストをトドル・ジフコフとギョルゲ・アポストルにゆずって、自らはクレムリンで優勢を誇ったマレンコフにならって首相ポストにとどまった。またホジャは外相と国防相のポストを手放したばかりか、同年七月には首相ポストをメフメト・シェフにゆずり渡した。非スターリン化政策も進められ、デジは五三年八月に、チェルヴェンコフは九月に、それまでの重工業偏重と農業や国民生活の軽視を自己批判し、工業化の速度の緩和、食料品価格の引き下げ、賃金引き上げ、農産物の強制供出量の削減など、国民生活の向上を重視するマレンコフの新路線を踏襲した。

しかし、デジやホジャはこのような非スターリン化措置を通じてモスクワへの忠誠を示しつつも、非スターリン化が自らの権力の喪失や体制の不安定化を招かないよう細心の注意を払った。デジは獄中にいるパトラシュカヌを一九五四年に処刑して、ルーマニアにおけるナジ（ハンガリーの民族派共産主義者）の台頭を未然に防ぐとともに、スターリン主義の誤りをパウケルやルカの責任に帰して、デジこそルーマニアにおける唯一信頼に値するリーダーであることをクレムリンの新指導部とルーマニア国民に向けて誇示した。また、集団指導制の導入にあたっては、五四年四月に第一書記のポストをゆずる際、党書記局にチャウシェスクら若手の腹心を入れることを怠らなかったし、やがてフルシチョフのマレンコフに対する優位が明らかになると、五五年十二月の党大会において首相ポストをキヴ・ストイカにゆずって自ら第一書記のポストに返り咲いた。しかも政治局メンバーにペトレ・ボリラ、チャウシェスク、ドラギチを加えて、将来予想されるモスクワの支援を得たデジ批判に備えたのである。他方、アルバニアでは、ユーゴとの関係正常化やゾゼの名誉回復などをめぐって反ホジャの動きが起きたが、ホジャはその指導者とみられる政治局メンバーのトゥク・ヤコヴァとベドリ・スパヒウを五五年に解任して権力固めをおこない、ゾゼの名誉回復を回避したのであった。

このようにデジとホジャがクレムリンの要求を巧みにかわすことができたのは、スターリン時代に競争相手を排除し、国内派による強固な権力基盤を築いていたからであった。ところが、ブルガリアではモスクワ派のチェルヴェンコフが小スターリンの地位にのぼりつめたとはいえ権力を掌握し切れておらず、また国内派は降格されたとはいえ、たとえば閣僚および政治局メンバーの地位にとどまったユーゴフのように、権力機構から完全に排除されたわけではなかった。したがって、クレムリンで非スターリン化が開始され、集団指導制への移行が始まると、コストフ裁判に連座して粛清された国内派がその名誉回復を求めて立ち上がり、チェルヴェンコフが第一書記のポストをジフコフに明け渡した一九五四年二月下旬の第六回共産党大会において、国内派は九つの政治局ポストのうち五つのポストを手中に収めた。ブルガリア共産党内における、新しい権力関係の始まりであった。

ソ連・ユーゴ関係の修復と社会主義への多様な道

他方、スターリン体制とは異なる独自の社会主義路線を模索してきたユーゴは、非スターリン化を肯定的に受けとめ、フルシチョフの対ユーゴ関係修復への試みにも積極的に応じた。フルシチョフはユーゴとの関係を正常化して社会主義陣営の結束を強化することで、ソ連国内のスターリン派に一撃を加えようと、一九五五年五月にモロトフらの反対を押し切ってユーゴに赴き、ユーゴが主張する社会主義の多様性を認める「ベオグラード宣言」を発表した。これに対して、ソ連がユーゴ型社会主義モデルを公式に承認すれば、ユーゴ共産党の威信が国内外において高まると判断したチトーが、このころ共産党消滅論を主張し始めたジラスを党から追放してフルシチョフの申し出に応えたため、両国の国家関係は回復されるにいたった。これによってユーゴが前年八月にギリシアおよびトルコと結んだ軍事同盟の意義が損なわれることとなり、この点でも対ユーゴ関係の修復はソ連外交に資するものであった。

フルシチョフはこのようにして達成した東欧の非スターリン化と対ユーゴ国家間関係の修復とを携えて一九五六年二月のソ連共産党第二〇回党大会に臨み、そこでかの有名なスターリン批判をやってのけて、モロトフらスターリン派に対する勝利を決定的なものにしたのである。そして、四月にコミンフォルムを解散して六月にチトーをモスクワに迎え、ユーゴ共産党との党関係を正常化して、一連の非スターリン化政策の正しさとそれを成功裏に導いた彼の権威とを国内外に向けてアピールしたのであった。

このように一九五三年三月から五六年春にかけて、非スターリン化路線が一貫して進められた結果、五六年後半から六〇年にかけて、社会主義圏は紆余曲折の多い混沌とした時期を迎えることになる。五六年六月のポーランドにおけるポズナニ暴動、同年十月のハンガリー事件とその挫折、それに続くソ連・ユーゴ関係の冷却化とクレムリンにおける反党グループ事件、社会主義陣営の再結束を狙ったモスクワ世界共産党大会と比較優位の原則に依拠したコメコン国際分業への動き、五八年暮れから始まるソ連・ユーゴ関係再修復への動きと、五九年から表面化し翌年六月のルーマニア共産党大会で公然化する中ソ論争といっためまぐるしい変化が、非スターリン化の過程で窮地に追い込まれていったバルカンの小スターリン主義者たちに安堵感を与えると同時に、路線の再考を迫った。

アルバニアはソ連ブロックからの離脱と中国との同盟の道を選択し、ルーマニアはソ連ブロックにとどまりながらも欧米諸国や第三世界、さらには中国、ユーゴ、西欧共産党との関係強化をめざした多角的な自主外交に向けて動き出した。また、ブルガリアはやがて成立するジフコフ体制のもとで、これら両国とは対照的に、親ソ外交を基軸とした国内経済発展戦略を推進していくのである。このようにして六〇年代のバルカンは、すでにスターリン期に独自路線を模索し始めたユーゴに続いて、社会主義への多様な道を歩み始めるのであった。

アルバニアのソ連離れ

ソ連・ユーゴ関係の正常化は、ゾゼら親ユーゴ派を粛清して権力を固めたホジャをきわめて危険な状況に追い込んだ。とくに、反党グループ事件を乗り切ったフルシチョフが、ハンガリー事件後に冷却化したユーゴとの関係回復を狙って、一九五九年五月にアルバニアをおとずれ対ユーゴ関係の修復を迫ったことから、ホジャの政治生命は危機的状況に追い込まれた。中ソ対立はホジャ指導部が窮地に陥ったまさにそのときに先鋭化したのである。ホジャは中ソ間で激しいやり取りがなされた六〇年六月のルーマニア共産党大会の場で中国支持を明確にし、ユーゴに対する自国の安全保障をソ連にかわって中国に求める姿勢を公にしたのであった。

これに対して、フルシチョフはアルバニア内の親ソ派勢力であるキリ・ベリショヴァやコチ・タシュコらに働きかけてクーデタを準備させたり、大旱魃《かんばつ》で食糧難に陥ったアルバニアに食糧援助をひかえるなどの経済制裁を加えたりすることで、アルバニアの中国への接近を妨げようとした。ところが、ホジャがフルシチョフの圧力に屈することなく、一九六〇年十一月の八一カ国世界共産党・労働者党大会において対ソ批判をおこなったため、両国の対立はさらにエスカレートしていき、六一年初めのソ連人技術者の本国引き揚げ、四月のコスイギン第一副首相による経済援助打ち切り通告、十月のソ連共産党第二二回党大会におけるフルシチョフの激しいアルバニア批判を経て、十二月の外交関係断絶へといたるのであった。ソ連の経済援助がアルバニア経済のなかで相当な比重を占めていただけに、アルバニアのソ連離れは、それほどに重要な経済的利益を犠牲にしてまでも敢行しなければならない、まさに国家の命運をかけた選択であったといえる。

ルーマニア自主外交

アルバニアに次いでソ連と距離を置き始めたのはルーマニアであった。デジは一九五五年十二月の党大会において、マルクス・レーニン主義はルーマニア固有の民族的利益および諸問題に即して適用されなければならないと述べて、すでにこの時点でルーマニア自主路線への移行をほのめかしていたが、まもなくしてこの自主路線の実践をルーマニア指導部に決意させる事件が起きた。翌年十月のハンガリー事件とその挫折である。同事件によって、国民の支持を欠き、体制の存続をソ連に依存する政権がいかに脆いものであるかを学んだデジ指導部は、国民から正統性を得るために、ソ連ブロックの利益ではなく自国の利益を追求していくことを決意した。

そこで一九五八年にソ連軍を撤退させることに成功すると、ルーマニアは同年十一月の党中央委員会総会において、急速な重工業化路線を基調とする野心的な経済発展計画を採択して近代化に向けて動き始めた。ところが、フルシチョフが西側との競争を意識して比較優位の原則に則ったコメコン国際分業を唱え出したために、経済後進国であるルーマニアはこの工業化計画を放棄して農業生産に専念することを強いられることとなった。

ここからルーマニアとソ連は、コメコン統合問題をめぐって対立することになるのであるが、そこに中ソ論争とワルシャワ条約機構の統合化への動きが加わって、両国の対立は後戻りすることができない復帰不能点にまでいたるのである。すなわち、中国の対ソ批判が一九六二年に民衆レヴェルにまで下ろされ、翌年七月の中ソ会談が決裂して公開論争へと発展するや、ソ連は中国の封じ込めを狙ってソ連ブロックの引き締めに乗り出すとともに、六四年初頭にはワルシャワ条約加盟諸国の軍事力を単一司令部のもとに統合しようとしたのであった。しかし、一旦そのような提案を受け入れれば、ルーマニアはふたたび自国の国益を犠牲にしてソ連ブロックの利益を優先しなければならなくなる。そこでルーマニア指導部は、六四年四月に党拡大中央委員会総会を開催して「国際共産主義運動および国際労働運動の諸問題に関するルーマニア労働者党の立場宣言」を採択し、対ソ従属路線を明確に否定して、ルーマニア独自の自主外交を展開していく決意を内外に向けて宣言したのである。

親ソ連とジフコフ体制の成立

これに対しブルガリアは、アルバニアやルーマニアとは異なり、親ソ路線を踏襲していくのであるが、それはジフコフ体制の成立の経緯と深く関わっていた。当時ブルガリアでは、チェルヴェンコフの親ソ派スターリン主義グループ、ジフコフの親フルシチョフ派グループ、ユーゴフの国内派グループが権力闘争を展開していた。モスクワからの非スターリン化への圧力が強化された一九五三年から五六年にかけては、チェルヴェンコフ派の力が低下し、逆にユーゴフ派が復権するとともに、ジフコフが党第一書記のポストを手にした。ところが、ハンガリー事件によって自由化に対する警鐘が響きわたるや、チェルヴェンコフ派はチェルヴェンコフを教育大臣に据えて知識人に対する粛清を開始し、五八年から中国の大躍進政策にならって、農業生産の二倍から三倍増と五カ年計画の二年前倒しに踏み切ったのであった。

ところが、このブルガリア版大躍進が中国の場合と同じように失敗し、一九六一年十月のソ連共産党第二二回党大会で非スターリン化と中国非難が強化されると、すでに党書記局を自派で固めていたジフコフは、好機到来とばかりに翌月の党中央委員会総会において、チェルヴェンコフを政治局員および副首相などすべてのポストから解任した。さらにジフコフは六二年十一月の党大会でユーゴフを副首相および中央委員のポストから追放して自ら首相に就任するとともに、チェルヴェンコフ派およびユーゴフ派の中央委員および候補にかえて自派の若手幹部を任命して、ジフコフ体制を固めたのである。

ところで、このような権力闘争におけるジフコフ勝利の背景には、フルシチョフの強力な後ろ盾があった。フルシチョフは一九六二年五月にブルガリアに赴いてジフコフを礼賛し、他方ジフコフは同年秋の中央委員会総会開会中に突如クレムリンに飛んでユーゴフ追放に関してフルシチョフの同意を取りつけ、帰国直後の党大会で彼を葬ったのである。ジフコフ政権下のブルガリアが親ソ路線を採択したひとつの理由はここにあった。

多様性の規定要因

このようにしてユーゴを除くバルカンの三カ国は、スターリン体制を基調としながらも外交面で親ソ、自主、親中という三つの異なる方向性を打ち出したのであるが、そのような相違を生み出した背景にいかなる根本的な要因が横たわっていたのであろうか。

まずルーマニアとブルガリアの対照的な路線を決定づけたのは、経済発展に不可欠な資源の有無であった。両国は同じように農業国でありながら、石油や天然ガスなど資源に恵まれるルーマニアは伝統的に重工業化戦略に固執したが、天然資源に乏しいブルガリアは経済発展戦略もおのずとひかえめにならざるを得なかった。そこからルーマニアは重工業化になくてはならないハイテクや資本を求めて西側先進工業国に、また市場や資源を求めて第三世界に接近することが不可欠となり、そのためにはイデオロギーや体制とは無関係に、世界中のどの国とも経済関係を深めていくことが肝要となった。

この要請に応える外交路線こそ、アメリカ、西欧、日本、中国、イスラエルとアラブ諸国、ユーロコミュニズムなどとの関係強化、GATT(一九七一年)やIMF(七二年)への加盟、七七カ国グループへの加盟と非同盟諸国首脳会議への招待国参加(七六年以降)に代表される全方位外交にほかならなかった。なかでもアメリカをはじめとする西側諸国は、対ソ自主外交を展開するルーマニアに対して、最恵国待遇や経済援助に積極的であったばかりか、人権抑圧など内政面でも不干渉の態度を貫いた。これに対して、ブルガリアが工業化を進めるにあたっては、まず石油、天然ガス、石炭、鉄鉱石、電力を輸入しなければならなかったし、西側市場に進出できない競争力を欠いた製品の輸出市場を必要としたが、それらはソ連との協力を通じて好条件で獲得できたのである。

この経済要因に加えて、両国の路線の相違を生み出したもうひとつの要因は、歴史に根ざした国民

	アルバニア	ブルガリア	ルーマニア	ユーゴスラヴィア
1951-55年		8.1	12.6	4.2
1956-60年	7.0	9.6	6.6	8.0
1961-65年	5.8	6.6	9.1	6.9
1966-70年	9.2	8.8	11.2	
1971-75年	6.6	7.8	11.3	5.7
1976-80年	2.7	6.1	8.5	5.6
1981-85年	2.0	3.7	−0.2	0.6
1986-89年	1.7	3.1	−1.3	1.4

バルカン国内純生産の伸び率の推移(単位：%)

の対ソ感情に関わるものであった。すなわち、ルーマニア共産党が国民から正統性を得る上でソ連との同盟はマイナス効果以外のなにものでもなかったが、ブルガリアの場合は一部勢力の反対はあったものの、親ソ路線はおおむね国民から歓迎されたのである。それは前者がラテン民族であることに加えて、ロシアと領土問題を抱えるがゆえに伝統的に反ロシア・反ソ連であるのに対し、後者がロシアと同じスラヴ民族であるばかりか、歴史的にもロシアがブルガリアの独立戦争を支援してきたことから、国民のあいだに親露・親ソ感情が根強いためであった。したがって、ブルガリアの場合、親ソ外交が共産党政権の正統性の根拠になり得たが、逆にルーマニアの場合は、対ソ自主外交の展開こそが正統性の確保につながった。なかでも自主外交ゆえにいつ何時ソ連が攻めてくるかもしれないというソ連脅威論は、党への支持を高めたのみならず、反体制運動や民主化運動を自重させる機能をも果たしたのであった。

さらにこれら二つの要因に加えて、地政学的要因も作用した。まわりを社会主義諸国に囲まれたルーマニアとは違って、ブルガリアはN

ソ連共産党書記長ブレジネフ(前列左)と歓談するジフコフ(前列右から2人目)　1960年代後半もブルガリアとソ連の親密な関係は継続された。

ATO同盟国のトルコとギリシア、および非同盟路線をいくユーゴと隣接するばかりか、マケドニア問題や国内のトルコ人少数民族問題を抱えるがゆえに、ユーゴおよびトルコに対する安全保障はことのほか重要であった。ブルガリアのこの安全保障上の脆弱性を補い、国の安全を保障してくれる国は、ソ連をおいてほかに存在しなかったのであり、上述したあらゆる点から「ソ連との友好はブルガリアの空気と太陽」にほかならなかったのである。

それではアルバニアはなぜ中国との同盟へと向かい、非同盟外交や全方位外交へと進まなかったのであろうか。それはアルバニアの基本政策が反ユーゴ修正主義を中心に形成されていたからである。それゆえ、ユーゴが積極的に推進した非同盟外交はいうにおよばず、ユーゴとの和解を求め始めたソ連ブロックとの関わりも不適切で、唯一修正主義にもっとも批判的で戦闘的外交論を唱える中国との同盟こそ、同国の政策目標に合致したのである。

また、アルバニアはこの反修正主義という点で、国内体制と切り離してプラグマティックな外交を展開したルーマニアの全方位外交とも一線を画した。つまり、アルバニアはルーマニアとは対照的に外交を国内体制の延長線上に位置づけ、階級闘争、世界革命、二超大国および帝国主義諸国との闘争を唱えてイデオロギー外交を展開し、平和共存、非同盟外交、第三世界論は革命路線や階級闘争の放棄を意味するとして、容赦なく批判する立場を貫いたのであった。

4　一九七〇年代のバルカン

チャウシェスク独裁体制の確立

ルーマニアでは一九六五年三月のデジの急死にともない、四十七歳のチャウシェスクを書記長とする新指導部が成立した。チャウシェスク新政権は一方において民族主義、重工業化、自主外交を基調とするデジ路線の強化をはかりながら、他方で党指導部が工場、集団農場、諸地方を頻繁におとずれるなど国民に寄り添う姿勢を示すとともに、西側の芸術や文化にも門戸を開くなど自由化にも踏み切って、デジ政権とは異なる独自のスタイルを打ち出した。西側との貿易が急速に伸びたのもこのころで、六六〜七〇年の平均工業生産成長率は一二％を記録した。工業化の結果、都市化が進んで生活水準も向上し、国民は共産党新指導部とこの若き指導者に共感さえいだき始めた。そして、六八年八月にワルシャワ条約五カ国の軍隊がチェコを侵略した際、チャウシェスクが怯《ひる》むことなく同軍事介入を痛烈に批判し、国民に一致団結して祖国を守るよう訴えかけたとき、彼は一躍国民的英雄にのし上がったのである。

しかし、ルーマニア情勢はこのチェコ事件を境に一変する。一九七一年十一月に中国の「文化大革命」を模倣した「文化小革命」なるものが党の公式路線として採択され、以後イデオロギー引き締めと政治・経済・軍事面での動員体制が推し進められていくのである。とはいえ、この政策転換が何の抵抗もなく円滑に進められたわけではなかった。国民のみならず党上層部においても、リベラルな知識人や経済専門家を中心に反対の声があがり、彼らの意見がマウレル首相の発言へと収斂《しゅうれん》されていった。同首相は七二年六月に量よりも質を重視しつつゆっくりと工業発展を進めていくべきことを強調して、チャウシェスクの性急な工業化戦略に疑義を唱えたのであった。しかし、これら文化小革命に反対する立場は強力な党機構を牛耳るチャウシェスクによって押し切られ、以後党と国家の役割の強化、石油や鉄鋼など巨大企業を中心とする急速な重工業化、イデオロギー・文化・マスメディアにおける引き締め、全人民戦争論に代表される動員政策、秘密警察による恐怖政治を特徴とするチャウシェスク体制ができ上がっていくのである。

そして国民に不人気なこの文化小革命路線を強引に推し進めていくために、チャウシェスクは独裁体制の樹立に向けて動き始めた。彼は機構改革、人事のローテーション、個人崇拝とネポティズム（縁故主義）などの手段を用いて権力の一層の強化をはかり、一九七四年三月にはマウレル首相を引退に追い込んで大統領制を敷き、自ら初代大統領に収まって、党書記長、国家評議会議長、国防評議会議長、軍最高司令官のポストを独占したのである。

ジフコフ体制の成立

ルーマニアでチャウシェスク独裁体制が敷かれていったように、ブルガリアではジフコフ体制がつくられていった。一九六二年までに競争相手を追放して権力固めに成功したジフコフは、彼の権力の支えであったフルシチョフの失脚や六五年のクーデタ未遂事件を乗り切って、七一年には新憲法を採択し、そこで人民民主主義にかえて社会主義国家を宣言した。それは好調な経済実績に裏づけられてのことで、たとえば国民所得の成長率は九・六％（五一〜六七年）と七・五％（六七〜七四年）という高い数値を示し、生産に占める工業比も三七％（五〇年）から五一％（七一年）に上昇したのである。このようなブルガリアの経済成長は、ルーマニアのように重工業偏重に陥ることも、また農業を極端に軽視することもなく、ソ連から経済的恩恵を受けつつコメコン分業体制のなかで軽工業や食料品工業の発展に努めた結果であった。

ところで、ジフコフが親ソ外交の積極的推進者であったことはすでに述べたが、彼は一九六〇年代後半あたりからブルガリア・ナショナリズムの高揚にも留意し始め、親ソ外交とのあいだで均衡を保つことによって国民の支持を広げていった。たとえば、チェコ事件が災いしてソ連・ユーゴ関係がぎくしゃくする六八年十一月に、科学アカデミー歴史研究所が小冊子を出版して、一八七八年のサン・ステファノ条約がマケドニアをブルガリア領に含めていた点に言及してマケドニア問題の存在それ自体を否定し、マケドニア民族とブルガリア民族の同一性を強調し始めたのである。また、党政治執行委員および芸術・文化委員会議長に就任したジフコフの娘リュドミラは、八一年に国家生誕一三〇〇年記念行事を催すなど文化的民族主義の高揚をはかるとともに、ブルガリア文化のヨーロッパとの結びつきを強調して、ソ連よりも西側文明重視の姿勢を示したのであった。

しかしながら、ジフコフはこのようにしてチャウシェスクと同じく民族主義を公式路線に取り入れはしたものの、チャウシェスクのように極端主義に走ることはなかった。たとえば、文化面では反体制的作品に対して検閲がおこなわれはしたが、文化小革命のような極端なイデオロギー引き締め策へと突き進んでいくことはなかった。農業面でも一九五八年に集団農場化が達成されたが、そこで働く農民には借地が奨励されたばかりかローンも供与されるなど、農産物生産のための刺激策がとられ、しかもこの借地制度は七七年には都市住民にまで拡大されたのであった。また、ジフコフは七一年憲法において国家評議会を創設し、自ら同議長におさまって国家元首となるなど権力の強化をはかったが、それでもチャウシェスクのような個人崇拝や極度なネポティズムにかたよることはなく、国民への親しみやすさを保ち続けた。

アルバニア外交路線の見直し

さて一九七〇年代のバルカンには、もうひとつ興味ある傾向があらわれた。ルーマニアが文化小革命路線を取り始めたころ、それとは対照的にアルバニアが中国と距離を置き始めたのである。七六年十一月の第七回アルバニア党大会には中国代表の姿はなく、アルバニアはそこで中国が唱える三つの世界論を批判した。また、この年アルバニアは外国からの借款や投資を禁止した新憲法を採択して、経済面での自給自足路線を打ち出したりもした。このアルバニアの対外路線の修正は、おもに中国の国内外の環境が、七一年の米中接近、七六年の毛沢東および周恩来の死去、それに続く保守派四人組の逮捕と鄧小平の名誉回復など、著しく変化したことによるものであった。

しかし、ホジャは同大会において対中関係は良好であると述べており、両国関係が修復しがたいまでに悪化するのは、アルバニア共産党紙が激しい中国非難をおこなう翌年の七月七日以降のことである。翌八月三十日から一週間にわたってチトーが訪中して中国・ユーゴ関係が正常化されたことから、アルバニア指導部に対中関係の決裂を決意させたのは、六〇年代初めのときと同じく、ここでも対ユーゴ関係であった。その後アルバニアが中国・ヴェトナム戦争においてヴェトナム支持の立場を明確にし、これを受けて中国がアルバニアに対する経済軍事援助の停止と同国からの技術者引き揚げを通告したことから、両国関係は悪化の一途をたどり、以後アルバニアは孤立政策を深めていくことになる。

ところで、このような外交路線の基本的見直しが、国内において論争を巻き起こさないはずはなかった。一九七三年から七五年にかけて、文化宣伝担当の党中央委員、国防大臣を含む軍の高官、経済

アルバニアのカリカチュア(1982年撮影)　鄧小平に象徴される中国の社会修正主義が，歴史のごみ箱に放り投げられ，資本主義，ファシズム，ソ連修正主義とともにふたをされようとしている。

官僚が反党事件や右翼偏向のかどで次々と追放されたことから、七〇年代前半にはイデオロギー・軍事・経済の分野で上層部に意見の対立が生じたものとみられる。しかし、これら反対勢力が追放されたことに加えて、八一年にはホジャに次いで大きな権力を擁していたシェフ首相が自殺に追い込まれた結果、ホジャの権力はさらに強まることとなった。

ユーゴスラヴィア独自の道——自主管理、非同盟、連邦制

これらスターリン体制を基調とするバルカン三国とは対照的に、すでに一九五〇年から自主管理社会主義建設に向けて動き始めていたユーゴは、ジラスの粛清を例外として、その後一貫して民主化、自由化、分権化を進めていった。五二年の第六回党大会では、共産党の役割が指令を出すことから説得とイニシアティヴを発揮することへと修正されるとともに、党名も共産党から共産主義者同盟へと改名され、続く五八年の第七回党大会では党の積極的な役割さえ否定されたのである。また六三年には憲法が改正されて国名が「ユーゴスラヴィア連邦人民共和国」から「ユーゴスラヴィア社会主義連邦共和国」へと改められ、六五年には市場メカニズムが導入されて、経済面での自由化と分権化が拡大された。さらに翌年には、一連の自由化策に反対してきた副大統領のランコヴィチが解任されて、自由化に一層拍車がかかることとなり、他のバルカン諸国とは対照的に、ユーゴ人の出国や外国人の国内旅行の自由、西側の新聞や出版物へのアクセス、国内の検閲規制の緩和などが進められていった。

他方、外交面では、米ソ両陣営に加わらない第三勢力の結集に力が注がれ、一九六一年には二五カ国の首脳をベオグラードに招いて第一回非同盟諸国首脳会議が開催された。資本主義でも、ソ連の国家資本主義でもない、独自の自主管理社会主義をいくと自称するユーゴは、外交面においても、米ソ東西ブロックとは一線を画した非同盟外交に拠りどころを求めるようになっていったのである。また、軍事面では、チェコ事件後の六九年に全国民によるゲリラ戦法を主体とした「全人民防衛」戦略が採用されたが、同戦略も「防衛の社会化」といわれるように、分権化という意味でユーゴの自主管理社会主義に一脈通じるものであった。

しかし、このような民主化および分権化政策は、ユーゴが抱える本質的な問題をふたたび呼び覚ますこととなった。民族問題の顕在化である。まずランコヴィチの解任を受けて、一九六八年にはコソヴォ自治州のアルバニア人が、セルビア人から不当な差別を受けているとして権利の拡大と共和国への昇格を要求して反乱を起こした。続いて七〇年から七一年にかけて、クロアチア人がセルビア人から経済的搾取を受けているとして、外貨や税収入の配分の改善を求めて立ち上がり、ユーゴ連邦からの分離とクロアチア主権国家の独立を要求したのである。

この「クロアチアの春」に際して、チトーは同共和国の指導者のみならず、セルビア、スロヴェニア、その他の共和国のリベラル派民族主義者を一掃して、潜在的な民族主義的指導者を排除することでこの危機を乗りこえた。と同時に、一九七四年に新憲法を採択して連邦のさらなる分権化を進め、六共和国とコソヴォおよびヴォイヴォディナに憲法採択権、裁判権、警察権、経済主権などとともに重要事項に関する実質的な拒否権をも与えて、国家連合色を強めた。また、連邦幹部会はこれら八組織各々一名の代表に連邦国家元首を加えた九名で構成されることとなり、各代表はそれぞれ一票を有するものとされた。このように各共和国および自治州の権限を制度的に強化することで、諸民族の不満を解消しつつ、他方で、連邦国家元首たるチトーの調停力と共産主義者同盟および連邦人民軍によって、連邦の統合がはかられることとなったのである。

5　社会主義体制の崩壊

ペレストロイカと非スターリン化

以上概観したようにバルカン諸国は各々の社会主義の道を歩んできたが、同諸国は一九七〇年代末から八〇年代にかけて一様に経済危機に陥り、それにともなうさまざまな諸問題を抱えて構造危機に直面した。ところが、そこへ同じように構造危機に陥ったソ連がペレストロイカに踏み切ったことから、東欧はおしなべてその影響に晒されることとなった。

ペレストロイカはソ連で開始された改革路線が東欧に強要されたという点で、一九五〇年代の非スターリン化に相似するものであるが、フルシチョフの改革路線が一党独裁の堅持とワルシャワ条約機構への残留を条件とした限定的なものであったのに対し、ペレストロイカは八〇年代の経済・社会発展レヴェルにそぐわなくなったスターリン的構造の根底からの改革を目的とするものであっただけに際限がなかった。それゆえペレストロイカは、市場の競争原理や政治的複数主義の導入、さらには民族・連邦問題の再検討へと進んでいかざるを得ない論理性を当初から内包していた。また、国内経済の蘇生に必要な平和的国際環境を醸成するためには、平和共存路線にとどまることなく、それをこえてソ連外交の理論的支柱であった階級闘争概念の放棄へと向かうことが肝要であった。しかも、ソ連はペレストロイカを成功裏に導くためには東欧という経済的重荷から自らを解放せねばならなかったし、新思考外交を通じて築き上げた西側との信頼関係を損なわないためには、ブレジネフ・ドクトリンの放棄さえ躊躇してはいられなかった。

このようなペレストロイカの論理とエネルギーが、諸矛盾を抱えて脆弱化したバルカン社会主義を、ソ連ブロックの圏外にあった国々まで含めて呑み込んでしまうのは、もはや時間の問題であった。ペレストロイカは、中欧に続いて、まずバルカンのソ連ブロック諸国であったブルガリアとルーマニアの社会主義政権を崩壊させ、次にソ連ブロックの圏外に立っていたユーゴおよびアルバニアまで巻き込んでいき、最後にそれはソ連邦に跳ね返って同連邦をも解体させてしまうという、一大ドラマを展開していくことになる。

ジフコフ体制の崩壊

ペレストロイカの影響をバルカンで最初にこうむったのは、ブルガリアのジフコフ体制であった。一九八〇年代前半のブルガリア経済はルーマニア国民の羨望の的となる程順調であったが、八五年までに経済停滞期に向かった。それは「ブルガリアの空気と太陽」であったソ連が経済危機を深めるにつれて、対東欧政策をそれまでの政治的顧慮に基づいた実質的な経済援助から、経済合理主義に則った政策に修正し始めたからであった。ソ連が石油価格の引き上げと供給量の削減に加えて、西側に売却できない質の劣ったいわゆるソフトグッズではなく、良質のハードグッズを輸出するよう要求し始めたことから、ブルガリアの対ソ貿易に支障が出始めたのである。

その結果、エネルギー不足が深刻化して人々の暮らしを圧迫し、食料品も不足がちとなって店頭には長蛇の列が続き、人々の不満が高じることとなった。また、一九八四年秋から翌年の冬にかけて、トルコ系少数民族の名前をブルガリア名に変更する強制的同化政策がとられたことから、少数民族の反感も募った。さらに、ローマ教皇ヨハネ・パウロ二世暗殺未遂事件にブルガリアの秘密警察が関わっていたと指摘されたことから、ブルガリアは国際的にも孤立を深めていった。

こういったなかで、ペレストロイカやハンガリーとポーランドで進行していた民主化の動きがブルガリアにも徐々に浸透し始めた。一九八八年末より人権擁護協会、エコグラスノストと呼ばれる環境保護団体、独立労働組合などの市民団体が組織されていき、八九年五月にはトルコ人による強制的同化政策に反対するデモがおこなわれるなど、これまで抑圧されてきた社会が蘇生し始めた。また、共産党内の改革派も動き出したようで、政治局員のチュドミル・アレクサンドロフや文化・イデオロギー担当書記のストヤン・ミハイロフが八八年にポストを解かれたのは、彼らがジフコフ下ろしの宮廷クーデタを試みたからであるといわれた。そして、八九年十月に東ドイツのホーネッカーが退陣を強いられ、ベルリンの壁が崩れ落ちるという国際状況のなかで、また国内的にはエコグラスノストがソフィアで開催された世界環境会議にあわせてデモを組織するという状況下において、共産党支配の延命を願う改革派共産党エリートが十一月十日に宮廷クーデタを断行し、ジフコフを権力の座から引きずり下ろしたのであった。新党書記長にはムラデノフ外務大臣が就任し、三五年にわたるジフコフ体制に終止符が打たれた。

チャウシェスク体制の崩壊

一九八九年十一月末までにハンガリーとポーランドの共産党が一党独裁制を放棄し、東独のホーネッカー、ジフコフ、チェコのヤケシュ政権が相次いで崩壊したことから、ソ連ブロックで唯一生き残ったチャウシェスク体制のゆくえが世界の注目するところとなったが、同体制には相反する二つの傾向がうかがえた。一方では強固な独裁体制がチャウシェスク体制の存続を保証しているかのような印象を与えたが、他方ではルーマニアの経済破綻が同体制の存続を危うくしていたのである。ルーマニアはブルガリアとは対照的に重工業化と対ソ自主外交を通じて六〇年代から七〇年代前半にかけて高度経済成長を記録したが、七〇年代末からルーマニア経済は下降の一途をたどり、七〇〜七五年に一三・二%であった年平均工業成長率も、また六六〜七五年に一一%を上回っていた投資の伸び率も、ともに八二年にはマイナス成長に落ち込んで多額の対外債務を抱えるにいたった。

それは第一に、国内の産油量が頭打ちになったことに加えて、石油危機やイラン・イラク戦争の煽りを受けて深刻なエネルギー不足に直面したため、重工業至上主義者のチャウシェスクが経済効率を度外視して建設した鉄鋼や化学コンビナートがフル稼働できなくなったためであった。また第二に、経済改革がなおざりにされたままでの動員体制に基づく発展戦略であったがゆえに、西側からの技術導入が国内の技術発展へとつながっていかなかったからでもあった。したがって、世界経済が不況に陥り輸出競争が熾烈化すると、その競争に太刀打ちできず輸出が伸び悩むことになったのである。第三に、この輸出の伸び悩みがエネルギー輸入に帰因する貿易赤字とあいまって、対外債務が一九八一年に約九九億ドルにまでふくらんだことが災いした。

しかしひるがえってみれば、そもそも官僚主体の中央集権的計画経済体制とタイプライターの警察への届け出まで義務づけるといった過度な引き締め政策が技術革新に歯止めをかけ、小回りの利いた経済活動を阻害してきたのであるから、ルーマニアの経済破綻の根本的原因はそのような硬直したチャウシェスク体制そのものに内在していたといえる。したがって、一九七〇年代末に表面化するルーマニアの経済危機は、七一年の文化小革命路線への転換時においてすでに始まっていたと考えられるのであり、その意味で七一年は戦後ルーマニア史における分水嶺であった。

しかし、それにもかかわらず、チャウシェスクは体制改革に取り組むどころか、極端な輸入制限と飢餓輸出を断行して対外債務の返済を急ぐとともに、総契約制《アコールド・グローバル》と呼ばれる出来高払い制を導入し、農産物の国家への義務供出をそれまでにも増して厳しく取り立てるようになっていった。また、農村部では住民を強制移住までさせてシステム化と呼ばれる農工コンプレックス建設を強行し、婦人たちには五人までの出産を義務づけた。こういったことから、知識人や少数民族のみならず、労働者や農民までが体制に対する不満を強めていき、それは一九八七年十一月の第二の工業都市ブラショヴにおける労働者デモとなって噴出したのであった。

しかも、隣国ブルガリアが親ソ外交ゆえに八〇年代前半を通じて順調に経済発展をとげていたことから、チャウシェスク体制の正統性の根拠となってきた自主外交が色褪せたものとなり、さらに追い打ちをかけるようにソ連がゴルバチョフのもとでペレストロイカを開始したため、チャウシェスク政権の切り札であった対ソ脅威論が説得力をもたなくなったばかりか、逆にソ連から改革への圧力さえ受け始めたのである。

このような状況下において、一九八九年十二月十六日にハンガリーおよびユーゴ国境に近いティミショアラで、ハンガリー系のラスロ・トーケシュ神父の強制退去を契機として反体制デモが起きた。

ルーマニア革命　1989年12月22日，ブカレストの共和国広場に殺到した大規模な反体制デモ。この日，24年におよぶチャウシェスク体制が倒された。

チャウシェスクは即座に武力鎮圧を命じてデモの局地化をはかったが、市民の粘り強い抵抗にあって失敗すると、二十一日に首都ブカレストで官制集会を開いて体制の正統性を国民に再度印象づけようとした。ところが、当初の目的とは裏腹に集会で野次を飛ばされ、驚愕するチャウシェスクの表情がテレビに映し出されたことから、逆に反体制的気運が首都全体に広がった。その結果、翌日早朝からブカレストにおいて大規模な反体制デモが展開され、はじめのうち市民に銃口を向けていた軍が最終的に国民側についたことから、二四年におよぶチャウシェスク体制に幕が下ろされたのである。

ところが、上述したような国民蜂起による下からの革命であったにもかかわらず、チャウシェスク政権崩壊後の権力の真空を埋めた救国戦線が共産党ノメンクラトゥーラ（特権官僚）で占められたことから、権力の継続性が問題となり、同革命は野党勢力から「盗まれた革命」と称されることとなった。さらに、他の東欧諸国が「ビロード革命」と呼ばれる「無血革命」であったのに対し、ルーマニアだけが「流血革命」となるなど、ほかでもルーマニアの特異性が目立ったが、これらはいずれもチャウシェスク独裁体制の特異性に由来するものであった。このチャウシェスク体制の特異性によって規定されたルーマニア革命の特殊性は、その後のルーマニア体制変動をも、しばらくのあいだ特異なものに仕立て上げていくのである。

アルバニアの政治変動

一九八五年四月にホジャの死去にともなって権力を継承したアリアは、表面的にではあるが計画経済を手直ししたり、西側諸国や近隣諸国との関係改善に向かうなど、若干ではあるがホジャ路線の修正に着手した。また、八七年には西ドイツと外交関係を樹立し、翌年のバルカン外相会議にも外相を送り込んだ。しかし、アリアは基本的にはホジャ路線を踏襲することで政権が維持できると考えていたのであり、アルバニアは東欧革命とは無縁であると断言してはばからなかったのである。

ところが、不落の要塞とみられていたチャウシェスク政権があっけない最後を迎え、アルバニアにおいても反政府デモが起きると、アルバニア共産党はさっそく一九九〇年一月に中央委員会総会を開催して経済改革の必要性を認めた。そして刑法の緩和、宗教の自由の回復、外国旅行制限の撤廃、農産物売買の自由化など、遅まきながらもアルバニア版ペレストロイカを進めていき、九一年三月末には複数政党制に基づく自由選挙の実施に踏み切ったのである。その結果、政権党としての立場を利用して選挙戦を有利に進めた共産党が六〇%を得票し、二五〇議席のうち一六九議席を獲得して共産党内閣を組閣した。また、大統領にはアリアが選出された。それに反し、党の組織化をゼロから始めなければならなかった野党は農村票が吸収できず、最大野党の民主党ですら七五議席にとどまった。

しかしながら、このようにして国民によって選出された共産党内閣が、急進改革を求めるゼネストによってわずか三カ月足らずの短命に終わったことから、六月に共産党と非共産諸党からなる連立政府が樹立された。ところが、経済状況が悪化してデモが多発するなかで、民主党が繰り上げ選挙を求めて同年十二月に閣僚を引き揚げたため、一九九二年三月の再選挙となった。ここでベリシャ率いる民主党が一四〇議席のうち九二議席を獲得して大勝し、共産党から改名した社会党がわずか三八議席にとどまったために、アルバニアにおいても東欧革命から二年遅れの政権交代となったのである。

ユーゴスラヴィア連邦の終焉

さらに、東欧革命はソ連型社会主義とは異なる独自の社会主義の道を歩んできたユーゴにも、少なからぬ衝撃を与えた。それは、同革命によって東欧諸国がソ連・東欧の遥か先をいくと自称してきたユーゴを一気に追いこして、複数政党制からなる自由選挙を通じて自らの政権を選択する道を歩み始めたからであった。そこで、すでに一九八九年二月に複数政党制の導入を決めていたスロヴェニアに続いて、クロアチアとセルビアが同年暮れに多党制への移行を決定したことから、ユーゴにおいても各共和国ごとに選挙が施行されることとなった。ところが、この選挙と関連して、ふたたびユーゴにとって本質的な問題が頭をもたげてきたのである。民族問題と連邦制の問題である。

そもそも一九七四年のきわめて緩やかなユーゴ連邦制は、その発足の時点から根本的な問題を抱えていた。各共和国間の権利の平等は、他方で連邦中最大の人口比率を占めるセルビア人の権限の縮小を意味した。また、セルビア共和国内にある二つの自治州に共和国とほぼ同等の権限が与えられたことから、同共和国のコソヴォに対する権限がそれだけ制限されることとなり、コソヴォに在住するセルビア人の権利保護の問題が浮上した。しかも、共和国に大幅な自治が与えられたとはいえ、それによってただちに共和国間の経済格差が是正されるわけではなく、むしろ格差が開くばかりであったことから、七四年憲法下の連邦制に対していだく後進地域の不満は解消されるどころか増幅さえされていったのである。

こういった諸共和国および諸民族間の不満に加えて、一九七〇年代末あたりから第二次石油ショックや世界的な経済不況の煽りを受けてユーゴ経済が低迷した。さらに連邦の統合力であり各共和国間の調停役であったチトーが八〇年に死去すると、それまでかろうじて保たれていた連邦制が大きく揺らいだ。そして、八一年にコソヴォのアルバニア人が経済問題の解決と同地の共和国への昇格を求めて立ち上がると、セルビア人のあいだでコソヴォに住む同胞の権利保護を主張する声が高まっていき、七四年の連邦制を見直す動きに拍車がかかるのであった。このような状況下において、セルビア民族主義を掲げるミロシェヴィチが八七年にセルビア共和国幹部会議長に就任し、翌年に七四年憲法が修正されると、セルビアは八九年にセルビア共和国憲法を修正して、七四年憲法が認めたコソヴォの諸権限の縮小に踏み切った。また連邦制の強化を求める声は、低迷するユーゴ経済を立て直す必要性からも高まっていった。

しかし、このように一方で連邦権限の強化への動きが強まれば、他方でそれに反発する動きが出てきたとしても不思議ではない。共和国の経済的自治権の縮小を恐れたスロヴェニア人が、コソヴォのアルバニア人に次いで、連邦制の強化に反対し始めたのである。その結果、一九九〇年一月のユーゴ連邦共産主義者同盟大会において、スロヴェニア共産党が連邦共産党からの脱退を宣言することとなり、ここにチトーとともに連邦統合の要であった共産主義者同盟はその機能の停止を余儀なくされた。民族主義的要素を軽視して階級連帯を説くマルクス・レーニン主義の正当性が、現実の国際政治の文脈のなかで問われた瞬間であった。

東欧革命は、ユーゴがこのような連邦制の危機に瀕した、まさにそのときに起きた。それゆえ、ユーゴの各共和国が東欧諸国にならって選挙戦に突入すると、選挙の争点はおのずと連邦問題に収斂されていき、選挙の結果セルビアとモンテネグロを除く諸共和国で民族派諸政党が勝利を収めたことから、さらに連邦の遠心化に拍車がかかった。そして一九九一年六月にスロヴェニアおよびクロアチアが独立を宣言し、七〇年以上続いたユーゴ連邦の歴史に幕が下ろされることとなったのである。

モルドヴァ共和国の独立

ソ連邦に始まったペレストロイカは、このようにして中欧・バルカンの共産政権を崩壊へと追いやったのみならず、ユーゴ連邦まで解体してしまった。しかし、それでもペレストロイカの勢いはとどまることを知らず、最後にはソ連邦に舞い戻って連邦自らの存在に終止符を打つのであるが、ソ連邦の一構成共和国であるモルドヴァ共和国が一九九一年八月二十七日に独立を宣言するのはこのような状況においてであった。とはいえ、その直接の引き金となったのはたしかに八月十九日に起きたソ連邦保守派によるクーデタの失敗であったが、同共和国の独立がペレストロイカ、なかんずくグラスノスチ政策のなかで高揚するモルドヴァ民族主義の帰結であったことを忘れてはならない。

第二次世界大戦後モルダヴィア共和国ではアルファベットがふたたびキリル文字化されてルーマニア語とは異なるモルドヴァ語の存在が強調され始め、それにともないロシア帝政時代のようにルーマニア民族とは別のモルドヴァ民族なるものが意図的に形成されて、ルーマニア民族主義は厳しい取り締まりのもとに置かれた。しかし、ゴルバチョフが登場してグラスノスチ政策が施行されると、モルドヴァでも一九八八年春ころから民主化を求める社会団体が次々と組織されていき、八九年五月にはそれらからなるモルドヴァ人民戦線が創設されて、以後この人民戦線を中心にモルドヴァ民族運動が展開されていった。

一九八九年八月には言語法が採択されてモルドヴァ語のラテン語表記と国家語化が規定され、さらに翌年春の共和国選挙で共産党が敗れて人民戦線が大勝すると、国名が外国語名称である「モルダヴィア」から国家語の「モルドヴァ」に改められ、共和国国旗も国章こそ異なるもののルーマニアと同じ三色旗が採用された。また、主権宣言が発せられてソ連軍の撤退や国連加盟要求が出され、憲法も改正されて共和国法の連邦法に対する優越が明示された。さらに、移民法や国籍法が採択されて、それまで野放しにされてきた共和国への移民に歯止めがかけられるとともに、共和国通貨の準備も開始されるなど経済面での連邦離れも進んだ。九一年夏のモルドヴァ共和国の独立宣言は、このように高まりをみせるモルドヴァ民族主義の延長線上の出来事にほかならなかったのである。

しかし、モルドヴァ共和国はソ連邦構成共和国のなかで唯一隣国との統一の可能性を有する共和国であったことから、独立達成後に、深刻な国民国家建設の課題に直面することとなった。すなわち、ここで一九一八年の政治過程が想起されて、独立を達成したモルドヴァが次に向かう段階としてルーマニアとの統一問題が再浮上し、同問題をめぐって社会が、ルーマニアとの統一を求める親ルーマニア派、ロシアとの統一を求める親露派、そのどちらにもくみせずモルドヴァ国家を存続させようとするモルドヴァ派という三つのサブカルチャーに亀裂を深めていくのであった。

第九章　一九九〇年代のバルカン：対立と相互協力の模索

1　ユーゴスラヴィア内戦

「十日間戦争」からクロアチア内戦へ

旧ユーゴスラヴィア（以下旧ユーゴと略記）の解体過程で生じた内戦は、二〇万をこえる死者、三五〇万の難民・避難民を出す「冷戦」後最大の民族紛争となった。そのため、「冷戦」後の新秩序を模索する欧米諸国の多大な関心を呼んだだけでなく、イスラーム諸国をも巻き込むことになる。一九九一年六月のスロヴェニア、クロアチア両共和国の独立宣言にともなうユーゴ内戦は、三つの時期に区分できる。第一期はスロヴェニアの独立直後に生じた「十日間戦争」、第二期はクロアチアの独立後、九月から本格化したクロアチア内戦、第三期は九二年三月に始まるボスニア内戦である。この戦争の性格について、クロアチア政府とボスニア＝ヘルツェゴヴィナのムスリム勢力は内戦とはとらえず、ユーゴ連邦人民軍あるいはセルビアによる侵略戦争と規定している。

スロヴェニアでは独立宣言が出されると、オーストリアやイタリアとの国境地域の管理権をめぐり、スロヴェニアに駐屯していた連邦人民軍と共和国軍との小競り合いが発生した。しかし、連邦人民軍が共和国軍の軍事力を過小評価していたため、自滅に追い込まれてしまい、スロヴェニアからの撤退を余儀なくされた。六月末にはECの仲介で休戦協定が結ばれ、「十日間戦争」は幕を閉じた。この衝突が短期間で終息した背景には、クロアチアとは異なり、スロヴェニア人の占める比率が九〇％をこえるスロヴェニアでは、「セルビア人問題」がなかったことが指摘できる。

これに対して、クロアチアではクロアチア人の民族自決に基づく独立に反対する約六〇万のセルビア人と政府軍との武力衝突が激しくなった。さらに、連邦人民軍がセルビア人勢力の保護を掲げて介入するにおよび、内戦が本格化した。両者の軍事的衝突の面より、クロアチア側とセルビア側とのメディアを通じての激しいプロパガンダ合戦の側面が強かった。相互に過去の記憶、とくに第二次世界大戦期の記憶が新たにつくり上げられ、それが連日、相手を攻撃するためにメディアを通じて流された。クロアチア内戦は一九九一年十一月末に国連の仲介により停戦が成立し、九二年二月から国連保護軍（UNPROFOR）が停戦の監視にあたった。独立後のスロヴェニアとクロアチアとの事態の展開の違いは、国内に独立に強く反対するセルビア人が多数居住しているか否かの問題、つまり「セルビア人問題」によるところが大きかった。

ユーゴスラヴィアの解体(1991年)

停戦は実現されたが、クロアチア国内のセルビア人勢力は一九九一年十二月に国土の三分の一を含む「クライナ・セルビア人共和国」の創設を宣言した。クロアチア政府はこれ以後、「セルビア人問題」解決の糸口を掴めず苦慮する。九四年三月には、ロシアの仲介で休戦協定が調印された。しかし、交渉による解決は進まず、トゥジマン大統領のもとのクロアチア政府は軍事力を行使するにいたり、九五年八月には東スラヴォニアを除く「クライナ・セルビア人共和国」を制圧した。この過程で、多数のセルビア人が難民となって、ユーゴ連邦(セルビア共和国とモンテネグロ共和国から構成)やボスニアに逃れた。これ以後、トゥジマン政権にとって、まだ国連東スラヴォニア暫定機構(UNTAES)のもとに置かれていた東スラヴォニアの再統合は、もっとも重要な問題となった。九七年四月に実施されたクロアチア地方選挙で、トゥジマン率いるクロアチア民主同盟が東スラヴォニアでも勝利を収めた。この選挙結果を受けて、九八年一月に東スラヴォニアの施政権がＵＮＴＡＥＳからクロアチアに返還された。クロアチア内戦はようやく「終結」したのである。しかし、セルビア人難民の帰還問題は依然として残っている。

ボスニア内戦

クロアチア内戦の過程で、一九九一年十一月にマケドニア共和国が独立宣言を出すと、ボスニア＝ヘルツェゴヴィナ共和国も独立の方向を明確にした。一二〇万のセルビア人が居住するボスニアでは、九二年三月、独立に反対するセルビア人勢力と独立をめざすムスリム、クロアチア人勢力との凄惨な内戦が生じた。三勢力による「民族浄化」をともなう戦闘は激しさを増し、内戦は三年半をこえた。しかし、ムスリム、セルビア人、クロアチア人の三者は言語を同じくしていたこともあり、それぞれの生活習慣の違いを認めつつ、ともに暮らす知恵を発揮してきたのがボスニアの歴史であった。

これらボスニアの三者の共存関係が一気に切り崩され、「強制収容所」や「集団レイプ」といったおぞましい行為さえ生じてしまった原因は次の四点に求められるであろう。第一に民族主義的な政治家による扇動、第二にクロアチア内戦と同様に、マスメディアによる民族主義プロパガンダ、第三にユーゴ国外の民族主義グループの影響、第四に民族自決を正義とする国際世論である。こうした外的要因に加えて、第二次世界大戦期の「兄弟殺し」のいまわしい記憶、近親憎悪の感情、一九六九年から導入された全人民防衛により通常用の武器が各地に置かれていて入手が容易であったことなどの内的要因をあげることができる。

国際社会はボスニア内戦に対しても、和平実現のために積極的に取り組んだ。しかし、話し合いによる平和的解決か、武力による解決をめざすのかで方針が揺れた。一九九四年春から、国連とヨーロッパ連合（EU）にかわり、アメリカを中心とするNATOの積極的な関与が顕著になる。米ロ英独仏の五カ国からなる「連絡調整グループ」は五月、すでに三月にアメリカの主導で形成されていたムスリム勢力とクロアチア人勢力からなるボスニア連邦に五一%、セルビア人勢力の「スルプスカ共和国」に四九%の領土配分を内容とする最終和平案を提示した。これ以前に三つの和平案が提示されたが、いずれも三勢力すべての合意を得ることができなかった。最終和平案も、セルビア人勢力の強い反対にあった。

ついに一九九五年八月には、米軍を中心とするNATO軍がセルビア人勢力に本格的な空爆を開始した。セルビア人勢力は大きな打撃を受けたが、一方で、アメリカはセルビア人勢力を交渉のテーブルに着かせるため、「スルプスカ共和国」という名称をはじめて公認した。この結果、セルビア人勢力はアメリカ主導の和平交渉に積極的に臨む姿勢をみせた。十一月、米オハイオ州のデイトンでボスニア三勢力の代表ではなく、ユーゴ民族紛争当事国の代表であるボスニア政府代表イゼトベゴヴィチ、ユーゴスラヴィア連邦（セルビアとモンテネグロから構成）セルビア共和国大統領ミロシェヴィチ、クロアチア共和国大統領トゥジマンによる和平協議がおこなわれた。米クリントン政権の強い圧力で三者が妥協し、和平協定が結ばれた。和平合意成立の理由としては、一貫して統一ボスニアを主張してきたイゼトベゴヴィチが、ボスニア連邦と「スルプスカ共和国」によるボスニアの分割を認めたことが大きかった。

ボスニアの和平プロセス

デイトン合意の骨子はボスニア連邦と「スルプスカ共和国」という軍隊さえもつ二つの政体を認めながら、「単一のボスニア＝ヘルツェゴヴィナ」を築こうとするものである。この矛盾した内容の合意に基づき、ボスニア和平プロセスは軍事面と民政面で進められた。軍事面では従来の国連保護軍にかわり、NATOを中心とする多国籍軍が派遣され、三勢力の兵力の引き離しや境界の画定などの活動を展開した。一方、民政面では日本も含めた約五〇カ国から構成され、和平の実施を統括する和平実施会議（PIC）が設置された。和平実施会議のもとに上級代表が置かれ、上級代表を調停役として、選挙の実施や人権問題の監視には欧州安全保障協力機構（OSCE）が、経済復興や経済支援には世界銀行とEUが、難民・避難民の帰還問題には国連難民高等弁務官事務所（UNHCR）が取り組んでいる。

「単一のボスニア＝ヘルツェゴヴィナ」を築くため、一九九六年九月に総選挙が実施された。三勢力から一名ずつ、計三名からなる共同大統領制による大統領会議が選出されて、中央政府が一応つくられた。しかし、民族や宗教をこえた、あるいはボスニア連邦と「スルプスカ共和国」の境界をこえた横断的な政党は大きな勢力をもつにはいたっておらず、内戦に多大な責任をもつ民族政党が相変わらず力を維持している。難民・避難民の帰還問題も長く解決されずにいた。上級代表は「単一のボス

ボスニア＝ヘルツェゴヴィナの新国旗　ボスニア和平の責任者であるウェステンドルプ上級代表が，1998年２月の長野冬季オリンピック用に急遽制定した。この国旗がその後も正式に使用されている。

ニア＝ヘルツェゴヴィナ」を回復するため、経済復興に努め、中央銀行を創設したり、通貨やパスポートや車のナンバー・プレートを統一したりしたが、経済活動は低調なままだった。ボスニア史を貫いてきた三勢力共存の知恵が取り戻されることがなによりも重要であろう。

クロアチアでもボスニアでも、内戦の契機となった「セルビア人問題」はいまだ解決されていないが、同様の問題はセルビア共和国とコソヴォのあいだにも、マケドニア共和国にも存在する。コソヴォの人口の九五％（二〇二一年の統計）、マケドニアの人口の三〇％（二〇二一年の公式統計）を占める「アルバニア人問題」も同様に重要である。これら少数者の権利を保障するシステムをどのようにつくるかは、今後の重要な課題として残されている。

2 新たな民族対立の表面化

体制転換後のブルガリア

体制転換後のバルカン諸国は、どの国も一様に「市場化」や「民営化」、そして「民主化」に努めた。しかし、「市場化」も「民営化」も一朝一夕にしてできることではなく、移行期の苦しみをともなうことになる。経済状況はおしなべて悪化し、政治的に不安定な状態が続いた。さらに、一九九一年夏からは、隣国ユーゴで内戦が進行した。九二年五月には、国連安全保障理事会がボスニア内戦への関与を理由として、ユーゴ連邦に対する制裁を決議した。この結果、バルカン半島の中央部を占めるユーゴ連邦は国際的に孤立させられた。ユーゴ連邦の経済自体は壊滅的な打撃を受けることになる。しかし、それだけにとどまらず、主要な幹線路が使えなくなり、ヒトやモノの移動が滞った結果、ユーゴ連邦に隣接するバルカン諸国の経済にも多大な影響を与えた。バルカンの一国が孤立化してしまうと、その周辺諸国にも大きな影響のおよぶことが実感された。ブルガリアやルーマニアがユーゴ連邦への制裁解除を強く主張したのは当然のことであった。

次に、体制転換後のブルガリア、ルーマニア、アルバニアの状況を概観しておく。ブルガリアでは、一九九〇年六月にはじめての自由選挙が実施されて、社会党(旧共産党)が過半数を占める勝利を収めた。しかし、八月に議会で、野党・民主勢力同盟のジェレフが大統領に選出され、九二年一月の直接選挙による初の大統領選挙で再選された。社会党が第一党として組閣にあたるが、民主勢力同盟との主導権争いが続き、政権はきわめて不安定であった。九一年七月には新憲法が制定され、十月におこなわれた第二回目の議会選挙で、民主勢力同盟が僅差ながら第一党に進出した。過半数にはいたらなかったため、トルコ人やムスリムに強い支持基盤をもつ第三党「権利と自由のための運動」の協力を取りつけて、十一月には民主勢力同盟議長のディミトロフを首班とするはじめての非共産党政権が成立した。

ブルガリアは世界銀行やＩＭＦの援助を受けて、市場経済への移行をめざした。一九九二年四月には、国営企業民営化法が制定され、九三年には小企業の民営化も制度化された。しかし、実質賃金の低下、高い失業率とハイパー・インフレが続いたため、九四年十二月の議会選挙では民主勢力同盟が後退し、社会党が不満票を獲得して第一党に復帰した。九五年一月には社会党のヴィデノフ政権が成立したが、深刻な経済危機が続き、九六年には銀行が相次いで倒産する事態が生じた。十一月の大統領選挙では、民主勢力同盟のストヤノフが大差で当選した。十二月にはヴィデノフ内閣は総辞職に追い込まれ、九七年四月には繰り上げ総選挙が実施されて、民主勢力同盟を中心とする統一民主勢力が勝利を収めた。五月には民主勢力同盟議長のコストフを首班とする新政権が発足した。

体制転換後のルーマニアとアルバニア

ルーマニアでは、チャウシェスク政権崩壊後、旧共産党の改革派をも含む救国戦線評議会が暫定的に政権を握った。一九九〇年五月におこなわれた初の自由選挙で救国戦線が大勝し、イリエスクが大統領に選出された。救国戦線による内閣が形成され、十一月には新憲法が制定された。九二年九月の総選挙を前にして、寄り合い所帯であった救国戦線が分裂し、イリエスクらの保守派が民主救国戦線を結成した(九三年には社会民主党と改称)。第二回目の総選挙では、民主救国戦線が第一党になり、大統領にはイリエスクが再選された。

ルーマニアも世界銀行やＩＭＦの援助を受けて経済改革に取り組み、国営企業の民営化や市場経済への移行が進められた。しかし、賃金が極力抑えられていたため、九三年、九四年、九五年と労働者の反政府デモや賃上げ要求のストライキが生じた。一方、民族主義勢力や王政支持者の動きも活発になり、政権は不安定であった。九六年十一月の総選挙では、与党・社会民主党が野党連合の民主会議に敗北を喫した。この結果、民主会議のチョルベアを首班とする初の非共産党政権が成立した。同時に実施された大統領選挙でも、民主会議のコンスタンティネスクがイリエスクを破り、大統領に就任した。チョルベアは経済改革の推進をめざしたが、思うように進まず、九八年三月には引責辞任した。

アルバニアでは、九二年の総選挙でベリシャを大統領とする民主党政権が成立したものの、その基盤はけっして強固なものではなかった。「鎖国政策」をとっていた社会主義期には自給自足の経済に徹していたため、経済基盤はきわめて脆弱であり、「市場化」や「民主化」は遅々として進まなかった。しかし、九六年五月の議会選挙で、ベリシャ率いる民主党がふたたび圧勝。これに対して、野党の社会党(旧共産党)などから選挙に不正があったとの批判が出された。ＯＳＣＥを中心とする国際選挙監視団も票の改竄《かいざん》などの不正があったことを認め、選挙のやりなおしを要求した。一部で再選挙がおこなわれただけで、事態はうやむやにされた。

ベリシャ政権は選挙をめぐる社会党などとの対立のなかで、三カ月で金利一〇〇％といった「ねずみ講」投資を黙認した。一九九七年一月に入ると、こうした「ねずみ講」が破綻し、一攫千金の夢を託した多くの国民が被害を受けた。これを契機として、反政府運動が拡大し、とくに南部では住民が軍や警察から武器を奪って武装するなど、無政府状態に陥った。多くのアルバニア人が鈴なりの船に乗って、難民としてイタリアへ向かった。ベリシャは三月に議会で大統領に再選されたが、国家の再建をはかるため議会の繰り上げ選挙を実施せざるを得なかった。六月末の選挙結果は社会党の圧勝であった。ベリシャは選挙敗北の責任を取り、大統領を辞任した。七月末の議会で、社会党のメイダニ書記長が大統領に選出され、これにともない、社会党のナノ議長が首相に任命された。ナノ政権は崩壊してしまった軍隊を再編成し、秩序を回復することから始めねばならなかった。加えて、経済の再建も強く望まれた。

マケドニア問題

バルカン社会主義国の体制転換後、経済的にも政治的にも不安定な状況が続くと、社会主義体制のもとで背後に押しやられていた民族主義が前面に掲げられるようになり、新たな民族対立が表面化した。この一例であるマケドニア問題は、古くて新しい問題といえる。そもそも、マケドニア問題とは、十九世紀に民族覚醒の遅れたオスマン帝国支配下のマケドニアの領有をめぐる問題で、「東方問題」と称されるヨーロッパ外交史上の主要な部分をなした。山がちのバルカン半島にあって、マケドニアは肥沃な平野と良港テッサロニキにめぐまれ、豊富な鉱物資源を有していた。このため、マケドニアの複雑な民族構成とあいまって、近隣諸国の領土的野心の対象とされたのである。

マケドニアをめぐり近隣のバルカン諸国、すなわちギリシア、セルビア、ブルガリアの三国とヨーロッパ列強の利害が交錯する。一九一三年の第二次バルカン戦争の結果、マケドニアはギリシア、セルビア、ブルガリアの三国によって分割されてしまう。このため、マケドニア人が民族としてはじめて承認され自らの共和国を形成するのは、第二次世界大戦後の社会主義ユーゴの連邦制のもとにおいてであった。

戦後、マケドニア問題は解決されたかにみえたが、現在、独立を達成したマケドニアと隣国ギリシアとの「国名論争」として、問題が表面化した。一九九一年十一月にマケドニア共和国の独立が宣言された。これまでのマケドニア問題の当事国ブルガリアは、セルビア共和国がマケドニアの独立に反対していたので、これを牽制する戦略的観点から、いち早くその独立を承認した。一方、もうひとつの当事国ギリシアは五二年にユーゴとの協定により、マケドニア問題を解決済みにしたと考えていたので、マケドニアの独立にはきわめて敏感であった。しかも、マケドニアの独立宣言に先立つ九〇年末の自由選挙で、VMRO・DPMNE（内部マケドニア革命機構マケドニア国家統一民主党）が小差ながら第一党に進出した。VMRO・DPMNEは十九世紀末に結成されたVMRO（内部マケドニア革命機構）とは人的にも組織的にも無関係な新党だが、VMROの伝統を継承すると称して歴史的マケドニアの統一を唱えたため、ギリシアとブルガリアはその動向に神経をとがらせることになった。

グリゴロフを大統領とするマケドニアの連立新政権は、近隣諸国と友好関係を築いて独立承認を得ようと試みた。しかし、EC加盟国のギリシアはマケドニアの領土的野心を警戒しつつ、表面的には「マケドニア」という国名はギリシア固有のものとの理由から、マケドニアの独立に強く反対した。マケドニアはECの独立承認を得られないまま、一九九三年四月には「旧ユーゴ・マケドニア共和国」という暫定的な名称で国連加盟を承認された。しかし、ギリシアが九四年二月に対マケドニア制裁措置という強硬策を発表したため、両国の関係は先鋭化した。ギリシアはマケドニア国旗に使用されている古代マケドニア朝の「ベルギナの星」を外すこと、マケドニアの憲法に規定されている在外マケドニア人への援助条項が領土要求につながりかねないとして、改正を要求した。マケドニアは九五年に国旗の意匠の変更をおこない、援助条項にも大幅な譲歩をおこなったが、「国名論争」はその後も長らく解決されなかった。二〇〇八年にはマケドニアのNATO加盟が議論されたが、ギリシアが拒否したことで実現しなかった。VMRO・DPMNEのニコラ・グルエフスキ政権はこれに反発して欧州統合路線から距離を置くようになり、ロシアとの関係を強めた。VMRO・DPMNEは一六年の選挙でも第一党となったが、ロシアの影響力拡大を警戒したEUとアメリカは、社会民主同盟を中心とした親欧米派の連立政権を成立させ、ゾラン・ザエフが首相に就任した。ザエフはギリシアと交渉を進め、国名を「北マケドニア共和国」に変更することで政府間合意を結んだが、猛烈な抗議デモが起こり、国民投票も不成立に終わった。それでもザエフは国名変更のための憲法改正を強行し、一九年二月に正式に国名が変更され、二〇年三月にはNATO加盟を果たした。この強引なやり方には反発も強く、社会民主同盟は地方選で敗北し、二二年にザエフは辞任した。

マケドニア問題のもうひとつの側面は国内の少数者アルバニア人問題である。マケドニアの民族構成(一九九四年の国勢調査による)はマケドニア人六七%、アルバニア人二三%、その他トルコ人、セルビア人、ロマ、ムスリム人などとなっている。一九九二年には、VMROが周辺地域から流入してきたアルバニア人追放の方針を掲げたため、両者の対立が先鋭化した。アルバニア人問題は隣接するコソヴォやセルビア共和国サンジャク地方、そしてアルバニア本国とも連動する可能性をもっており、九二年三月から本格化したボスニア内戦がマケドニアに転化することを危惧した国連は、十二月に紛争防止を目的としてはじめて、マケドニアへの国連保護軍の予防展開を決議した。国連保護軍は、九五年三月には国連予防展開軍(UNPREDEP)と改称された。ボスニア内戦終結後も、繰り返し駐留延期が決議された。九八年三月にコソヴォ問題が内戦状態にいたると、国連安保理はさらに駐留延期を決議した。しかし、マケドニア政府が台湾を国家承認すると、中国はこれに抗議し、九九年二月の延期決議案には拒否権を発動した。この結果、国連によるマケドニアへの予防展開は終了した。

その二年後、マケドニア北部で「民族解放軍」を名乗るアルバニア人の武装勢力が蜂起した。民族解放軍はコソヴォ解放軍と深いつながりがあり、コソヴォ紛争で米軍がアルバニア人に供与した武器を装備していたため、マケドニア軍は劣勢に陥り、武装勢力は北部のテトヴォ近郊を占拠した。首都のスコピエ近郊でも衝突が起こった。事態を憂慮したNATOは仲介に乗り出し、八月にアルバニア人の民族的権利の拡大を認めるオフリド合意が締結され、民族解放軍は武装解除された。その後、解放軍の残党は民主統合連合という政党を結成した。「民族解放軍」はバルカンのアルバニア人地域に大アルバニア国家を実現することを掲げていたが、民主統合連合に改組してからはマケドニアでの権力維持を重視するようになり、二〇〇二年の選挙後には社会民主同盟と連立政権を組み、〇八年にはVMRO・DPMNE主導の政権に加わった。国名変更とNATO加盟が焦点となった一六年の選挙後は再び社会民主同盟と連立を組むなど、マケドニア人の二大政党のいずれとも連携して政権の一角を維持している。これによってアルバニア人とマケドニア人の権力の分有が定着し、アルバニア語教育などの民族的権利も確立しつつある。〇八年にはマケドニアはコソヴォの独立も承認した。

コソヴォ問題

コソヴォはユーゴ連邦のセルビア共和国に属する自治州であり、公式名称はコソヴォ＝メトヒヤ自治州であった。東部のコソヴォ地方と西部のメトヒヤ地方に区分される。これに対して、アルバニア人はコソヴァと称している。アルバニア、マケドニア、モンテネグロと隣接しており、州都はプリシュティナ。一九九一年の国勢調査によると、民族構成はアルバニア人八二％、セルビア人一〇％、ムスリム人三％、ロマ二％、モンテネグロ人一％であり、アルバニア人が圧倒的多数を占めている。第二次世界大戦後、コソヴォはユーゴのセルビア共和国に属する自治州として形成されたが、一九六〇年代後半以来、共和国昇格を求めるアルバニア人の動きが続いてきた。

コソヴォは、セルビアをはじめとするバルカン連合軍がオスマン軍に敗北した一三八九年のコソヴォの戦いで知られているように、中世セルビア王国の中心地であった。中世セルビア王国時代の遺跡やセルビア正教会修道院や美術品が多く残されている。そのため、現在でもセルビア人にとって、コソヴォは揺籃《ようらん》の地という意識が強く残っている。十四世紀以後、オスマン帝国の支配下に置かれたコソヴォ地方に大きな社会変動が生じるのは、十七世紀後半にいたってのことである。十七世紀後半から十八世紀前半にかけてハプスブルク皇帝の呼びかけもあり、主として政治的理由や宗教的理由から、コソヴォ地方の多くのセルビア人がペーチのセルビア正教総主教を先頭にして、ドナウ川をこえハプスブルク帝国の国境地域に形成された「軍事国境地帯」に移住した。この結果、空白地帯になったコソヴォにムスリムに改宗したアルバニア人が入植させられ、コソヴォの民族構成が大きく変化したのである。十九世紀前半、コソヴォはアルバニア人の民族運動の中心地となり、一八七八年六月にはこの地方のプリズレンで、アルバニア人の自治を求めるプリズレン連盟が結成された。このように、コソヴォはアルバニア人の民族解放の運動の拠点となった。コソヴォはアルバニア人にとっても、セルビア人にとってもゆずれない土地となっていく。

コソヴォは第一次バルカン戦争の結果、独立を認められたアルバニアに組み込まれずに、セルビア

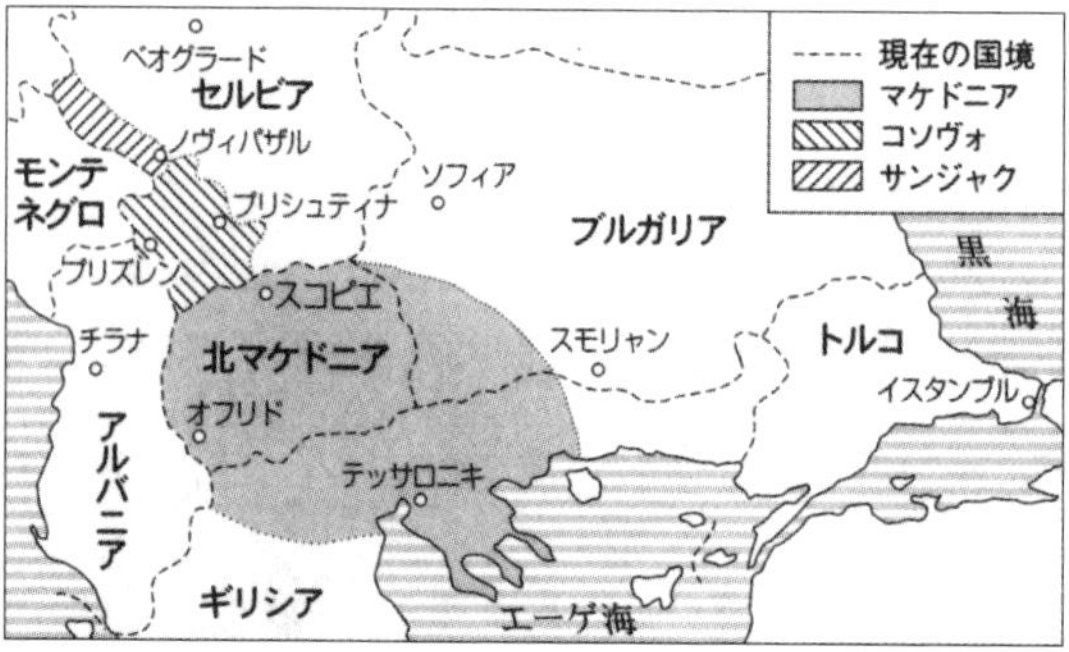

コソヴォ地方

コソヴォ自治州の州都プリシュティナでセルビア警察の放水により逃げまどうアルバニア人デモ隊　1998年2月末から，コソヴォの独立をめざす武装組織「コソヴォ解放軍」に対するセルビア治安部隊の掃討作戦が始められた。写真はこれに抗議するアルバニア人のデモ隊が，セルビアの警察から放水を浴びせられているところ。

とモンテネグロに分割されてしまう。第一次世界大戦後に建国された南スラヴの統一国家ユーゴにおいて、マケドニアと同様に「南セルビア」と呼ばれて、セルビア化政策が進められていった。第二次世界大戦期に、コソヴォがイタリア保護下のアルバニアに併合されると、セルビア人に対する虐殺がおこなわれた。

第二次世界大戦後、セルビア共和国に属する自治州となったコソヴォのアルバニア人は一九六八年に、この地方の少数者セルビア人が政治・経済・社会の面で要職を占めている状況に反発して、アルバニア人の権利の拡大やコソヴォの共和国昇格を求めて暴動を起こした。八一年にも、アルバニア人の大規模な暴動が生じた。このときはゆるい連邦制が築かれていたので、六八年の暴動とは異なり、民族的抑圧に対する反発というより経済的な不満がその主たる理由であった。セルビア共和国とコソヴォのアルバニア人との対立は八〇年代を通じて継続し、この問題が旧ユーゴの連邦制を崩壊させる大きな要因となる。

一九九〇年九月にセルビア共和国の新憲法が制定され、それまで自治州に与えられていた大幅な自治権が縮小されると、アルバニア人の反発が再燃した。この年の春に、作家のルゴヴァ(九二年に大統領に選出)を指導者としてアルバニア人政党のコソヴォ民主同盟が結成されていた。さらに、七月には、コソヴォ自治州のアルバニア人議員が「コソヴォ共和国」を創設して、セルビア共和国からの独立を宣言した。セルビア共和国はこれを認めておらず、警察力によってアルバニア人の動きを封じる状態が始まった。

ルゴヴァは非暴力路線をとり、セルビア当局との交渉によって独立を達成することをめざした。しかし、コソヴォの自治が容易に回復されないことに不満をもつ青年層は、交渉ではなく武力に訴える傾向を強めた。一九九七年からは独立を目的とする武装集団「コソヴォ解放軍」の活動が目立ってきた。九八年二月末から三月にかけて、セルビア治安部隊がこれを「テロリスト集団」として掃討作戦を開始した。以後、両者の戦いは隣接するアルバニアやマケドニアを巻き込みながら、内戦の様相を呈した。マケドニアと同様に、セルビア共和国も少数者アルバニア人の権利保障をどのように制度化するのか、この場合は独立か共和国か自治権の回復かが緊急の課題となっている。九九年三月末、NATOはアルバニア人の保護を掲げ、「人道的介入」のもとにユーゴ空爆を開始した。空爆は七八日間にわたり続けられた。六月にコソヴォ和平は成立したものの、アルバニア人とセルビア人との対立が一層激しくなった。

モルドヴァの民族問題

モルドヴァ共和国はおよそ一二〇の民族からなる多民族国家である。一九八九年の民族構成はモルドヴァ人六四・五%、ウクライナ人一三・八%、ロシア人一三・〇%、ガガウズ人(正教徒化したトルコ系民族)三・五%、ブルガリア人二・〇%で、少数民族の比率は旧ソ連邦共和国のなかでカザフ、

戦闘の犠牲となったモルドヴァ人の葬列　ドニエストル川流域で，1992年３月から７月にかけ，ロシア系戦闘部隊とモルドヴァ軍とのあいだで戦闘が続いた。

キルギス、ラトヴィア、タジクに続いて五番目に多かった。しかも、同国はその周辺国ロシア、ウクライナ、ルーマニア、トルコ、ブルガリアなどの影響力が錯綜する国家であるため、その歴史は国内の諸民族が諸外国ないしその一部勢力と連携しながら、対立と連合、抗争と協調を繰り返す歴史であった。

したがって、モルドヴァ民族主義の高揚によってそれまでのロシア人・ロシア語を基調とする統治のルールが崩れ始めると、既得権益の喪失を恐れるニストル川(ロシア語名ドニエストル川)東岸に住むロシア人ノメンクラトゥーラは、ソ連邦保守派の後ろ盾を得て一九九〇年九月二日に「プリ(沿)ドニエストル・ソヴィエト社会主義共和国」を宣言し、南部に集中して居住するガガウズ人も八月十九日に「ガガウズ・ソヴィエト社会主義共和国」を宣言して、モルドヴァ共和国からの分離独立を主張し始めたのでである。ちなみに、沿ドニエストル共和国が宣言された地域は、ロシア語ではブリドニエストローヴィエ、ルーマニア語ではトランスニストリアと呼ばれる四一一八平方キロの工業地帯で、「モルダヴィア・ソヴィエト社会主義自治共和国」の一部が、戦後、北ブコヴィナと南ベッサラビアのウクライナへの編入にともなってモルドヴァ共和国に加えられた地域である。同地域の民族構成(一九八九年)は、モルドヴァ人三九・九%、ウクライナ人二八・三%、ロシア人二五・四%で、この地のロシア人の比率はモルドヴァ全体の比率からみれば二倍であるが、総勢一五万人強に過ぎない。それにもかかわらずモルドヴァ人とロシア人の民族的対立は、モルドヴァがソ連邦からの独立を宣言して以降一層激しさを増していき、ついに九二年三月、トランスニストリアにおけるロシア系武装集団とモルドヴァ軍とのあいだで戦闘が開始されたのである。ロシア共和国から駆けつけたコサック兵とトランスニストリア駐留ロシア第一四軍の一部も加わって、戦闘は七月二十一日のエリツィン‐スネグル停戦協定締結まで続いた。

同停戦協定では、トランスニストリアへの特別な法的地位の供与と、モルドヴァ共和国とルーマニアが統一した場合のトランスニストリアの分離権が取り決められ、それと引き換えにモルドヴァ共和国の領土保全とロシア第一四軍の撤退が約束された。ところが、モルドヴァ・トランスニストリア間の交渉は、トランスニストリアの地位をめぐって平行線をたどり、解決の兆しは一向にみえてこない。それはモルドヴァ側が主権国家内での地域自治によってトランスニストリア問題を解決しようとするのに対し、トランスニストリア指導部が、ロシア共和国の民族派の支援と同地駐留ロシア軍の存在を背景に、自治ではなくあくまでもモルドヴァからの独立ないし同地のカリーニングラード化（ロシア共和国の飛び地となること）に固執して一歩もゆずらないためである。かつてルキヤノフ元ソ連邦最高会議議長は、新連邦条約締結が政治日程にのぼる九一年春に、トランスニストリアのロシア人指導者たちの依頼に応じて沿ドニエストル共和国を創設するようプーゴ内相、ルイシコフ首相などに要請したが、今日でもロシア民族派は下院においてトランスニストリアをロシアの重要戦略地域と位置づけ、同地の分離・独立を支持する決議を繰り返しおこなっている。

他方、ロシア第一四軍については、一九九四年十月に「モルドヴァ領土に一時的に駐留するロシア軍の法的地位と撤退についての手続きおよびタイムテーブルに関する協定」が調印され、三年以内のロシア軍の撤退と設備の撤収が取り決められた。ところが、九五年六月にはグラチョフ国防大臣がモルドヴァを訪問して、トランスニストリアの軍事基地化と第一四軍の平和維持軍への転換を求め、またロシア政府は下院が批准しないことを口実に九五年七月から第一四軍を駐トランスニストリア・ロシア軍機動部隊に編成替えして駐留させ続けている。一方、ロシア下院はその後も上記協定の批准を拒み続けているばかりか、トランスニストリア駐留ロシア軍に恒久的地位を与えよとの決議案を採択するなど、ロシア政府に圧力をかけている。

これに対して、ガガウズ問題は一九九五年一月に「ガガウズ地域の特殊法的地位に関する法律」が採択されて、ガガウズ人居住地域に大幅な自治権を与えることで形式上は解決された。これはモルドヴァ人とガガウズ人という二つの異なるサブカルチャーのエリート間協調によってガガウズ人サブカルチャーの自治を達成しようとする、「ソ連・東欧圏」初の多極共存型民主主義モデルに則った民族紛争の解決方法であり、他地域への広がりが期待された。

3 相互協力の模索

対立と協力

旧ユーゴ解体から内戦を経て、バルカン半島は文字通り、「バルカン化」の様相を深めたようにみえる。バルカン諸国間には、これまで述べた問題以外にも、係争中の問題が数多く存在している。たとえば、ギリシアとトルコ間にはキプロスをめぐる緊張関係が継続しているし、ブルガリアとマケドニアとのあいだではマケドニア語の独自性を認めるか否かの対立が未解決である。また、ブルガリアとトルコとのあいだには、ブルガリアの少数者トルコ人問題があり、一方、ルーマニアとブルガリア間には、なおドブルジャをめぐる領土問題が横たわっている。

こうした状況において、バルカン諸国はこの地域の現代史上、いく度も繰り返されたように、外部の勢力、今回はアメリカやEU諸国やNATOへの依存を強めた。EUとの関係では、一九九三年二月にルーマニアが、三月にはブルガリアが相次いで連合協定を結んだ。NATOの「東方拡大」との関連では、九七年七月、加盟申請を出していたルーマニア、ブルガリア、アルバニア、マケドニアとも拡大第一陣の加盟招請国になることはできなかった。東中欧諸国と比べると、バルカン諸国がヨーロッパ統合過程から取り残されていることは明らかだった。

しかし、もう一方で、ユーゴ内戦の過程でバルカン地域が分断され、ヒトやモノの移動が妨げられると、直接的には内戦とは無関係な国々も経済的には大きな打撃を受けることが再確認された。そのため、主として経済的な観点から、バルカン諸国相互の依存関係が不可避であるとの認識が改めて強化された。

このような背景のもとで、一九九〇年代には、バルカン諸国の地域協力の取り組みが二つの方向で積極的におこなわれた。次に、こうした取り組みを概観してみよう。

バルカン・サミットの実現

バルカン地域協力のひとつの試みは、一九九五年十一月のデイトン合意により、三年半にわたるボスニア内戦が終結し、和平プロセスが一応軌道に乗り始めた九六年七月に、ブルガリアの提唱によってソフィアで開催されたバルカン諸国外相会議である。そもそも、バルカン諸国外相会議はまだ「冷戦」構造が継続していた八八年二月に、非同盟の国ユーゴスラヴィアが提唱して、当時「鎖国」状態にあったアルバニアを含む東側のブルガリア、ルーマニア、西側のギリシア、トルコの六カ国が参加して実施された。第一回会議の共同コミュニケでは、バルカン地域協力の推進、バルカン非核地帯構想の検討、バルカン・サミットの可能性の模索、経済・科学・技術・環境・文化・スポーツなどあらゆる分野の協力の推進、外相会議の定期的開催などが確認された。第二回バルカン諸国外相会議は東欧諸国の体制転換がおこなわれたあとの九〇年十月に、アルバニアのティラナでおこなわれた。ここでは、バルカン諸国が共通に抱えている少数民族問題、すなわち少数者の権利保障の問題を正面から取り上げたことが特徴的であった。

こののち、ユーゴの解体が進んだことに加えて、バルカン諸国は自国の問題で手一杯であり経済的な余裕もなくなり、外相会議は開催できなくなっていた。九六年のソフィアの第三回バルカン諸国外相会議には、アルバニア、ブルガリア、ギリシア、ルーマニア、トルコの五カ国に加えて、解体してしまった旧ユーゴに残存したユーゴ連邦とボスニア＝ヘルツェゴヴィナ共和国が参加したが、マケドニア共和国は「マケドニア」という国名の使用に強く反対するギリシアとの「国名論争」の継続を理由として、ギリシアとの同席を拒否した。また、この会議にはボスニア内戦の過程で、和平を推進するために形成された「連絡調整グループ」(米ロ英仏独伊の六カ国)、ＥＵやＯＳＣＥ(欧州安全保障協力機構)の代表も出席した。旧ユーゴのスロヴェニアとクロアチアは自らをバルカンの国とは規定して

バルカン・サミット(1997年11月，クレタ島)　バルカン史上，はじめて実施された首脳会談。「外交ショー」に終わらず，相互協力を実質化することが期待されている。写真中央は主催国ギリシアのシミティス首相。

おらず、オブザーバーとして出席した。この会議では、バルカン諸国の善隣友好関係、安全保障問題、経済協力の推進、外相会議の定期的開催などについて議論がなされ、「ソフィア宣言」が出された。

一九九七年六月には、ギリシアのテッサロニキで第四回バルカン諸国外相会議が開催された。議論はさらに深められ、政治協力の強化、経済協力の進展、環境保護、テロの防止、麻薬や武器の密輸の取り締まりに関して共同行動をとることで合意がなされた。前回は欠席したマケドニアも、九七年春のアルバニアの「ねずみ講」暴動を契機として、ギリシアとの関係が改善されつつあるため、この会議には出席した。この結果、参加国は八カ国となった。十一月にはこの会議を基礎にしてギリシアのクレタ島で、序章でふれたようにバルカン諸国にとっては懸案となっていたサミットが歴史上はじめて実現した。大統領が出席したのは、ユーゴ連邦のミロシェヴィチとマケドニアのグリゴロフ、首相が出席したのはアルバニアのナノ、ブルガリアのコストフ、ギリシアのシミティス、トルコのユルマズ、ルーマニアのチョルベアであった。ボスニア＝ヘルツェゴヴィナでは、ムスリム勢力がボスニアはバルカンでないとの理由から不参加を表明し、一方セルビア人勢力が参加を表明するなど三勢力の合意が取りつけられず、外務次官マルバシッチが出席するにとどまった。スロヴェニアとクロアチアはバルカンの国ではないとの理由で、この会議の出席も辞退した。

EUの加盟国であるギリシア首相シミティスは開会演説で、「ヨーロッパ統合過程が大きく進展している。しかし、バルカン諸国には緊張と敵対関係が今も存在するため、この過程から排除されている。こうした状況を自ら変えていかなくてはならない」と述べた。このバルカン・サミットでは、外相会議での合意が確認され、一九九八年十月にトルコのアンタルヤで第二回サミットを開催することが決められた。

これ以後、ほぼ毎年のようにサミットが開催されるようになり、「南東欧協力プロセス（SEECP）」が恒常的な機構として機能するようになった。SEECPには、当初の八カ国に加えてクロアチア（二〇〇五年）モルドヴァ（二〇〇六年）モンテネグロ（二〇〇七年）スロヴェニア（二〇一〇年）コソヴォ（二〇一四年）が参加し、南東欧の一二カ国を包括する唯一の地域協力フォーラムとなった。フォーラムの基本目標は善隣関係の強化と地域の平和と安定の維持であり、具体的な取り組みとして経済協力、人的交流、民主主義的価値観の尊重、犯罪に対する捜査協力などがおこなわれている。SEEC

Pの議長職は一年交代で加盟国が務めることとなっており、議長国は首脳会議、外相会議、実務者会議を原則として毎年主催している。このほかに二〇〇八年のSEECP外相会議で地域連携協議会の設置が決まり、EUの資金提供を受けつつバルカン諸国の経済統合のための枠組みの確立を目指している。

南東欧イニシアティヴの試み

これに対して、EUとアメリカがそれぞれ南東欧という地域概念を用いて、バルカン諸国の地域協力を進めている。EUは一九九五年十二月にパリで調印されたボスニア和平協定と関連して、旧ユーゴ諸国およびアルバニア、ブルガリア、ルーマニア、ハンガリー、トルコを支援して、この地域の善隣友好関係を回復し、安定をはかる動きを試みた。これは「ロワイヨモン・プロセス」と呼ばれた。

もうひとつのバルカン地域協力推進の試みは、アメリカを中心として一九九六年十二月に、ジュネーヴでつくられた南東欧協力イニシアティヴ（SECI）である。これはこの地域の経済問題や環境問題を解決するために、アメリカの主導で地域協力の機構が外から創設されたものである。とくに、私有化や民営化を促進し、市場経済を安定させることが目的とされた。南東欧イニシアティヴは、すでにこの地域に存在する中欧イニシアティヴ（CEI）や黒海経済協力機構（BSEC）といった地域協力と競合するものではなく、副次的な性格の地域統合の機構であった。

南東欧という用語がバルカンより広義で使われているようであり、この地域協力に参加しているのはバルカンのアルバニア、ボスニア＝ヘルツェゴヴィナ、ブルガリア、マケドニア、ギリシア、ルーマニア、トルコに加えて、ハンガリー、クロアチア、スロヴェニア、モルドヴァの四カ国であり、地域的な広がりをもっている。旧ソ連・東欧諸国のなかでは、一人当りのGDP（国内総生産）がもっとも高く、九七年末には一万二〇〇〇ドル近くに達しているスロヴェニアは、この地域協力にも参加していない。スロヴェニアは、もっぱら拡大EUへの第一陣の加盟国となることを目標にしていたからであろう。問題なのは、ユーゴ連邦がボスニア内戦が終結したにもかかわらず、コソヴォのアルバニア人問題解決の遅れを理由として、国連復帰を承認されていないことと関連して、この地域協力にも参加を認められていなかったことである。アメリカの政策により、ユーゴ連邦を排除し続けることは、バルカンの安定にとって必ずしも好ましいことではない。南東欧協力イニシアティヴには、アメリカのほかにイタリア、ロシア、EUの欧州委員会、欧州復興開発銀行（EBRD）、世界銀行、国連欧州経済委員会が参加しており、経済支援機構の側面が強かったことがわかる。

以上のように、一九九〇年代のバルカンでは、ヨーロッパ統合過程が進行するなかで展開されたユーゴ内戦を教訓として、二つの方向で地域協力の動きが進行していた。この二つの地域協力が相互補完的に機能すれば、「危険地域」や「紛争地域」としてのみとらえられてきた従来のステレオタイプなバルカン認識を一掃するようなバルカンの統合が、実現されることも夢ではなかったかもしれない。

しかし、九八~九九年のコソヴォ危機、二〇〇一年のマケドニア紛争が起こり、統合は難航した。EUは九九年に南東欧安定協定をスロヴェニア以外の旧ユーゴ諸国およびアルバニアと締結し、平和共存と安全保障の確立を目指して地域協力を強化したが、この枠組みは〇八年以降、前述の地域連携協議会に引き継がれた。

二十一世紀に入るとバルカン諸国の分断と選別が始まり、スロヴェニア(二〇〇四年)ブルガリア、ルーマニア(二〇〇七年)クロアチア(二〇一三年)はEUに加盟したが、それ以外の西バルカン諸国は統合プロセスから外されている。そのため西バルカン諸国ではロシアやトルコの影響力が強まりつつある。二〇一四年にはそれを警戒したドイツの主導でベルリン・プロセスが立ち上げられ、毎年EUと西バルカン諸国のサミットが開催されるようになった。ベルリン・プロセスは将来のEU加盟に向けたインフラ整備と経済開発に関する地域協力の活性化を謳っているが、シェンゲン圏の共通出入国管理体制への擦り合わせなど、EUの利害に西バルカン諸国を従属させる枠組みとして機能している。

第十章　現代のバルカン

　この章では一九九五年以降の西バルカン、ルーマニアとモルドヴァ、ブルガリアの歴史を概観する。八九年以降の二〇年間、バルカン半島の西側と東側は対照的な変化を経験した。九〇年代以降、旧ユーゴスラヴィア諸国では分離独立と紛争が相次ぎ、民族問題と暴力が焦点であったのに対して、ルーマニアとブルガリアでは政党政治の安定と市場経済の確立が焦眉の課題であった。二〇〇一年のオフリド合意、〇六年のセルビアとモンテネグロの分離、〇八年のコソヴォ独立宣言で西バルカンの分離主義はほぼ達成され、民族紛争が再発する懸念は後退した。この間、東バルカンでは欧州統合に対応した政治・経済・社会制度の改革が達成され、〇七年の両国のＥＵ加盟をもって、このプロセスは完了した。変化を通じて東と西のそれぞれが異なる地域特性を帯びるようになったが、政治腐敗・組織犯罪・密輸・人身売買・難民問題など、共通した課題も少なくない。一四年以降はジハード主義の問題も浮上し、ボスニアやコソヴォだけでなく、アルバニアやブルガリアでも「イスラム国（ＩＳ）」に参加する若者が出現した。

1　西バルカン

紛争と混乱からの復興

クロアチアとボスニアの内戦は一九九五年に終結した。また、その後発生したコソヴォ紛争も九九年にコソヴォを国連の暫定行政下に置く合意が結ばれたことで終わり、マケドニアにおける武力衝突は、本格的な戦争には転化しなかった。旧ユーゴスラヴィアの継承諸国は二〇〇〇年代に、紛争からの復興をそれぞれに試みた。アルバニアでは「ねずみ講」危機の混乱からの回復が試みられた。また、クロアチアとボスニアでは戦時の指導者がこの世を去り、セルビアではミロシェヴィチ政権が崩壊し、新たな政権のもとで継承諸国相互の関係改善の試みも進展した。二〇〇四年のEU東方拡大でスロヴェニアがEU加盟を果たし、その他の国々もEU加盟を志向することで足並みが揃うことになる。九〇年代の紛争からの復興が進む一方、紛争の位置付けをめぐる民族間の対立は継続し、和解の困難さが浮き彫りとなったのもこの時期である。ナショナリズムは依然として力をもち、政策決定にあたっても無視できない要素であり続けた。そうしたなか、セルビア離れを進めるモンテネグロ、国連の暫定行政下に置かれたコソヴォは独立への道を歩み、ユーゴスラヴィア解体のプロセスが最終章を迎えた。

紛争の過去からの脱却をはかるなかで、地域協力の動きも新たな展開をみせた。転機となったのが、九九年に調印された南東欧安定化協定である。この協定は、紛争からの復興に対する経済支援に加え、人権、自由市場といったEUの重視する基本理念をこの地域に根付かせることを志向するものであった。バルカン・サミットも南東欧協力プロセス(SEECP)に再編され、バルカン各国の自律的な機構というより、EUおよびNATOへの統合に向けての環境整備を目的とするものに変わっていった。EUは、EU統合プロセスから取り残されていた、旧ユーゴスラヴィアのクロアチア、ボスニア＝ヘルツェゴヴィナ、セルビア・モンテネグロ、マケドニアに加えてアルバニアを「西バルカン諸国」と位置付け、将来的なEUへの取り込みを視野に支援をおこなったが、逆にEU加盟を最優先とするなかで、これらの国々の自立した意思決定の余地は狭くなった。通商面での協力の枠組みとしては、東中欧諸国により創設され、その後のEUの東方拡大により機能しなくなっていた中欧自由貿易協定(CEFTA)が、西バルカン諸国に拡大した。

一九九二年四月にセルビアとモンテネグロの両共和国により形成されたユーゴスラヴィア連邦共和国(新ユーゴスラヴィア)は、社会主義ユーゴスラヴィアを継承することを主張したが、国連においてそれは認められず、新ユーゴスラヴィアは、二〇〇〇年十一月になって新規加盟国として国連に加わった。〇一年には、資産や負債の継承諸国間における分割の協議も始まった。同年六月には、各国により旧ユーゴスラヴィアの継承問題に関する協定が締結され、共同委員会が設置された。在外公館などの資産売却と分割が進み、文書館文書の分割や、年金の扱いに関しても規定された。

また、一九九〇年代の戦争の責任追及も、オランダのハーグに設置された旧ユーゴスラヴィア国際戦犯法廷(ICTY)を舞台に進められた。戦争犯罪の追及が本格化するなか、戦犯として訴追される対象は、犯罪行為の直接の実行者からそれを指示したと疑われる軍事、政治の指導者に拡大した。二〇〇一年には前年に失脚していた前大統領ミロシェヴィチが逮捕されてハーグに移送され、翌年にはICTYで裁判が開始された。ミロシェヴィチは判決が出る前の〇六年に拘置所内で病死し、その戦争責任に関して判断されることはなかったが、その後セルビア国内で逮捕された戦時のボスニアのセルビア人政治指導者のカラジッチと軍司令官のムラディチに対しては、いずれも終身刑の判決が確定している。

セルビア人の指導者が訴追されたことに加え、ICTYに訴追された人物は、初期にはセルビア人に偏っており、セルビア人のあいだではそもそも法廷への不信感が強かった。その後、その他の民族にも訴追対象が広がり、クロアチアでは、一九九五年のセルビア人支配地域「解放作戦」の英雄とされていた将軍ゴトヴィナが訴追され、クロアチアでも法廷への反発が広がった。また、九五年七月にスレブレニツァで約八千人とされる成人男性が殺害された虐殺事件の判決において、二〇〇四年にICTYは、スレブレニツァでジェノサイドが発生したことを認定した。

ICTYの活動は、現地で必ずしも好意的に受け止められたのではなかったが、常設の戦犯裁判所たる国際刑事裁判所（ICC）の先鞭となった点に加え、戦争に関する膨大な資料の集積などに一定の意義を有するものであった。ICTYは、ボスニア紛争における死者数の詳細な科学的調査にあたり、二〇一〇年に死者の総数はおよそ一〇万人、うち六割が戦闘員、四割が文民で、大半の犠牲者がボスニア・ムスリムであるとの調査結果を公表し、それまで一般に考えられていた二〇万人の死者という数が過大なものであったことが示された。この結果がすぐに現地で受け入れられたわけではなかったが、第二次世界大戦中の犠牲者数などが、政治的議論の対象となってきたことを考えれば、死者数をかなりの精度で確定したことは、数の操作を防ぐ点からも意義があった。

一九九〇年代の紛争に対する評価は、継承諸国それぞれの立場を反映してさまざまなものとなり、いずれの民族も、自民族の被害を強調し、自民族による加害を矮小化する傾向がみられる。こうした歴史評価は、第二次世界大戦中の暴力の位置付けといった過去の事例の見直しとも通底している。クロアチアでは大戦中のクロアチア民族主義傀儡政権の担い手であるウスタシャが、セルビアでは民族主義運動のチェトニクが再評価され、同時に共産党が率いたパルチザンによる犯罪が公にされ、パルチザン運動の脱神話化が進行した。こうした歴史評価の見直しは歴史教育にも反映され、九〇年代の紛争の位置付けを含めた「歴史」もまた、継承諸国間の対立の争点と化した。その一方で、自民族中心的な歴史教育に批判的な歴史学者や歴史教育者のネットワークも構築され、そうした歴史教育を見直す試みも進行した。

ユーゴスラヴィアの継承諸国においては、この時期から、「ユーゴノスタルジア」と呼ばれる、社会主義期のユーゴスラヴィアに対する懐古の意識が、人々のあいだに観察されるようになった。かつての社会主義国においては、多かれ少なかれ、体制転換後に旧体制へのノスタルジーの広がりがみられるが、ユーゴスラヴィアは、体制に加えて共同の国家そのものも喪失しており、「ユーゴノスタルジア」には、単なる社会主義体制懐古にとどまらない、内戦により破壊された多民族国家における民族共存へのノスタルジーも含まれていた。「ユーゴノスタルジア」のあらわれは継承諸国によって差異があり、ボスニアでは民族を問わず広く共有される一方、クロアチアやコソヴォでは社会の表層にはなかなかあらわれないが、程度の差はあってもいずれの継承諸国においても存在している。「ユーゴノスタルジア」は基本的に文化的現象で、社会主義期の大衆文化などがその対象となっており、何らかの政治的なユーゴスラヴィアの再建につながるものではない。ただし、こうしたノスタルジーの広がりには、体制転換後の新自由主義の浸透とそれによる社会格差の拡大への批判が込められている点も無視できないだろう。

独立後のスロヴェニア

旧ユーゴスラヴィアの戦争にほとんど巻き込まれることなく、また均質な民族構成から国内に深刻な民族問題を抱えていなかったスロヴェニアは、独立以降、一九九〇年代を通して大統領を務めたクーチャンと、自由民主党のドルノウシェク首相のもとで穏健な体制転換を進めた。二人はいずれも、社会主義末期スロヴェニアの共産主義者同盟を率いた政治家であった。二〇〇二年には、クーチャンにかわりドルノウシェクが大統領に選出された。〇五年の議会選挙では、八八年の「ヤンシャ事件」で知られる元ジャーナリスト、ヤンシャが率いる中道右派のスロヴェニア民主党が政権の座に就き、その後〇八年の選挙では左派政権に交代した。小党が分立するスロヴェニアでは、連立政権が常態化しており、政党間の政治的相違も大きくなく、比較的安定した政権運営が可能であった。経済的にも、旧ユーゴスラヴィア圏を中心に、バルカン地域への進出がみられた。

スロヴェニアは、政治的安定と、もともとユーゴスラヴィア内で経済的に先進地域であったという地位を背景に、二〇〇四年にNATOとEUへの加盟を、旧ユーゴスラヴィア圏からは最初に実現した。〇七年には、通貨ユーロの導入とシェンゲン領域への加入を実現し、〇八年前半にはEU議長国も務めている。

紛争後のクロアチア

クロアチアとスロヴェニアの独立宣言は同じ一九九一年六月二十五日だったが、その後の過程は大きく異なったものとなった。クロアチアでは内戦が勃発し、九五年に戦争が終了したあとも、その影響に苦しむこととなる。セルビア人支配地域の武力による「解放」と、国連暫定統治を経ての東スラヴォニア統合ののち、最初の政治的変化は、独立を主導し民族主義的姿勢を強くもっていた初代大統領トゥジマンが九九年に死去するというかたちで訪れた。翌二〇〇〇年の議会選挙においては、右派のクロアチア民主同盟（HDZ）にかわり、旧共産主義者同盟の流れをくむ社会民主党（SDP）主導のラチャン連立政権が成立し、独立後初の政権交代が実現した。ラチャン政権は、国際協調を掲げて民主的な制度改革を進めることとなる。同年の大統領選挙でも、HDZと距離を置くメシッチが大統領に当選した。一方でトゥジマン体制の下、民族主義色の強かったHDZも穏健化を進め、〇三年にはサナデルのもとで政権に返り咲き、HDZとSDPの二大政党を軸とした政権交代がおこなわれるようになった。〇九年にはHDZのコソルが独立後初の女性首相に就任している。

こうした政治状況の穏健化をひとつの契機として、二大政党は双方ともEUとNATOへの加盟を強く志向するようになる。クロアチアは二〇〇三年二月にEU加盟を申請し、〇四年六月に加盟候補国となり、翌年から加盟交渉が始まった。クロアチアのEU加盟交渉における懸案は、隣国スロヴェニアとの未確定国境の問題と、ICTYへの完全な協力を求められた点にあった。スロヴェニアとの国境問題は、スロヴェニアによる加盟交渉の一時的阻止につながったが、最終的に、両国が仲裁裁判所を設けて解決することで妥協が成立した。ICTYへの協力問題では、逮捕を求められたゴトヴィナの問題が加盟交渉の開始を一時的に遅らせることにつながっている。ゴトヴィナは〇五年にスペインで拘束され、ICTYで裁判が始まった。これに対し、クロアチアではゴトヴィナを戦時の「英雄」とみなす多くの人々の反発がみられた。クロアチア社会がいまだにナショナリズムに囚われていることが明らかになり、EUの求める市民社会をどう建設してゆくかがあらためて問われることになったのである。クロアチア紛争により多数のセルビア人住民が難民化したことにより、クロアチアにおけるセルビア人の民族比率は、九一年調査の一二・二%から〇一年調査の四・五%に激減している。この比率はその後も漸減していることから、難民の帰還がほとんど進んでいないことがわかる。また、民族マイノリティに加え、ゲイパレードの襲撃など性的マイノリティに対する暴力も問題となった。

ボスニアの復興と根深い分断

一九九〇年代の紛争で最大の犠牲を払ったボスニアでは、デイトン合意に基づく国づくりと国際的な支援による戦災からの復興が進められた。ボスニアの国家レヴェル、二つのエンティティである「ボスニア゠ヘルツェゴヴィナ連邦」と「セルビア人共和国(スルプスカ共和国)」、連邦を構成する一〇の県(カントン)のそれぞれのレヴェルで行政機構が整備され、また、国際社会の代表たるボスニア和平履行会議の上級代表に法案制定権や公職罷免権を含む強大な権限が付与された。九八年二月には、上級代表によりボスニアの新国旗が制定され、同年六月には、新たに創設された中央銀行により、それまで民族ごとにバラバラだった通貨にかわって新たに「兌換マルク」が導入され、通貨が統一された。その他、自動車のナンバープレートも地名を含まないかたちで統一され、人々の移動も容易となった。和平を担保するため、デイトン合意により九五年からボスニアにはNATO軍が主体となる和平履行部隊（IFOR）が駐留し、翌年には安定化部隊（SFOR）に改組された。その後、徐々に駐留兵員数を削減しながら、二〇〇四年にはEUが指揮する欧州部隊（EUFOR）がその任務を引き継いだ。〇六年には、懸案だったボスニアにおける軍組織の統一がなされた。その後も国際部隊は兵員数を減らしているが、完全撤退にはいたっていない。また、和平合意にあたっての対立点のひとつであった北東部の都市ブルチュコの扱いをめぐっては、上級代表の仲裁により両エンティティにまたがるかたちでブルチュコ特別区が設置され、〇六年には特別区内の制度も統一された。

制度の整備は徐々に進行したが、政治的には民族間の分断は解消しなかった。選挙に際しては、戦時に力をもった三民族それぞれの民族主義政党（ボスニア・ムスリムの民主行動党、セルビア人のセルビア民主党、クロアチア人のクロアチア民主同盟）が依然として有力であり続けた。共産主義者同盟にルーツをもち、民族横断的な性質をもっていた社会民主党も、支持層の大半はボスニア・ムスリムとムスリム多数派地域に残った少数の非ムスリムに限られ、セルビア人多数派地域、クロアチア人多数派地域への広がりは欠いていた。セルビア人共和国では、一九九八年から二〇〇一年までドディク率いる独立社会民主主義者同盟が政権の座に就き、民族主義政策からの転換が期待されたが、その後〇六年に再び政権を獲得して以降は民族主義的傾向を強めた。このことは、エンティティが強い権限をもち、大統領評議会員と上院議員が三民族それぞれに選出されるボスニアの政治体制のもとでは、ナショナリズムに訴えることが政治的動員を容易にし、権力の獲得と維持に有効に機能するという負の側面の存在を示してもいる。人口四〇〇万に満たないボスニアには、国家レヴェル、エンティティレヴェル、ボスニア連邦の州レヴェルに、ブルチュコ特別区を合わせて、一四の政府が存在する。分権化が民族間の対立を緩和し得るという目的もあって制度化されたものだが、むしろ財政状況の悪化するなか、機能しない制度と行政の非効率を示すものともなった。

ボスニアでは、紛争時の「民族浄化」により、民族ごとの住み分けが進行し、紛争前の混住状況は大きく失われた。和平合意では、安全な難民の帰還の促進が取り決められ、家屋やインフラの再建も進んだが、自らが少数派となる地域への難民の帰還はあまり進まず、民族ごとの住み分けが固定化する傾向を示した。難民帰還に際しては、帰還先に別地域から難民としてやってきていた別の民族が暮らしていることも多く、民族間の衝突や憎悪犯罪も広くみられている。民族間衝突は、国外に移住した難民や移民が一時帰国する夏季や、戦争犠牲者に対する記念式典などの機会に現地以外から民族主義者が組織的にやってきた際に目立つものとなっており、曲がりなりにも共存を回復しようとする難民帰還地の住民と、外部の者との相違も目立っている。

ボスニアでは、教育はエンティティとボスニア連邦の州の管轄とされており、学校教育はそれぞれの多数派民族により主導された。ボスニア連邦のなかのボスニア・ムスリムとクロアチア人が共存する州においても、教育は民族ごとに組織され、戦前には同一であった学校教育が、民族ごとに分断される状況が制度化された。なかには、同じ学校の建物を民族ごとに分割して利用するケースもあり、「一つ屋根の下の二つの学校」として知られるものともなっている。教育の民族ごとの分断は、共通するボスニへの帰属意識を妨げるものでもあり、民族の共存するボスニア社会の再建の困難さを象徴する現象でもあった。

セルビアにおけるミロシェヴィチ体制の終焉

コソヴォ紛争後、一九九九年六月の国連安保理決議一二四四により、コソヴォはセルビアの行政から切り離され、国連の暫定行政下に置かれることとされ、それを担う国連コソヴォ暫定行政支援団（UNMIK）が組織された。コソヴォ紛争の実質的敗北は、ユーゴスラヴィア連邦共和国（セルビアとモンテネグロで構成）の大統領であったミロシェヴィチの権威を弱め、また権威主義的支配への批判も強まった。ミロシェヴィチは、求心力獲得を目論んで、二〇〇〇年の連邦共和国大統領選挙を直接選挙としたが、野党統一候補のコシュトゥニツァに支持が集まった。政権側は票数を操作して決選投票の実施を発表したが、十月五日の大規模な抗議行動の結果、ミロシェヴィチは敗北を認め、一三年にわたった支配が終わりを告げた。

コシュトゥニツァ大統領のもとでおこなわれた二〇〇〇年十二月の議会選挙は、野党連合の圧勝に終わり、民主党のジンジッチが首相の座に就いた。ジンジッチ政権は、国際社会への復帰と欧米接近を進め、〇一年にはICTYに訴追されていたミロシェヴィチを逮捕し、ハーグのICTYに移送している。ジンジッチは、〇三年三月にミロシェヴィチ政権下で特殊部隊に属していた狙撃犯により暗殺された。ジンジッチ以後も、時にミロシェヴィチ政権下の与党であったセルビア社会党を含みながら多党からなる連立政権が続き、政権は必ずしも安定しなかった。

二〇〇六年のモンテネグロ独立はセルビアとの合意に基づくもので大きな政治的影響はなかったが、〇八年のコソヴォの独立宣言は、セルビアの反対を押して強行されたものであり、宣言当日には抗議のデモが暴徒化し、西側諸国の大使館が襲撃されるなどした。コソヴォ問題は、八〇年代のセルビアにおけるナショナリズム高揚の原点となった問題でもあり、ナショナリズムと欧米への不信感の高まりをもたらした。それでも、〇六年から大統領を務める民主党のタディチは、西側諸国のコソヴォ独立承認には抗議しながら、EU加盟を目指す姿勢も鮮明にし、〇九年にはEUへの加盟を申請している。

コソヴォ——難航する民族共存の回復と独立への道

国連の暫定行政下に置かれたコソヴォには、NATO軍を主体とするコソヴォ部隊(KFOR)が駐留し、またUNMIKのもとで住民自治の導入が進められた。二〇〇一年には議会選挙が、〇二年には大統領選挙が実施されている。議会選挙では、九〇年代初頭にアルバニア人の不服従抵抗運動を率いたコソヴォ民主同盟(LDK)が、コソヴォ解放軍にルーツをもつコソヴォ未来同盟に勝利し、また大統領選挙では、LDK党首のルゴヴァが大統領に選ばれた。こうしてアルバニア人を主体とする暫定自治政府が機能を始めた。

紛争後のコソヴォにおける最大の課題は、難民帰還と民族間の関係改善にあったが、この点はボスニア以上に難航した。紛争は民族を問わず多数の難民を生み出していたが、紛争後には、とくにセルビア人やロマなどの非アルバニア人の帰還が困難となり、コソヴォのセルビア人人口は約三分の一に大きく減少した。さらに二〇〇四年春には、大規模な民族間暴動が発生し、少数派のセルビア人の家屋や文化財も攻撃にさらされた。その結果、セルビア人の多くは、小規模な南部の飛び地とイバル川以北の北部に集中し、民族間の住み分けと相互不信が今まで以上に進行することとなった。コソヴォ北部の主要都市ミトロヴィツァは、中心部を流れるイバル川を境に、南北に民族ごとに分断された。コソヴォ紛争の負の側面も明らかになった。紛争中にセルビア治安部隊により殺害されたアルバニア人の遺体の一部はセルビアにおいて秘密裏に埋葬されたとされ、多数の行方不明者の消息が明らかになっていない。また、アルバニア人武装勢力による、非アルバニア人に対する拉致と臓器売買の疑惑も持ち上がった。ユネスコ世界遺産ともなっているコソヴォに点在するセルビア正教会の中世以来の修道院群は、危機遺産リストに登録された。

国連安保理決議一二四四では、コソヴォを含むユーゴスラヴィア連邦共和国の領土一体性が明記される一方で、コソヴォの最終的地位に関しては棚上げされていた。二〇〇五年になり、元フィンランド大統領のアハティサーリが国連特使に任命され、コソヴォの地位に関する交渉が本格化した。アハティサーリは、〇七年に国際社会の監視のもとで実質的に独立を認めるとする提案(アハティサーリ提案)をおこなったが、セルビアは提案を拒否した。こうしたなか、〇八年二月十七日にコソヴォ議会は、アハティサーリ提案に依拠したコソヴォの独立を宣言した。コソヴォは、国旗に描かれた六つの星が示す、アルバニア人、セルビア人、トルコ人、ボシュニャク人、ロマ、ゴーラ人からなる多民族国家として位置付けられ、アルバニア語とセルビア語が国家レヴェルの公用語に定められている。

コソヴォ独立はアメリカと緊密に協議した上でのものであり、西側諸国を中心に一定の支持を得た。その一方、独立がセルビアの承認なしに強行されたという点では異例のものであった。コソヴォを国家として承認する国は、その後一〇〇カ国以上まで増えたが、国連安保理常任理事国のロシアと中国は、独立を認めないとするセルビアの立場を支持しており、国連加盟の目処も立たぬままである。さらに、EU内でも、同様の少数派問題を抱える、スペイン、ルーマニアなど五カ国は承認を見送った。一方的な独立宣言と国家承認が、国家承認をめぐる国際秩序を溶解させた点も指摘できるだろう。実際に同じ〇八年夏のグルジア(ジョージア)における軍事衝突のあとには、ロシアがグルジア内の未承認国家だったアブハジアと南オセチアの独立を承認しており、さらに一四年のクリミア併合と二二年のウクライナ東部の独立承認・併合へと続いた。

モンテネグロの独立

一方、二〇〇六年のモンテネグロ独立に際しては、その地位をめぐる問題は生じなかった。モンテネグロは人口六〇万程度の小国であるが、自治州であったコソヴォと異なり旧ユーゴスラヴィアでは構成共和国の地位にあり、分離権が含意されていたためである。モンテネグロ人は、社会主義体制下で民族としての地位を承認されていたが、宗教や言語を同じくするセルビア人と必ずしも排他的に分化していたわけではなく、九〇年代初頭のユーゴスラヴィア解体局面にあっても、旧共産主義者同盟が党名を変えた社会主義者民主党（DPS）のもと、セルビアとの連邦国家（ユーゴスラヴィア連邦共和国）を継続していた。

一九九七年の大統領選挙では、セルビアのミロシェヴィチ政権との関係をめぐってDPSが分裂し、ミロシェヴィチと距離を置こうとする首相ジュカノヴィチが、現職大統領であった親ミロシェヴィチのブラトヴィチを僅差で破った。これ以降、ジュカノヴィチ政権は、国際的に孤立していたセルビアから離れ、EUとの関係強化を目論むなど独自の政策を展開するようになる。企業民営化などの経済改革を進めたほか、二〇〇〇年にはそれまでのディナールにかえてドイツ・マルクを法定通貨としている。〇三年には、モンテネグロの主張を受け入れるかたちで、セルビアとの連邦国家が、セルビア・モンテネグロという名の国家連合に改組された。

その後もジュカノヴィチ政権は完全独立を志向し、二〇〇六年には独立を問う国民投票がおこなわれた。この国民投票は、過半数ではなく五五％の賛成で独立を認めるという特異なものであったが、国論が二分するなか、独立賛成派と反対派のいずれにも勝利の可能性のある数字として設定されたもので、ボイコットを避け、結果に正統性をもたせる策としてＥＵが求めたものであった。国民投票では、アルバニア人やボシュニャク人などの少数派の支持もあり、五五・五％の僅差で独立賛成票が上まわって、モンテネグロは〇六年六月三日に独立した。同時に国家連合も解体し、セルビアも独立国となった。国家連合セルビア・モンテネグロの国際的地位は、セルビアが継承することとされた。

ＥＵを志向するマケドニア

第九章で述べられているように、二〇〇一年のアルバニア人武装勢力と政府軍の武力衝突は、同年八月のオフリド合意により終結した。この合意は、アルバニア人の民族的権利の拡大を取り決めたもので、その後、徐々にではあるがアルバニア人の権利拡大が実施されてゆくこととなる。アルバニア人の権利拡大は、教育と言語使用に関するものが顕著であり、教育に関しては、すでに一九九四年に設立されていたアルバニア語で教育をおこなうテトヴォ大学が、二〇〇四年に国立大学として認められた。言語使用に関しては、アルバニア語話者が二〇％以上を占める自治体において、マケドニア語と並んでアルバニア語が公用語とされた。さらに一八年の言語使用法では、アルバニア語使用が全国に拡大され、実質的に第二公用語の地位を得るにいたっている。

武力衝突終結後のマケドニアは、EUとNATOへの加盟を志向し、二〇〇四年にはEUへの加盟申請を提出し、〇五年にはEU加盟候補国の地位を得た。〇六年には、それまでのマケドニア社会民主同盟政権にかわり、右派の内部マケドニア革命機構マケドニア国家統一民主党を中心とするグルエフスキ政権が成立したが、同政権もEUとNATOへの加盟を志向した。連立政権に参加するアルバニア人政党の民主統合連合もこの点においては二大政党と一致していた。しかし、〇八年四月のNATO首脳会議では、ギリシアの反対によりマケドニアのNATO加盟が認められなかった結果、ギリシアへの反発が強まり、同年十一月には、一九九五年の暫定合意への違反だとして国際司法裁判所にギリシアを提訴するにいたった。同裁判所は一一年にマケドニアの主張を認める裁決を下し、その後は国連特使ニメッツによる仲介が強化されたが、依然として両国の主張の隔たりは大きいままであった。

アルバニア——危機からの回復

アルバニアでは、一九九〇年代後半に国を大混乱に陥れた「ねずみ講」危機のあと、社会主義期の支配政党であったアルバニア労働党にルーツをもつアルバニア社会党のナノが九七年議会選挙の勝利を受けて政権の座に就き、混乱からの回復にあたった。社会党は二〇〇一年の選挙にも勝利したが、〇五年の選挙ではアルバニア民主党に敗北し、かつて大統領を務めた民主党のベリシャが首相となった。アルバニアの二大政党である社会党と民主党は、社会党が南部に、民主党が北部に地盤をもち、地域間対立の要素もあって両者の対立は非常に激しいものであった。〇九年選挙でも民主党政権は継続したが、選挙結果を不服とした社会党は、議会ボイコットやハンガーストライキをおこなった。この時期のアルバニアは、政治的には不安定でありながら一定の経済成長を達成し、またEU加盟を目標とした。〇六年には、加盟の前段階である安定化・連合協定をEUと締結し、〇九年には加盟申請を提出した。また、〇九年にはNATOに加盟している。

グローバルな課題への対処と新たな未来の模索

一定の経済成長を重ねながら、紛争を過去のものとしつつあったこの地域の国々にとって、大きな転機となったのは、二〇〇七年からの世界経済危機（いわゆるリーマン・ショック）の波及であった。バルカン諸国の多くも景気後退に苦しみ、またこの危機はヨーロッパ債務危機にもつながった。二〇一〇年代以降のバルカン諸国は、一五年からの難民危機、二〇年からのコロナウィルス・パンデミック、二二年のウクライナ戦争開戦によるエネルギー価格高騰といった、この地域に内在したのではない、グローバルな現象に翻弄されることとなる。

まず課題となったのは、経済危機・債務危機からの回復であった。しかし、危機は人々の政権への信頼を揺るがせ、既成の政治勢力への不満がさまざまなかたちで噴出するようになる。「アラブの春」などにも刺激を受け、街頭での大規模な抗議行動がみられる一方、選挙に際しては、独立以来政権を担ってきた政党への支持が縮小し、かわって、実業家や自治体首長などが率いる新政党に支持が集まった。その後ヨーロッパの景気回復が進むと、この地域の国々は、医師などの専門職人材を含め、西欧への人材流出に苦しむようになる。一義的には西欧諸国の人手不足と、西欧とバルカン諸国のあいだの所得格差によるものだが、自国において将来への展望が描けないこともその要因であった。

西バルカン諸国のEU加盟への動きは、こうしたなかで進展したが、その速度は当初の想定に比べればだいぶ遅いものであり、二〇一〇年代にEUへの加盟を果たしたのはクロアチア一国にとどまっている。各国政府のEU統合への意志は揺るがないようにみえるが、人々のあいだにはEUへの懐疑も拡大した。もはやEU加盟は、薔薇色の将来を約束するものとは考えられなくなったのである。そうしたなかで、地域協力の試みも新たな段階を迎えることとなる。既にEUに加盟していたスロヴェニア、加盟直後のクロアチアが主導して、西バルカン諸国へのEU拡大に向けた安定化のため、一三年七月にブルド＝ブリユニ・プロセスが発足し、年一回の首脳会議を持ち回りで開催している。ブルド＝ブリユニ・プロセスは、旧ユーゴスラヴィアの全七カ国とアルバニアからなるが、ユーゴスラヴィアにおける共通の歴史的経験により結びついているのではなく、EU加盟促進を共通の利益として結びついているに過ぎず、長期的な協力関係につながるものではないだろう。この他二〇年代には、西バルカン諸国により、人とモノの移動を自由化したEUのシェンゲン圏の縮小版をつくろうとの試みが開始され、二一年に「オープン・バルカン」が発足したが、参加はセルビア、アルバニア、北マケドニアにとどまり、広がりを欠いた。

二〇一〇年代に入ると、ユーゴスラヴィア継承諸国間の関係も改善し、九〇年代の紛争を含めた「歴史」に向き合った和解の試みが見られるようになる。一〇年にセルビア大統領のタディチとクロアチア大統領のヨシポヴィチが、クロアチア紛争時のクロアチア人犠牲者と、セルビア人犠牲者の双方に遺憾の意を表したのがその典型であろう。ただこうした関係改善は、政権の担い手の意志にかなり依存する点も確かであり、民族主義者を支持基盤とする勢力が政権の座に就くと、むしろ「歴史」の理解における対立が顕在化する傾向にある。加えて、クロアチア・セルビア間にはドナウ川の国境問題もあり、関係改善が単線的に進む見通しはない。

一方で、旧ユーゴスラヴィア諸国に暮らす人々のあいだでは、「ユーゴノスタルジア」が観察され続け、また、とりわけ大衆文化の分野においては、緊密な協力関係がみられるようになった。娯楽映画やテレビドラマが共同制作され、ミュージシャンは国境をまたいでコンサート活動に勤しんでいる。ヨーロッパの大衆音楽の一大イベントのひとつであるユーロヴィジョン・ソングコンテストに際しては、国家間の関係が必ずしも良くなくとも、バルカン諸国は、自国以外の参加者に投票する際に、バルカン諸国のあいだで相互に投票をする傾向がみられる。こうした文化共有の広がりを、セルビア、クロアチア、ボスニア、モンテネグロが実質的に同一言語圏にあることも後押ししていた。二〇一七年には各国の言語学者、作家、ジャーナリストなどにより「共通言語の宣言」が発表され、ボスニア・ムスリム、セルビア人、クロアチア人、モンテネグロ人が言語を共有することが確認されるとともに、言語不寛容や民族ごとの教育の分離が批判された。実際の各国の言語政策に影響を及ぼすものではなかったが、ナショナリズムに基づく言語理解から距離を置いた理性的な理解の広がりを示すものではあった。

二〇一五年のヨーロッパ難民危機に際しては、バルカン諸国が中東・アフリカからの難民・移民の移動経路となった。多くの難民が公園などで野宿する様子は、九〇年代のユーゴスラヴィア紛争時の難民の姿を想起させるものでもあり、当初市民は難民に差し入れをするなど好意的に受け取った。EUが難民受け入れを制限する方向に舵を切ると、スロヴェニアやマケドニアでは、ハンガリーにならって国境への柵の設置などもおこなわれ、物理的に難民の流入を阻止しようと試みられた。クロアチアでも難民の追い返しがおこなわれ、結果、国境管理のゆるいボスニアなどに難民が大量に滞留する事態となった。とくにボスニアでは、各レヴェルの政府間の対立もあり、難民収容施設の設置も進まず、難民が非人道的状況に置かれることとなった。

この時期には、各国それぞれにグローバルな危機に対処しながら発展の未来を模索したが、そうしたなかで発展から取り残されつつあるのが、国内の対立が逆に激しくなる傾向のあるボスニアとコソヴォである。いずれにおいても、政治指導者が大局的見地から和解を志向するのではなく、ナショナリズムに訴える自らの強硬な態度を支持獲得の手段としていることが、問題の解決を遠のかせている。

経済危機とスロヴェニア

経済発展と政治的安定を実現し、旧ユーゴスラヴィア諸国の優等生といわれていたスロヴェニアであったが、人口約二〇〇万の小国は経済規模も大きくなく、EUへの依存度が高かった。このことが、スロヴェニアを世界経済危機とヨーロッパ債務危機に直接さらすことにつながった。

二〇一一年十二月の総選挙では、パホル首相率いる社会民主党中心の連立与党が大きく議席を減らし、実業家出身のリュブリャナ市長ヤンコヴィチの新党「肯定的スロヴェニア」が第一党となった。結局、第二党のスロヴェニア民主党を中心とした右派連立のヤンシャ政権(第二次)が成立したが、与野党間で債務危機の責任の擦り合いが展開され、また首相のヤンシャを含む有力政治家の汚職疑惑が明らかとなったことから、一二年末から一三年初頭にかけ、独立前夜以来ともされる大規模な市民の街頭での抗議運動が展開した。ヤンシャ政権は議会の不信任を受けて崩壊し、かわって独立後初の女性首相ブラトゥシェク率いる左派連立政権が成立した。

経済状況が回復した後も既成政党への不信は続き、その後の議会選挙においても、二〇一四年には法学者で政治経験のないツェラルが選挙直前に創設した「ミロ・ツェラル党」が第一党となり、ツェラルが首相に就任した。一八年には地方都市の市長出身のシャレツの政党が第二党となっている。一八年議会選挙で第一党となったのは、ヤンシャのスロヴェニア民主党で、二〇年にはヤンシャが三度目の首相に就任した。ポピュリスト色を強めたヤンシャ政権下では、メディア統制などへの批判も高まった。二〇二二年議会選挙では、新党の自由運動が勝利した。

EU加盟後のクロアチア

二〇〇九年にNATOに加盟していたクロアチアは、一三年にEUに加盟したが、加盟に先立っておこなわれた加盟の是非を問う国民投票の投票率は四四％にすぎず、賛成票はそのうちの六六％にとどまった。EU加盟が熱狂のなかで歓迎されたものだったわけではないことがわかる。クロアチアでは、クロアチア民主同盟（HDZ）を中心とする中道右派連立政権と社会民主党（SDP）中心の中道左派連立政権の間で政権交代がおこなわれてきた。既成の政治勢力への批判はクロアチアでもみられ、一五年議会選挙では、二大政党のいずれもが過半数にとどかないなか、地方首長らによる新党「モスト」（正式名称は「独立リストの架け橋」、「モスト」は「橋」の意）が第三党となった。HDZと「モスト」の連立政権が形成され、カナダ移民の実業家で政党に属さないオレシュコヴィチが首相となった。

EU加盟国となり西バルカンから脱却したクロアチアだが、自国の利益にもかなう西バルカン地域の政治的安定を引き続き志向し続けた。その一方で、ボスニアやセルビアに暮らすクロアチア人を重視し、その主張を支持する傾向もみられた。また、国内のナショナリズムをめぐる問題も、さまざまな契機に噴出する問題となっている。ひとつの象徴となったのが、ヴコヴァルにおける二言語標識をめぐる問題だった。クロアチアの少数民族言語法によれば、少数民族の人口が自治体人口の三分の一をこえた際には、クロアチア語に加えてその少数民族の言語・文字でも公的機関の標識が設置されることが定められている。二〇一一年の国勢調査で、東部の都市ヴコヴァルのセルビア人人口が三分の一を上回り、この措置の対象となることとなった。ヴコヴァルは、クロアチア紛争の激戦地であり、クロアチアのナショナリストにとっては、「セルビア人の侵略の象徴」と位置付けられる都市である。この都市にキリル文字のセルビア語の標識が設置されることへの反発が広がり、大規模な抗議活動と二言語標識の破壊などがなされた。また、第二次大戦時のウスタシャの挨拶「祖国のため備えあり」をあしらった九〇年代の紛争時のクロアチア人民兵組織「クロアチア防衛部隊」(HOS)の記念プレートのヤセノヴァツからの除去をめぐっても大きな議論が巻き起こった。このウスタシャの挨拶は、サッカーのスタジアムなどにも頻繁にあらわれるものである。ナショナリズムが社会のなかで依然強い力をもち、市民的価値に優先される傾向がみられ続けていることを示している。

二〇二〇年からのコロナウィルス・パンデミックは、観光業を主要産業とするクロアチアには大きな痛手となった。二三年一月には通貨ユーロが導入されるとともに、シェンゲン圏に加入し、ウクライナ戦争による物価やエネルギー価格高騰の影響を受ける観光業にもプラスの効果がおよぶことが期待されている。

東西の狭間で苦悩するセルビア

コソヴォ独立後のセルビアでは、親欧米政策にもかかわらず独立を阻止できなかった民主党が主導する政権への批判が高まり、極右のセルビア急進党から穏健派が分裂したセルビア進歩党(SNS)への支持が拡大した。二〇一二年には大統領選挙と議会選挙が同時におこなわれた。大統領選挙ではSNSのニコリッチが現職のタディチを破った。議会選挙ではSNSが第一党となり、第三党のセルビア社会党(SPS)との連立政権が発足した。首相にはSPSのダチッチが就いたが、実権はSNSの副首相ヴチッチが握った。一四年の議会選挙はSNSが圧勝し、ヴチッチが首相に就任した。一七年にはヴチッチは大統領に当選し、首相には独立後初の女性首相となるブルナビッチが就いた。進歩党政権は、前政権の親欧米政策は維持しながら、コソヴォ問題でセルビアの主張を支持するロシアと、経済進出の著しい中国への接近も進め、東西のあいだでバランスを保持することを志向した。この背景には、国民のあいだに広がった親ロシア感情を政権への支持に繋げる意図もあった。コソヴォ独立をめぐって強まった国民の反欧米感情は親ロシア感情に転化しており、ロシア大統領プーチンは一九年のセルビア訪問時に大歓迎を受けた。セルビアは二二年のウクライナ戦争の開始後も、ウクライナの領土一体性を支持しながらも、EUの対ロシア制裁には同調していない。EUとの関係ではICTYへの協力とコソヴォとの対話の進展が評価され、一二年に加盟候補国となり、一四年には加盟交渉が開始された。一方で、NATO加盟は求めず軍事的には中立を維持することを改めて示している。

ヴチッチ率いる進歩党政権は、野党勢力が親欧米派と民族主義派に分断される状況、また野党の議会ボイコット戦術の失敗などもあり、その後の選挙でも勝利し続けている。また、巧妙にメディアをコントロールしている点も指摘される。権威主義色を強めているヴチッチ政権に対しては、しばしば抗議デモが組織されているが政権を揺るがすものとはなっていない。

分断の深まるモンテネグロ

独立後のモンテネグロにおいては、独立を主導したジュカノヴィチ率いる社会主義者民主党（DPS）政権が継続した。ジュカノヴィチは首相辞任と復帰を繰り返し、二〇一八年の大統領選挙では大統領となっているが、独立以前からほぼ一貫して権力の座にあり続けていた。DPS政権は、セルビア人とは明白に異なるモンテネグロ人アイデンティティの確立を目指し、モンテネグロ化政策をおこなった。〇七年の新憲法は、国名を「モンテネグロ共和国」から「モンテネグロ」に変更し、また第一公用語として、それまで用いられてきたセルビア語にかえてモンテネグロ語という名称を導入した。モンテネグロ語に関しては、セルビア語にない独自の文字の利用を可能にする新たな正書法を〇九年に制定した。さらに、モンテネグロ正教会の活動を容認してセルビア正教会の特権の廃止を試み、コソヴォの独立を承認した。こうした政策は、セルビア正教会やセルビアとの対立を生じさせたのみならず、国内におけるセルビア人と自己認識する者とモンテネグロ人と自己認識する者の分化をうながし、両者の対立を激化させた。一一年の国勢調査によれば、人口の四五％がモンテネグロ人と、三割弱がセルビア人と申告している。

ＤＰＳ政権は安定した経済成長を達成し、またEU加盟プロセスを一定程度進展させたことで政権を維持し続けた。二〇一〇年にEU加盟候補国となり、一二年からは加盟交渉が開始されている。一七年には国論が分かれるなか、ＮＡＴＯにも加盟している。一方で、ＥＵ加盟交渉では「法の支配」の不十分さを指摘され、またＤＰＳ長期政権のもとで政治腐敗が蔓延しており、政権への不満も徐々に蓄積されていった。二〇年の議会選挙では、ＤＰＳが第一党を維持したものの過半数を割り込み、親セルビア派野党と、親欧米派野党からなるクリヴォカピッチ政権が成立し、九〇年に自由選挙が実施されるようになってから初めて政権交代が実現した。ただし親セルビア派と親欧米派は、ＤＰＳに対抗する点では利害が一致するが、政策的な隔たりは大きく、政権運営は困難なものとなった。二三年春の大統領選挙では、親ヨーロッパを掲げる新党「今こそヨーロッパ」運動（ＰＥＳ）のミラトヴィチが決選投票で現職のジュカノヴィチに勝利した。ＰＥＳは同年六月の議会選挙でも第一党となった。

混迷するボスニア政治

ボスニアでは、三民族それぞれの民族主義政党が力をもつ状況が続き、また、デイトン体制が内包する諸問題が露呈し始めた。デイトン合意により定められたボスニア憲法の規定によれば、大統領評議会員と上院議員の被選挙権は主要三民族に限定される。この点を少数民族に対する権利侵害であると、ユダヤ人のセイディチとロマのフィンツィが欧州人権裁判所に訴えたことで始まった裁判（セイディチ・フィンツィ裁判）の判決（二〇〇九年）は両人に対する権利侵害を認め、ボスニアは国際的義務として制度改革を迫られることとなった。また、二〇〇六年と一〇年の総選挙においては、クロアチア人枠の大統領評議会員に社会民主党のコムシッチが当選したが、ボスニア・ムスリムの有権者の票を得てのものであり、クロアチア人のあいだにも選挙制度改革の要求が高まり、一部ではクロアチア人が多数派となるエンティティの創設が要求された。ボスニアの主要政党のあいだで制度改革への議論が始まったが、政党間の思惑の違いもあり最終的な合意にはいたらず、不平等な制度がその後も放置され続けた。そうしたなか、ボスニアは一六年にEU加盟申請をおこない、二二年になって加盟候補国となった。

各民族の民族主義政党による長期支配は政治的腐敗の温床ともなり、人々の批判も高まった。また、多くの住民の生活水準が貧困レヴェルに落ち込むなか、「アラブの春」に端を発する世界的な抗議運動の影響も受け、二〇一四年初頭にまずトゥズラで大規模な抗議運動が展開した。運動は、サラエヴォ、ゼニツァなどの都市に拡大し、「ボスニアの春」とも呼ばれたが、主としてボスニア・ムスリム多数派地域のものにとどまり、ほかへの波及は限定的であった。一八年には、殺人事件の犠牲になったことが疑われるバニャルカのセルビア人の若者の死を事故によるものとして処理しようとする警察への抗議が広がり、体制への批判の要素も含んで「ダヴィドに正義を」という広範な運動に発展した。この運動は、同様に事故死として処理されていたボスニア・ムスリムの青年の死の真相解明を求める「ジェナンに正義を」という運動とも連動して広まったが、背景には人々の根強い既成政治への不信感が垣間見える。

政治不信が広がるなか、長期にわたってセルビア人共和国の政権を維持する独立社会民主主義者同盟（SNSD）とその指導者ドディクは、ますます、民族主義的な言説によって自らへの支持のつなぎ止めをはかるようになった。国家としてのボスニアよりセルビア人共和国の利益を優先する姿勢を鮮明にし、セルビア人共和国のボスニアからの分離独立の可能性にも言及するようになった。ボスニアでは依然上級代表に大きな権限が付与されているが、オーストリア出身のインツコ上級代表は、二〇二一年の退任間際に、ジェノサイドの否定に刑事罰を科す刑法改正をおこなった。この唐突な措置は、ボスニア・ムスリムには歓迎された一方でセルビア人の強い反発を生んだ。SNSD政権は、憲法裁判所や上級代表といった機関の決定を尊重しない姿勢を強めている。

コソヴォにおける危機の深まり

コソヴォ独立のあと、反発したセルビアの提出した、コソヴォ独立の合法性に関する勧告的意見を国際司法裁判所に求める提案が二〇〇八年十月に国連総会で採択された。同裁判所は、一〇年七月に勧告的意見を公表したが、それは、「コソヴォの独立宣言は国際法には違反しない」という、セルビアの意図とは逆のものだった。これを受け、九月の国連総会でEUの仲介するコソヴォ・セルビア間の対話をうながす決議が採択され、十二月には、UNMIKにかわり「EU法の支配ミッション」(EULEX)が、司法、警察などを引き継いだ。一一年から、ブリュッセルを舞台に、EUが仲介しながらコソヴォとセルビアの対話が継続しておこなわれ、首相間の協議を経て、一三年四月にブリュッセル合意が成立した。一五項目からなるこの合意は、コソヴォの国家承認問題は棚上げした上で両者の関係正常化を目指すもので、「セルビア人自治体共同体」の創設、北部のセルビア人多数地域を含めた司法、警察の統一、統一的な地方選挙の実施などが取り決められている。この合意を受け、関係正常化への楽観的な見通しが語られたが、一五年にコソヴォのユネスコ加盟申請がセルビアの強い反対を受けて否決されたあと、コソヴォとセルビアの関係は悪化した。コソヴォは各国に国家承認を働きかけ、セルビアは承認撤回を働きかけ、外交戦争の様子を呈した。ブリュッセル合意の中心であった「セルビア人自治体共同体」の創設も進んでいない。

紛争の過去は、コソヴォでもまた重荷となり続けている。ICTYではコソヴォ紛争時の戦争犯罪も対象となったほか、EUの圧力のもと、二〇一六年には、紛争時のコソヴォ解放軍の犯罪を裁くコソヴォ特別法廷がハーグに設置された。一九年には首相ハラディナイ(元コソヴォ解放軍司令官)が臓器売買に関して特別法廷からの召喚を受けたことで辞任し、二〇年にも大統領のサチ(元コソヴォ解放軍政治代表）が特別法廷に起訴されたことで辞任した。紛争の過去を引きずる政治家にかわって支持を集めたのが、クルティの率いる政党である「自己決定」であった。「自己決定」は、既成政党を批判するとともに、セルビアとの交渉そのものも批判することで、現状に不満をもつ若年層を中心に支持を拡大し、一七年議会選挙では第二党に躍進し、一九年には第一党となった。二〇年に発足した第一次クルティ政権は連立政権内の対立から短期間で崩壊したが、「自己決定」は二一年議会選挙で大勝し、政権基盤を強化したクルティが再び首相の座に就いた。二二年十二月には、EUへの加盟申請をおこなっている。

セルビアとの交渉が停滞するなか、二〇二〇年九月にはアメリカのトランプ政権の仲介でコソヴォとセルビアの経済関係正常化が合意されたが、既存の決定の確認にすぎず、停滞の打破にはつながらなかった。クルティ政権は、コソヴォ北部のセルビア人に対して強硬な態度で臨み、セルビア人住民が用いているセルビアの自動車ナンバープレートをコソヴォのものに交換することを義務化すると発表したことから、セルビア人の反発と抗議活動が引き起こされた。二二年十一月には、セルビア人の議員、首長、公務員、警察官などが、一斉に抗議の辞任をおこなった。クルティ政権は、セルビア人がボイコットするなかでセルビア人が多数派の自治体の首長選挙を強行し、わずか数％の投票率でアルバニア人首長が当選した。アルバニア人首長が、警察の護衛のもとで自治体役所での執務をおこなおうとしたことから、二三年六月には、コソヴォ北部でセルビア人住民と警察のあいだで衝突が発生した。こうした事態に、ＥＵに加えてアメリカも、事態の沈静化をコソヴォ政府に要求し両者の仲介に乗り出した。曲がりなりにも維持されてきたセルビア人のコソヴォ機関への参加が絶たれたことは、多民族社会の再建という課題をもつコソヴォにとっては大きなマイナスであり、両民族間の最低限の信頼醸成すらも容易ではないことが明らかになった。

マケドニアから北マケドニアへ

内部マケドニア革命機構マケドニア国家統一民主党（ＶＭＲＯ・ＤＰＭＮＥ）のグルエフスキ政権のもとでは、マケドニア人の民族的ルーツを古代マケドニアに求めようとする「古代起源説」が強く主張された。空港や競技場などの施設に、アレクサンドロス大王やフィリッポス二世などの古代マケドニアの君主の名が付けられ、「スコピエ二〇一四」と名付けられた都市計画のもと、首都スコピエに古代風デザインの建築や記念碑が多数建設された。二〇一一年には、中心広場にアレクサンドロス大王を模した巨大な騎馬像が建設されている。こうした政策は、旧共産主義者同盟の流れをくみ、第二次大戦期のマケドニア民族性の確立を称揚するマケドニア社会民主同盟（ＳＤＳＭ）へのイデオロギー的対抗の手段という意味合いもあった。しかし同時に、「歴史の簒奪《さんだつ》」でありギリシア領マケドニアへの領土的野心のあらわれであるとするギリシアの強い反発を呼ぶことにつながった。

世界経済危機のなかでも比較的安定していたグルエフスキ政権であったが、二〇一五年、政権による大規模な盗聴疑惑が持ち上がり、街頭での抗議活動が展開された。最終的には、翌年一月にグルエフスキ首相が辞任し、一六年十二月に議会選挙がおこなわれた。選挙では、第一党となったVMRO・DPMNEと第二党のSDSMが拮抗したが、翌年五月にSDSMがアルバニア人政党と連立したザエフ政権が成立した。その後、前首相グルエフスキは汚職を理由に刑事訴追され、一八年にはハンガリーに実質的に亡命した。

ザエフ政権下で、第九章で述べられているようにギリシアとの国名問題をめぐる交渉が進み、国名が「北マケドニア共和国」に変更された。一方で、マケドニア人やマケドニア語という表現はそのまま用いることが認められた。ギリシアの反対が解けたことで二〇二〇年三月にはNATOに正式に加盟した。EUに関しては、同年同月に加盟交渉開始が承認されたあと、歴史認識をめぐる対立によりブルガリアが実際の加盟交渉開始を一時的に阻止したが、二二年七月になって加盟交渉が開始された。

経済成長するアルバニア

二大政党間の対立が激しかったアルバニアでは、二〇〇九年選挙のあと、アルバニア民主党のベリシャ政権が発足した。敗北したアルバニア社会党は選挙不正を訴え、街頭での抗議活動を継続した。これに政府の汚職疑惑が重なるなか、一一年初頭の大規模な抗議デモは、四人の死者を出すにいたった。その後一二年に議会ボイコットを続けていた社会党が議会に復帰した。社会党は一三年議会選挙で勝利を収め、党首のラマが首相に就任した。もともと発展の度合いの低かったアルバニアは、世界経済危機の影響はさほど受けず、経済成長が続いた。好調な経済を背景に、社会党は一七年、二一年の議会選挙でも勝利を収めた。ラマ政権のもと、アルバニアは一四年にEU加盟補候補国となり、二一年に加盟交渉が開始された。

2　ルーマニアとモルドヴァ

EU加盟にいたるまでのルーマニア

ポスト社会主義期に入って間もなく、ルーマニアも他の中・東欧諸国と同様にEU加盟を目指すこととなった。体制転換以降の旧共産系のイオン・イリエスク大統領(一九九〇〜九六年)の在任中にあたる一九九三年二月にルーマニアとEUは連合協定を締結し、これは九五年二月に発効した。これを受けて、同年六月二十二日にルーマニアはEU加盟申請をおこなった。

ブカレスト大学学長を務めていた、次のエミル・コンスタンティネスク大統領と中道右派の民主協定の連立政権の時代(一九九六〜二〇〇〇年)にルーマニア側の努力が評価され、ヘルシンキで欧州委員会は一九九九年十二月十三日、ルーマニアの加盟交渉開始を承認し、二〇〇〇年二月十五日に実際に加盟交渉が開始された。

一九八九年の体制転換直後の時期には物価が急激に上昇し、経済成長はマイナスになるなど、ルーマニアの経済は短期的には社会主義期よりもむしろ悪化した。コンスタンティネスクが大統領になってからも、当初は積極的な経済改革が推し進められるが、経済状況は改善されず、二〇〇〇年にはイリエスクが大統領に返り咲き、中道左派の社会民主党が再び政権を担うこととなった。

ただし、ムグル・イサレスク国立銀行総裁が一九九九年十二月からテクノクラートとして首相を務めた一年間におこなった経済改革が功を奏して、二〇〇〇年には経済成長率がようやくプラスに転じた。こうしてそれ以降は、比較的低い人件費とEU加盟への期待から外国直接投資も増加し、高い経済成長率が継続することとなった。そのようななか、国際情勢の変化により、〇四年三月二十九日にバルト三国、スロヴェニア、スロヴァキア、ブルガリアとともにルーマニアはNATOに加盟した。

このような外交上の成功にもかかわらず、汚職問題等により同年の秋から冬にかけて政権交代が起こり、ブカレスト市長であったトライアン・バセスクが大統領となり、国民自由党と民主党による中道右派の正義・真実同盟が政権を担うこととなった。二〇〇五年になると、物価上昇率も低下し、通貨のレイに関してはゼロを四つ取るというデノミネーションが実施され、経済は安定に向かった。

他の多くの中・東欧諸国と異なり、二〇〇四年にルーマニアがEU加盟を果たすことはできなかったが、それは行政・司法制度改革と汚職対策の遅れが理由として指摘されている。ただし、〇五年四月二十五日になるとルーマニアとブルガリアの加盟条約が締結され、〇七年の元旦、ついに両国のEU加盟が実現した。ルーマニアにおいては幸い内戦も起こらず、政権交代が起きても、いずれの与党もEU加盟を一貫して支持してきたことがプラスに動いたものといえる。

EU加盟以降のルーマニア

その後、大統領の任期は四年から五年へと延長され、バセスクは大統領を二期一〇年間、務めるにいたったが、二〇一二年になると野党の社会民主党から首相を任命せざるを得なくなり、政治的混乱がしばしば生じた。

バセスクの任期満了にともなう二〇一四年十一月の大統領選挙では、二〇〇〇年以降ずっとシビウ市長を務めていた、トランシルヴァニアのザクセン人のクラウス・ヨハニスが中道右派の国民自由党党首を経て立候補し、当選した。ルター派のドイツ系少数民族がルーマニア大統領になるという珍しい結果となったが、温和な人柄と勤勉さが評価され、ヨハニスは一九年にも大統領に再選され、現在にいたっている。

紆余曲折を経つつも、共和制国家の存続がもはや揺るぎないものであるかのようであるが、王政への郷愁が強く表にあらわれた一場面もみられている。それは二〇一七年十二月五日にルーマニアの元国王ミハイ一世が亡くなった時である。ミハイ一世は一九四七年にソ連の圧力により退位し、亡命生

ミハイ１世の死を悼む献花と横断幕　ブカレスト市内中心部の国立美術館（旧王宮）の入口付近には多くの花束が捧げられ，「ルーマニア王国万歳」と記された横断幕が掲げられた（2018年１月５日，中島撮影）。

活を余儀なくされた。二〇一七年十二月十六日にはブカレストで国民葬が催されたが、欧州各国の王族が参列し、国民の多くがその死を悼んだ。退位から七〇年が経過しても多くの国民に敬愛され続けてきたのは、共産主義政権の圧政の記憶からくる共感と王政時代への郷愁によるものであるといわれている。ただし、長女マルガレータには子どもがいないことから、今後は国民の王家への関心は薄れていくものと考えられる。

　経済に関していえば、ＥＵ加盟直後の時期まではまさにバブルの状況であった。リーマン・ショックの余波はルーマニアにもおよび、景気はふたたび後退するものの、間もなく回復した。ユーロスタットの統計によれば、二〇〇〇年から二二年までにルーマニアは六〇五パーセントもの経済成長を達成したが、これはヨーロッパで最大の経済成長率であったといわれている。これは社会主義期以来、教育水準が高いことと、最低賃金の積極的な引き上げなどの一連の経済改革が実を結んだことなどが要因と考えられる。二〇二三年九月における国民の平均月収は四五九三レイ(約一四万五〇〇〇円)に達している。

世界各国における人口一人あたりのGDP(国内総生産)に関するIMF(国際通貨基金)の統計によれば、二〇二一年におけるルーマニアの人口一人あたりの名目GDPは一万四八六四ドルであり、世界平均を一〇〇とした場合、一二一であり、世界で五八位となっている。現状ではクロアチアをわずかに下回る程度であるが、今後も順位が上がることが期待されている。

欧州委員会の予測によれば、二〇二四年においてはEUの経済成長率は約一・三パーセントであるのに対し、ルーマニアでは三・一パーセントの成長が見込まれている。国内消費も増大しており、EU加盟によりルーマニアの経済は大幅に改善されたものといえる。

ルーマニア国外への人々の移動の活発化

一九九〇年代初頭までは首都ブカレストの国際空港にはゲートが三つしかなかったが、拡張工事がおこなわれ、今や五〇ほどのゲートがある大きな空港に変化している。航空便の利用者が大幅に増えていることがここからもうかがえるが、二〇〇四年四月二十九日以降、ルーマニア国民がヴィザなしでEU諸国に渡航できるようになると、その流れはさらに加速化されることになる。

二〇二一年のルーマニアの国勢調査によれば、同年十二月一日時点で一時的に外国に居住しているルーマニア国民は四五万七五七〇人である。その内訳はといえば、イタリア一一万一八五〇人、ドイツ八万九三二八人、イギリス六万七六六二人、スペイン五五万七五一〇人、フランス二万八一六一人、オーストリア一万八七七四人、ベルギー一万八六七四人、ハンガリー一万一一三四人、オランダ九八七三人、アイルランド五八三六人、アメリカ四二一九人、デンマーク四〇六八人である。受入国においては別の統計数値があるが、それは以下の通りである。

ルーマニア国民の最大の移住先はイタリアであるが、イタリアではルーマニア人が最多の外国人となっている。公式の統計においては、一一三万七七二八人のルーマニア人が在留許可を得ているが、これはイタリアにおいて在留許可を得た外国人の二二・六七パーセントに相当する。二〇一九年に一万〇二〇一人のルーマニア人がイタリア国籍を取得しているが、一二年から一九年までの期間においては累計で六万六二五五人のルーマニア人がイタリア国籍を取得している。

スペイン政府のデータによれば、二〇二〇年末、同国には一〇七万九七二六人のルーマニア出身の居住者がおり、これはスペインに定住した外国人の一八・六一パーセントに相当する。また、二一年六月三十日までにイギリスに在留するルーマニア人は一〇六万七二〇〇人であり、同国ではポーランド人に次いで最多の外国人となっている。

ドイツ連邦統計局によれば、二〇二〇年初めまでに同国に居住していたルーマニア人は七九万九一八〇人であり、一八年より一〇万人増加している。ただし、ドイツで居住する外国人のなかでルーマニア人が占める割合はそれほど大きくはなく、六・九九パーセントにとどまっている。

ルーマニアはブルガリアとともに二〇〇七年にEU加盟を果たしたものの、シェンゲン協定への加盟はなかなか認められないままであった。これは不法移民流入対策上の懸念を理由に、オーストリアなどが長年、反対してきたからである。しかしながら、一二年ほどの長きにわたる交渉の末、ようやくEU理事会は二三年十二月三十日、空路と海路に関するルーマニアとブルガリアのシェンゲン協定参加を決定し、両国とシェンゲン協定参加国間の出入国管理を廃止すると発表した。実際に廃止されるのは、国際線フライトの夏ダイヤ開始時期とあわせるかたちで、二四年三月三十一日となった。これにより人々の移動がさらに活発になることが想定されている。

ただし、上述のようにルーマニア国内で経済成長が続いており、西欧との格差も縮小しているせいか、人口流出には歯止めがかかりつつあるとみられる。二〇二三年一月一日現在の国内の人口は一九〇五万一五六二であり、二二年一月一日よりもむしろ九一〇〇人増加したという結果となっている。

モルドヴァの政治情勢

モルドヴァ共和国においては独立後も前途多難であった。初代大統領のミルチャ・スネグル（一九九〇〜九六年）は再生・和解党の党首でもあったが、経済がソ連に過度に依存する小国を立て直すにはあまりにも困難な状況であった。二代目のペトル・ルチンスキー大統領（一九九七〜二〇〇一年）は経済改革を進め、ＣＩＳから距離を置き、ＥＵへの加盟に向かおうとしたが、国民は生活水準が低いままであり、不満を募らせていた。その結果、二〇〇一年より共産党が政権を担い、ヴラディミル・ヴォローニンが二期連続で政権を担うこととなった。この八年間にロシアとの関係は比較的良好であった。そのようななかでも多くの国民はルーマニアのパスポートを求めてルーマニア領事館に殺到し、ルーマニア政府はかつてルーマニア領であった地域にルーツをもつモルドヴァ国民にルーマニア国籍を大量に付与したため、ルーマニアとの関係は悪化した。

二〇〇九年の総選挙後には、共産党と欧州統合同盟という名のもとで結集した野党勢力とが拮抗し、なかなか大統領が選出されないという状況が続いたが、一二年にようやく無所属のニコラエ・ティモフティが四代目の大統領に選出された。依然としてほかの欧州諸国との経済格差は極めて大きいが、ルーマニアとの再統合を求める国民は少なく、一六年八月二十七日には独立二十五周年が盛大に祝われている。

二〇一六年になると社会党のイゴル・ドドンが大統領となり、再び親露的な政策がとられることとなる。一九年八月二十四日、ナチ・ドイツ解放七五周年を祝う盛大な式典が首都キシナウ中心部で献花、野外コンサートをともなって開催されたが、ロシアのショイグ国防相も参列していた。これは一

独立二十五周年記念の野外演奏会　キシナウ市内中心部の大国民議会広場で盛大に催された(2016年 8 月27日，中島撮影)。

九四四年八月二十四日、ドイツ軍とルーマニア軍に抗して、赤軍がヤシとキシナウを結ぶラインでの攻勢に成功したあとにキシナウに入った出来事を回顧するイベントであったが、反ルーマニア的プロパガンダの典型的な一例である(ただし、一九九一年までレーニンの銅像が設置されていた政府庁舎の前の場所には、二〇一〇年以降、ソ連の占領と共産主義の全体主義体制の犠牲者を追悼する記念碑が設置される予定と刻まれた石碑が今もなお設置されている)。しかしながら、一八年六月にはロシア語を国内共通語と規定した法律の失効が決定されるなど、この時期においてもロシア離れの側面がなかったわけではない。

ドドンにかわって国政を担うようになったのはマイア・サンドゥであった。二〇一二年七月に彼女はモルドヴァ共和国政府の教育大臣に就任し、一五年七月まで同職を務めた。一六年五月に彼女は行動・連帯党を設立し、党首となった。一九年六月にサンドゥはモルドヴァ共和国首相に任命され、同年十一月までその職を務めた。モルドヴァ社会に根付く汚職体質や長引く経済的困難など現状からの変革を訴えたサンドゥは大統領選挙の現職のドドン大統領との決選投票(二〇二〇年十一月十五日)で勝利し、二〇年十二月二十四日、モルドヴァ共和国の六代目の大統領に就任した。同国初の女性大統領であるが、新欧米路線をとり、国内の改革を推進し、今日にいたっている。

未解決のトランスニストリア問題

国全体がEU加盟に向けて動き、徐々に民主化が進むなかで、停滞したままであるのがトランスニストリア(沿ドニエストル地域)である。モルドヴァ国内の天気予報ではティラスポリも含めて扱われ、キシナウでの文化的な催し物にはトランスニストリアの若者も参加することが珍しくない。しかしながら、同地域に対してはモルドヴァ政府の実効支配がおよんでおらず、一九九四年以降、通貨は独自のトランスニストリア・ルーブルが使用され続けており、同地域をおとずれる際には「国境」でパスポートを提示しなければならない。

二〇一一年九月には、モルドヴァ、トランスニストリア、ロシア、ウクライナ、欧州安全保障協力機構(OSCE)に、オブザーバーのアメリカ、EUを加えた「五プラス二」者非公式協議がモスクワで開催され、公式交渉再開が決定し、同年十一月末に公式交渉が再開された。しかしながら、この未承認国家の問題の解決にはいたらず、未だにロシア軍は駐留したままである。

サンドゥ大統領は、沿ドニエストル紛争を解決せずに自国が欧州連合に加盟する可能性があることを認めている。そうでなければ、欧州統合プロセスに拒否権を発動する権利をモルドヴァがクレムリンに与えることになりかねないとも述べており、トランスニストリアがEU加盟に障害となることが懸念されている。

モルドヴァからの国外移住の動き

モルドヴァ共和国はかつて欧州最貧国ともいわれたこともあるほど、ヨーロッパのなかでは経済水準の低い国である。世界各国における人口一人あたりのGDP（国内総生産）に関するIMF（国際通貨基金）の統計によれば、二〇二二年におけるモルドヴァの人口一人あたりの名目GDPは四七九二ドルであり、世界平均を一〇〇とした場合、三九でしかなく、世界で一〇七位である。ウクライナよりは高いものの、ジョージアとほぼ同水準であり、ヨーロッパのなかでは最下位に近く、スイス、オーストリア、ドイツ、デンマーク、ノルウェー、オランダなどの十分の一にも満たない。

そのため多くの国民は国外で出稼ぎをすることが常態化している。二〇一四年四月二十八日よりモルドヴァ共和国国民は、（当時のイギリスを除く）すべてのEU加盟国にヴィザなしで渡航できるようになったため、この傾向はますます強まっている。同年の国勢調査の結果によれば、国外に移住しているモルドヴァ国民は二八万二九〇九人である。そのうちもっとも多いのはロシアで一五万四〇〇七人、続いてイタリア五万六二一九人、ルーマニア九一七三人、フランス八八四七人、イスラエル五三九二人、トルコ四五七九人、アメリカ四三四五人、ドイツ四三三九人、スペイン三九〇六人、ポルトガル三七六〇人、ウクライナ三七〇三人といった具合に幅広く分布している。

ロシアに出かけるのはおもに男性で、建築業に従事するケースが多いが、その一方で、イタリアに出かけるのはおもに女性で、ケア・家事労働に従事するケースが多いという特徴がみられる。

移住者の多い都市とキシナウのあいだは航空便も多数運行されているが、とくに北イタリアの路線は充実しており、ミラノ、ヴェローナ、ボローニャにはモルドヴァからの直行便がある。そのなかでもとりわけボローニャにおけるモルドヴァ人のコミュニティーはよくまとまっている。同市内には「洗礼者聖ヨハネ」ルーマニア正教会と称する教区が存在するが、その教会のマルチェル・カルガレスク神父はソ連時代のモルドヴァで生まれており、この教会に集う信者のほとんどがモルドヴァ出身者となっており、移住者の精神的な支柱となっている。

モルドヴァ本国では少子化のみならず、このような多くの国民の人口流出により人口の減少率が高くなっている。かつては四二〇万程度であったが、二〇二三年一月一日現在の人口(暫定値)は二五一万二八〇〇となっている。この傾向は今後も続くとみられ、これ以上の人口減少を食い止めることが大きな課題となっている。

ロシアによるウクライナ軍事侵攻開始以降の状況

二〇二二年二月二十四日のロシアによるウクライナ軍事侵攻開始はモルドヴァ共和国にも多大な影響をもたらした。国土のほぼ三方をウクライナに囲まれているモルドヴァでは直ちに六〇日間の緊急事態宣言が発せられ、領空閉鎖にともない、首都のキシナウ空港も一旦は閉鎖された(ただし、まもなく国土の西側のみ領空閉鎖は解除され、フライトの運航も再開された)。これを契機にEU加盟を明確に示すこととなり、三月三日、ウクライナ、ジョージアとともに加盟申請をおこなった。早くも六月二十三日にはウクライナとともにEU加盟候補国として承認された。

モルドヴァはウクライナへの軍事支援はおこなっていないが、その結果、ロシアとの関係が緊迫化し、モルドヴァが大きく依存してきたロシアからの天然ガスの供給が大幅に削減されることとなった。また、国内の親露派勢力をあと押しして反政府デモが首都の中心部で頻繁に開催されるようになった。さらに、キシナウ空港再開後には爆破予告が繰り返され、搭乗者以外は空港の建物のなかに入ることがしばらくのあいだ禁止されるという状況が生じた。

しかしながら、その後、反政府デモは鎮静化し、空港の機能も正常に戻りつつある。緊急事態宣言は六〇日ごとに更新され続けてきたが、二〇二三年十一月末になると延長期間は三〇日に短縮され、同年十二月三十日になると緊急事態が全面的に解除されるにいたった。

サンドゥ大統領らによる外交努力が功を奏し、EU加盟への歩みも思いのほか着実に進展した。二〇二三年十二月十四日のEUの首脳会議で、ウクライナとモルドヴァの加盟交渉開始が決定されたのである。実際の加盟までには長い年月が見込まれるが、重要な一歩が踏み出されたものといえよう。

このような流れのなかで、首都キシナウの国際空港の空港コードもまったく別のものに変更された。従来はロシア語の名称のキシニョフに由来するKIVが長いあいだ使用されてきたが、これはキーウ(キエフ)とも混同されやすく、極めてわかりにくいものであった。二〇二四年一月十八日以降はモルドヴァ共和国の国名を略したかたちのRMOがキシナウの空港コードとして使用され、現在にいたっている。

隣国ウクライナで状況が緊迫化するなか、侵攻当初よりモルドヴァは避難民を積極的に受け入れてきている。パランカ、カラシェウカ、キシナウにそれぞれ一カ所ずつ避難民受け入れセンターを設置することを政府は軍事侵攻開始直後の二月二十八日に決定している。ユニセフによれば、二〇二二年九月十五日までに、七二〇万人の避難民がウクライナを立ち去り、そのうち六〇万六〇〇〇人がモルドヴァ共和国に到着したが、そのなかで九万人がモルドヴァ国内に留まっている。首都キシナウではモルドエクスポと称する見本市会場が主要な受け入れ先となったが、今もなお国立工科大学の学生寮などで、女性や子どもを中心とする避難民が生活を営んでおり、国際機関やNGOなどの支援を受けている。ウクライナの周辺諸国のなかで、人口比でいえば、モルドヴァ共和国がもっとも多くのウクライナ避難民を受け入れているといわれているが、同国は「大きな心を持つ小さな国」という標語を掲げて、官民挙げて避難民を献身的に支援している。

3 ブルガリア

ブルガリアの「移行期」

一九八九年から二〇〇七年のEU加盟までの時期をブルガリア人は「体制移行期」と呼んでいる。当初の雰囲気は楽天的で「一党制と統制経済」から「複数政党制と市場経済」に変われば、汚職や縁故主義はなくなり、個人の人権が尊重される民主的で豊かな社会が実現できると考えられていた。しかし、実際には逆説的な結果となった。八九年から〇七年まで一二の内閣が交代し、首相の平均在任期間は一・五年だった。八九年の経済構造は、製造業が五九%、サービス業が三〇%、農業が一三%の割合だったが、〇八年には製造業が三一%、サービス業が六二%、農業が七%となった。八七年に三〇〇〇ドルをこえた一人あたりの国内総生産は九四年には一一〇〇ドルまで落ち込み、三〇〇〇ドル台に回復したのは〇四年のことだった。八八年末に一〇七億ドルだった対外債務は〇八年には五三〇億ドルとなった。もっとも印象的なのは人口動態であり、九二年に八四八万だった総人口が一一年には七三六万になっていた。一〇年の調査によると八九年と比べて生活水準が上昇したと答えたのは六%、現状維持が八%だったのに対して、悪化したと答えた割合は八六%だった。なにが間違っていたのだろう。その答えを探るべく、ブルガリアの「移行期」を外交・政党政治・経済・社会の四つの側面から検討してみたい。

外交

ブルガリア外交は、伝統的に大国に全面的に従属するバンドワゴニングを採用してきた。冷戦期にはソ連に全面的に追随し「モスクワのもっとも忠実な同盟者」と呼ばれたが、一九八九年以降は、手のひらを返すように西側陣営に秋波《しゅうは》を送り始めた。安全保障面では、九一年七月のワルシャワ条約機構の解体に先立つ九〇年にNATOとの外交関係を樹立し、九四年二月にはNATOの「平和のためのパートナーシップ」に参加、九七年三月には正式加盟に向けた国家計画を採択し、九九年のNATOによるユーゴスラヴィア侵略の際には領空を開放し国土を後方支援基地として提供した。二〇〇〇年五月には東方拡大のプラットフォームであるヴィリニュス・グループに加わり、〇一年のアフガニスタン侵略には部隊を派遣し、〇三年のアメリカのイラク侵略を積極的に支持した。そして〇四年三月に正規加盟国となった。

ブルガリア外交のもうひとつの目標は欧州統合プロセスへの参加だった。国会はすでに一九九〇年にEC加盟促進決議を採択し、EU成立を受けて九五年に加盟申請をおこなったが、おもに技術的な問題から協議は難航した。ブルガリアは経済・政治・社会・人権・司法のあらゆる面で加盟条件を満たさなかったからだ。九〇年代後半から二〇〇〇年代のブルガリア政治は、欧州委員会の要求する司法・行政・経済制度を実施することに費やされたといっても過言ではない。死刑廃止や少数民族の権利保護など、改革の多くは世論の強い反発を受けたが、それを押し切るかたちで実施され、何とか〇七年に加盟が実現した。このように「移行期」のブルガリア外交は、アメリカの北大西洋政策とEUの拡大政策に全面的に追随し、バンドワゴニングの伝統を忠実に継承したといえる。

政党政治

一九九〇年代のブルガリア政治は社会党と「民主勢力同盟SDS」の二大政党制の様相を呈した。社会党は、共産党の後継組織であり、国有企業などの既得権益集団に支持基盤を置き、ゆるやかな市場経済への移行と段階的な民営化を目指す社会民主主義路線を掲げていた。SDSは、左派エコロジストから極右民族主義者までを含む一六の小政党の寄り合い所帯だが、悪名高い「全米民主主義基金」から資金援助を受けており、極端な新自由主義経済政策を信奉していた。その結果、政権が交代する度に政策が一変し、長期的な構造改革の方向が見通せなくなった。

一九九〇年六月の選挙では社会党が勝利し、ディミタル・ポポフ政権は価格の自由化などの部分的な経済改革に着手したが、経済の混乱が拡大したため、翌年の選挙ではSDSが勝利し、フィリプ・ディミトロフが首相に就任した。ディミトロフ政権は短期間で市場経済に移行させる「ショック療法」を採用し、私有財産法・民営化法を導入するなど矢継ぎ早に規制緩和を進めたが、その結果、農業生産の基盤が崩壊し、製造業の生産性が極度に低下し、貧困が拡大した。政府批判が高まるなかでディミトロフは退陣し、経済史家のリュベン・ベロフが首相に就任した。ベロフは民間の専門家を登用して経済的混乱の収拾に努める一方、間接税の導入などの改革は継続した。九四年十二月の選挙では社会党率いる選挙連合が勝利し、ジャン・ヴィダノフ内閣が発足した。ヴィダノフは「社会を向いた」経済政策と称して国有企業の生き残りを模索し、部分的に計画経済の復活を試みた。しかし、国際市場の力学に逆らった価格統制と国営企業の収益悪化によって財政は破綻し、九六年には金融危機が勃発した。銀行破綻・通貨下落・インフレによって多くのブルガリア人が財産を失い、凶作が原因の穀物危機も重なって、この年の冬には深刻な食料危機が発生した。ソフィアでは大規模な民衆デモが発生し、SDS傘下の労働組合はゼネストを組織した。事態を収拾するために九七年四月に臨時の総選挙がおこなわれ、SDS率いる選挙連合が過半数の議席を獲得した。五月に発足したイヴァン・コストフ政権は、経済改革「ブルガリア二〇〇一」を発表した。これはIMFの意向を受けた政策で、四年間で国営企業の四五%の民営化・インフレ抑制・財政均衡を目指していた。固定相場制とデノミが実施されてインフレは収まったが、生産活動は一層停滞し、工場の閉鎖、中小企業の倒産が相次ぎ、失業と生活困窮者が増大した。民営化をめぐっては密室で結ばれた違法で不透明な売却契約や外国企業への過剰な損失補塡が明らかとなり、政府関係者に腐敗と汚職が蔓延していることが暴露されて、SDSは信用を失った。

一九九〇年代の混乱は、社会民主主義と新自由主義の双方の矛盾と欠陥を明らかにする結果となり、世論は新たな強力なリーダーの出現を待望するようになった。これに便乗したのが元国王シメオン二世である。シメオンは共産党政権時代にスペインなどで亡命生活を送っていたが、二〇〇一年に欧州統合の促進と腐敗撲滅・格差是正を掲げる政党「シメオン二世のための運動NDSV」を設立した。NDSVは六月の総選挙で半数の議席を獲得し、シメオンは首相に就任した。新政府は政治の一新を掲げてすべての大臣を未経験者で固めたが、素人の寄り合い所帯はすぐに機能不全に陥った。生活水準は上昇せず、「皇帝財産」をめぐるスキャンダルも発覚して、シメオンの人気は急落し、NDSVは〇三年の地方戦で大敗した。「シメオン現象」は幻想に基づく大衆動員の典型例であり、政策的には何の遺産も残さなかったが、従来の二局政治を破壊するという役割は果たした。SDSは世論に見放されて泡沫政党化し、社会党も右派への不満の受け皿としては機能しなくなった。

二〇〇五年には「ブルガリア・タバコ」の民営化をめぐる汚職疑惑が発端となって国会が紛糾し、議会は機能不全に陥った。六月の選挙では社会党率いる選挙連合が第一党となったがかろうじて全議席の三分の一を獲得したに過ぎず、ネオナチ政党アタカが躍進するなど、イデオロギーが異なる七つの政党が国会に進出したので、連立政権の樹立は困難となった。結局、社会党とNDSVの連立政権が成立し、セルゲイ・スタニシェフが首相となった。この政権の最大の成果は〇七年一月にEU加盟を実現したことである。

移行期の政治は、選挙で政権が変わるようになったという点では「議会制民主主義」を確立したといえるかもしれないが、政党は利権集団と癒着して刹那的な政争を繰り返すだけで、大多数の国民は政治から疎外され、社会的弱者の権利は顧みられなくなった。多くのブルガリア人が「議会制民主主義」は「民主主義」とイコールではないと考えるようになった。

「移行期」の経済

ブルガリア経済は一九八〇年代後半に苦境に陥り、物不足とインフレが進んでいたが、「移行期」に入ると危機が全面化し、出口の見えない苦境が二〇年近くも続くことになった。原因のひとつは経常収支の悪化であり、コメコンの解体による対外市場の喪失で債務危機は制御不能な状態となった。通貨の下落によって実質賃金は大幅に減少し、九〇年代半ばには国民の過半数が貧困状態に陥った。

危機の克服には産業構造の抜本的な転換か、製造業の国際競争力の底上げが求められたが、経済政策の迷走によってどちらも実現しなかった。SDSは、国家の役割は悪であり、市場原理に全面的に委ねるべきだとする新自由主義思想に基づき、性急な私有化と民営化を進め、規制を撤廃して外国資本に国内市場を解放したが、その結果は惨憺《さんたん》たるものだった。農地を旧所有者に返還する政策は集団農場の解体と社会主義時代の投下資本の毀損《きそん》を招き、農業生産が急激に落ち込み、地方では自給自足型の生活様式が広がった。複雑な権利関係を無視した国営企業の民営化によって工場は操業不振に陥った。多くの産業が消滅し、市場は外国製品に席巻されたが、購買力が低下したため大半の国民は生活必需品の調達にも窮するようになった。ＳＤＳ政権は産業構造の転換に失敗しただけでなく、脱工業化と自給自足経済への退行をもたらしたのだった。

新自由主義の破壊的な作用を緩和するために社会党のヴィダノフ政権は民営化をペースダウンさせたが、状況を改善させることはできなかった。多重債務国であるブルガリアには貿易自由化の圧力に抗して製造業の育成のための保護関税を導入することはできなかったし、国際競争力を高めるもうひとつの方法である技術移転の促進には外資の導入が必要で、それには民営化が前提となるからだ。この時期のブルガリアは国営企業と民間企業が併存する一種の「混合経済」だったが、両者が相補的に機能する中国型モデルとは対照的に、双方が阻害し合う負のスパイラルに陥った。いずれ民営化される運命にある国営企業では労働意欲が低下し、違法な資産移転が横行したし、民間企業は国営企業の独占的な天然資源の利用権に阻まれて新規事業を拡大できなかった。赤字の国営企業幹部の縁故者が経営する下請け企業が納品や販売で多額の利益を得る「出口・入口ビジネス」と呼ばれる慣行も横行した。こうした欠陥はコストフ政権の民営化推進によって是正されたが、今度は別のかたちの汚職が横行するようになった。売却の便宜をはかる見返りに政府関係者が賄賂を受け取るケースが続出し、国営企業の売却益の二割近くが国庫に納入されなかった。経済政策の迷走による製造業の衰退は二十一世紀になっても続き、システム・エンジニアなどのＩＴ関連のビジネスが新たな雇用を生み出すようになるのは、ＥＵ加盟が実現した二〇〇七年以降のことだった。

金融政策の迷走も経済発展の足枷となった。一九八九年の段階でブルガリアには五九の商業銀行が存在したがいずれも国有企業だった。国営銀行の数は九〇年末には七〇に増加したが、対外債務危機を機にＩＭＦが求める金融の自由化が開始され、国営銀行は九六年末に三五にまで減少した。かわって登場したのが民間銀行で、九一年から九三年に多くの民間銀行が設立されたが、そのほとんどはブルガリア資本であり、有利な利率を謳い文句に民間から預金を集めたが、実際にはネズミ講方式で運営されていた。当時は、新自由主義の影響で市場経済を規制撤廃と同一視する風潮が蔓延しており、金融機関はあらゆる規制に反対したため、政府の監督は有名無実化した。さらに悪いことに、ヴィダノフ政権の国営企業救済政策によって政府系銀行にも多額の不良債権が溜まった。九六年にはＩＭＦが支払い猶予協定の延長を拒否したため通貨危機が発生し、九七年には一ドル三〇〇〇レフの水準にまで下落したが、それが引き金となって全面的な金融危機となり、二〇以上の銀行が破綻した。

一九九〇年代のブルガリアはインフレにも悩まされた。九一年二月、九四年三月、九六年十〜十二月にはハイパーインフレも発生した。九一年のインフレは経済の構造改革に先行して価格自由化がおこなわれた結果であり、九四年のインフレは政府が価格形成に強く関与しすぎたことが原因で、いずれも一過性の現象だったが、九六年の危機は複合的な要因をもち、インフレ率は一時四三八％に達し、通貨価値の下落が半年近くも続いた。コストフ政権はＩＭＦと世銀が示した経済改革パッケージを導入するかわりに新たな融資を受けることに成功し、固定為替制（最初はマルク、九九年からはユーロに固定）を採用したことで通貨は安定してハイパーインフレは解消されたが、この間に国民は資産の五五％を失った。二十一世紀に入って、ＥＵ加盟に向けた制度改革を好感した外国資本が直接投資を増やしたことで、経済はプラス成長に転じ、ＧＤＰは〇八年の世界金融危機まで連続して前年を上回るようになった。ブルガリア経済は安定し、ようやく「移行期」を脱したといえるが、これは下方安定であり、大半の国民の生活水準は社会主義期より低下し、ＥＵ最貧国の状態はその後も長く続くことになった。

社会的危機

一九九〇年代のブルガリアでは多くの国民が窮乏化した。国営企業の閉鎖などで失業率が急上昇し、九〇年代を通じて一五％近い水準が続き、二〇〇一年には二〇％をこえた。とくに若年層の失業率は高く、常時平均の二倍近くを記録した。一人あたりの国内総生産は大幅に落ち込み、九〇年代末の平均賃金は月額で一五〇ユーロ程度の水準になった。多くの国民が水光熱費すら支払えない状態に陥り、とくに年金生活者の惨状は目を覆うばかりとなったが、その一方で、上位五％の富裕層が巨万の富を所有するようになり、所得格差が拡大した。所得格差を示すジニ係数は八八年に〇・二だったが九七年には〇・二七となり、〇六年には〇・三五にまで上昇した。首都ソフィアと地方の格差も拡大した。農村部の失業率は都市部の三倍近くあり、とくに北西部の諸州が際立って高い。平均的な国民の生活水準は世界でも下位に位置し、人間発展指数はキューバを下回った。

一九九〇年代には急激な人口減少もみられた。ブルガリアの総人口は八九年には九〇〇万近くに達していたと推計されるが、〇一年の統計では七二三万となり、一八〇万近くも減少した。この異常な人口減少は複合的な要因の結果だった。社会主義時代の高福祉政策の影響で出生率は七〇年代から低下し始めていたが、九〇年にはさらに急激に低下した。これには経済危機と高い失業率をきらって若い世代が大量に国外に移住したことが関係している。九〇年代以降、ブルガリアでは一貫して労働力の国外流出が続いており、西欧諸国や北米・オセアニアへの移民労働力の供給元となっている。もうひとつの要因は、中高年の死亡率の上昇である。ブルガリアの平均寿命は七〇年代初頭には西ヨーロッパの平均に近づいたが、その後停滞し、九〇年代には欧州最悪となった。これには保険医療制度が崩壊し、医療の質が低下するとともに医療機関が減少し、適切な治療が受けられないことが影響している。社会環境の悪化から精神に異常をきたす人の数も増えており、〇三年には国民の一〇人に一人が何らかの精神障害を抱えていることも明らかとなった。急激な人口減少の結果、地方の過疎化も進んでいる。八九年から二〇一二年までの二三年間で一八三の村が廃墟となり、全体の二四%にあたる一二六二の村が人口百人以下で消滅の危機にある。

民族問題と組織犯罪

一九九二年の国勢調査によると総人口に占めるブルガリア人の割合は八五・七%であり七五年の統計と比べて五ポイント減少していた。かわって増加したのがトルコ系(八・四%から九・四%)とロマ(〇・二%から三・四%)で、双方ともに出生率が高かったため、民族主義者たちはこのままではブルガリア人が祖国のなかで少数派になってしまうと危機感を煽った。しかし、二〇年後の国勢調査では三民族の比率がほぼ同じであることが確認された。それが意味することは、ブルガリア人以上に高い割合で少数民族が国外に移住していたということである。九〇年代以降、ブルガリアでの少数民族の状況は悪化の一途をたどった。トルコ系とロマの多くが農村部に暮らしているため、農村の窮乏化の影響を過剰に受けたし、少数民族への教育差別が強まって、就職も不利になった。そのため国外に活路を見出そうとしたと考えられるが、国内に残った人々は非常に困難な状況に置かれている。とくにロマは犯罪集団とみなされて、彼らの居住地が襲撃される事件が多発した。

組織犯罪は一九九〇年代以降のブルガリアが抱える最大の社会問題のひとつだが、その原因は少数民族ではない。ブルガリア人の犯罪組織が経済政策の迷走に便乗して肥大化し、政界と経済界、さらにはマスコミにまでネットワークを広げたことが事の本質であった。経済マフィアの代表例は、マリノフ兄弟が創設した「警備保証協会(SIC)」である。レスリング選手だった兄弟はナイトクラブを経営するかたわら、レスラー仲間を集めて恐喝や売春をおこなっていたが、社会党の内務大臣のリュベン・ゴツェフの庇護を受けて治安機構にも食い込み、元警官や秘密警察職員をリクルートして組織を拡大した。組織は国営企業の売却・武器密輸・麻薬の密売に関与して莫大な富を手に入れ、それを金融・保険・製造業に投資して合法ビジネスの分野にも進出した。SICのビジネス手法は組織犯罪と企業経営を融合させたもので、たとえば、大掛かりな自動車窃盗団を結成し、警察と入管に張り巡らせた人脈を使って書類を捏造《ねつぞう》して盗んだ高級車を転売する一方、損保会社を設立して盗難車の保険を請け負った。その結果、市民は車を盗まれないために保険に加入せざるを得なくなった。「ヴァシル・イリエフ安全協会(VIS)」も同様の手口でビジネスを拡大した。レスリング選手だったヴァシル・イリエフは仲間を集めて、恐喝・自動車窃盗・麻薬密売に関与し、密輸で巨額の富を築いた。とくに九二年から九五年に国連が課したユーゴスラヴィアへの経済制裁は絶好のビジネス・チャンスとなり、VISは武器・石油・医薬品などの制裁対象物資をドナウ川経由でセルビアに密輸した。組織は、その後、合法的な穀物取引、運送業に進出し、観光業にも触手を広げた。組織の関連企業は九四年に一五〇社をこえ、最盛期には四〇〇〇人をこえるメンバーを抱えていたといわれる。こうしてマフィアがブルガリア経済に浸透し、オリガルヒと呼ばれる新興資本に発展していった。

ＥＵ加盟後の変化

二〇〇七年一月にブルガリアは宿願だったＥＵ加盟を果たしたが、国民が期待した生活水準の上昇は起こらなかった。二〇〇〇年〜〇六年に一四・七％だった平均失業率は〇七年〜一六年に平均九・六％に低下し、実質賃金も二割ほど増加したが、それでも平均収入はＥＵ平均の半分以下である。所得格差と貧困率も最悪で、ブルガリアはＥＵ内でももっとも不平等で貧しい国のままである。停滞の原因のひとつは〇八年の国際金融危機にあり、ＧＤＰ比で九％程だったＥＵ諸国からの直接投資は六％以下に低下し、その結果、平均で六・六％を記録していたＧＤＰの成長率も二・七％に低下した。

金融危機の影響を受けて〇九年の選挙では社会党にかわって新興政党「ヨーロッパ発展のためのブルガリア市民ＧＥＲＢ」が第一党となり、ボイコ・ボリソフが首相に就任した。ボリソフはその後二一年まで、中断を挟んで三期一〇年も首相を務めることになる。ＧＥＲＢは中道右派の民族主義政党で、極右勢力ともつながりが強いが、外交的には親ＥＵ路線をとり、北マケドニアのＮＡＴＯ加盟、黒海パイプライン問題、クリミア危機などで協力的姿勢を示し、ドイツのメルケル政権やＥＵ委員会と良好な関係を築いた。

ボリソフは元消防士だが、空手の有段者の特技を生かして一九九一年に警備会社「イポン」を設立、トドル・ジフコフの警備を請け負うなどして知名度を上げ、「イポン」をブルガリア最大の警備会社に成長させた。九〇年代末には他分野にも事業を拡大し、財界に広い人脈を築いたが、そのなかにはSICやVISの幹部も含まれていた。二〇〇一年にシメオンが首相になると、ボディーガードを務めた縁で内務次官に抜擢され、政界進出の足場を掴んだ。彼の任期中はマフィアの抗争事件が相次いで社会不安が高まっていたが、ボリソフは警察トップとして犯罪組織と断固として戦う姿勢をアピールして人気を博した。その勢いに乗って〇五年選挙ではソフィア市長に当選し、〇九年の選挙でも政治腐敗と組織犯罪の根絶を目指す強いリーダーとの触れ込みで有権者の支持を集めた。しかし、政権を握ると、手のひらを返したように縁故主義と情実政治を開始した。ボリソフ政権の時代のブルガリアでは新たな利権構造が構築され、オリガルヒの力がかつてなく強まった。

テイラーメイド法制と腐敗政治の構造化

従来の汚職は政治家が便宜をはかる見返りに賄賂を受け取るという単純なものだったのに対して、新たな利権構造は、政府が特定の企業を想定した新法を制定し、ほかの企業を実質的に排除して独占的権益を与え、その利益を政治家の縁故者が「正当な」給与として受け取るものに変わった。さらに、ボリソフは腹心のツヴェタン・ツヴェタノフを内務大臣に任命して内務省と秘密警察を掌握させ、検事総長にも庇護者を送り込むことで、警察と司法の双方を利権構造に組み入れた。そして、自身はオリガルヒとの調整役を果たすことで巨大な利権構造の中心に君臨するようになった。民族系資本の第一投資銀行や共同商業銀行の関連企業やマルチグループなどの経済マフィアはとくに政権と深く癒着している。ボリソフ時代にブルガリアはＥＵ内でもっとも腐敗した国となり、政権とつながりがない企業は公共事業に参入できず、政府関連の職は、末端の清掃員や駐車場の守衛にいたるまでＧＥＲＢのコネがなければ就職できないほどになった。

二〇〇八年の金融危機の影響で直接投資が減少し、ＥＵ補助金の重要性が増したことも、新たな利権構造を強化した一因である。政府はＥＵから交付された補助金を使って公共事業をおこない、それを縁故企業に配分し、企業は経費の大半を中抜きして巨額の利益を手に入れる仕組みが出来上がった。手抜き工事が横行し、劣悪な道路や建物はすぐに使えなくなったが、改修のために新たな補助金が投入された。農業振興の補助金にいたっては農民に一銭も渡らないますますべてがオリガルヒの懐に入っていたことも判明した。不正を監督すべき行政機関はこうした状態を黙認し、内部告発者は司法機関によって弾圧された。ＥＵはこうした実態を把握し、再三にわたって司法改革を求めたが、ブルガリア政府は面従腹背を続け、改革の履行をサボタージュし続けた。

市民生活の困窮と政治危機

政治腐敗の最大の被害者は一般市民だった。ボリソフ政権は、オリガルヒに利権をばら撒く一方で、

ＩＭＦの意向を受けた緊縮財政措置は忠実に遂行したので、国民生活が圧迫された。民営化によって電力や水道事業が外資に売却されたので公共料金の大幅な値上げも起こり、二〇一三年二月には電気料金の値上げに反対するデモが反政府暴動に発展し、抗議行動が全国に広がった。ボリソフは辞任を余儀なくされたが、翌年の選挙で勝利して首相に返り咲いた。ＧＥＲＢは前回選挙より一〇ポイント近く得票率を落としたが、最大野党の社会党はＧＥＲＢ同様に腐敗しており、不満の受け皿となる政党が存在しなかったからだ。第二次ボリソフ政権でも閣僚の汚職が相次ぎ、一六年の大統領選ではＧＥＲＢの候補が元空軍司令官のルメン・ラデフに敗れた。ボリソフはその責任を取るかたちで辞任したが、選挙ではふたたびＧＥＲＢが第一党となり、三カ月で政権に復帰した。

第三次ボリソフ内閣は、ラデフ大統領が政権批判の急先鋒に立ったことから、多くの政治危機に直面した。閣僚の汚職疑惑が次々と露呈し、ボリソフ自身が絡む資金洗浄疑惑も浮上した。ボリソフはそれらをラデフの陰謀と非難し、ラデフはボリソフ政権の腐敗体質を糾弾した。二〇一九年には検事総長任命をめぐって大統領と首相が激しく対立する事件も起こった。翌年には「権利と自由のための運動ＤＰＳ」の大立者だったアフメド・ドガンが国有地に豪華な別荘を建て、治安機構に警備させていた事実も明らかとなった。ＤＰＳはトルコ系少数民族の利害を代弁する政党で、国会でつねに一五％前後の議席を保持し、しばしば連立政権に加わって、この国の利権構造に深く食い込んできた。たとえば、〇八年にはドアンがゼネコンから多額のコンサルタント料を受け取っていたことが発覚し、それがダム工事の受注の見返りだったという疑惑が浮上したが、証拠不十分との理由で捜査はおこなわれなかった。この事件では、告発棄却を判断した検事が最高裁検事長に栄転したという後日談もある。政権と司法の癒着はGERB以前から横行していたのだ。

ドアンの疑惑追及の過程でDPS議員のデリャン・ペエフスキが治安機構の警備を受けていたことも発覚した。ペエフスキはブルガリア最大のメディア・グループの総帥で、テレビ局のほかに多くの新聞・雑誌を支配下に置いている。DPS所属の議員だが、第一投資銀行、共同商業銀行といったGERBに近い資本グループと関係が深く、ボリソフとも懇意で、二〇一三年に諜報局長官に抜擢された時には激しい抗議デモが起こった。二一年には国際経済犯としてアメリカ財務省の制裁リストに加えられている。

ペエフスキのケースはブルガリアのメディアが腐敗した利権構造の一角を占めていることを象徴している。ブルガリアでは、一九八九年以降、多数の新聞・雑誌が登場したが、九〇年代に系列化が進み、大手メディアのほとんどがドイツ系資本やルパード・マードック・グループの傘下に入った。ところが、二〇〇八年の金融危機で外資の多くが撤退し、オリガルヒがメディアを支配するようになった。メディアを所有すれば、世論と政治への影響力を高めることができ、ビジネスを有利に展開できるからだ。こうしてメディアの八割以上がオリガルヒに支配される状況が生まれ、ブルガリアは欧州でもっとも報道の自由がない国のひとつとなった。

ボリソフは内務省と諜報機関を使って組織的な盗聴をおこなわせ、与党の閣僚を含む政治家、官僚、企業の情報を集めてきたが、こうした情報がリークされ、政権を窮地に陥れる事件が二〇二〇年に起こった。事の発端は検事がビジネスマンを脅迫した盗聴記録のリークで、これによって警察と検察が政権側の企業との取り引きに応じない事業者を脅していたことが明らかとなった。リークの直後、検事局が大統領府にガサ入れをおこなったが、それを揉み消し工作だと考えた市民が集会を開き、ボリソフと検事総長の辞任を求めた。これが引き金となって反政府デモが半年以上も続いた。抗議行動は各地に広がり、ボリソフ支持者との衝突事件も発生して多くの負傷者が出た。九月にはデモ隊が国会突入をはかる事件も発生した。

この騒然とした状況でおこなわれた二〇二一年四月の総選挙でＧＥＲＢは第一党の地位をかろうじて守ったが、大幅に議席を減らしたため、ボリソフは組閣を断念した。この選挙では社会党も大幅に議席を減らしており、国民は既存政党にノーを突きつけたかたちとなった。かわって躍進したのが芸人のスラヴィ・トリフォノフが創設した「こんな人々がいる（ＩＴＨ）」である。トリフォノフは当初、新党の名称を「こんな国はない」にしようとしたが登録を却下されたため、ＩＴＨにしたという逸話が残っているが、これに象徴されるように、ＩＴＨはイデオロギーも政策もなく、単にボリソフとの私的な確執からつくられた政党だった。そんな政党が一七％以上の支持を集めて議会第二党に躍進するほど、ブルガリア政治は絶望的な状況に陥っていた。七月に再度実施された選挙ではＩＴＨが第一党となったがトリフォノフは組閣を拒否し、十一月にこの年三度目の選挙がおこなわれた。政権担当能力がないことを露呈したＩＴＨは大幅に後退し、ハーバード大学経営学修士の肩書をもつエコノミストのキリル・ペトコフ率いる新党「変革を継続する」が第一党となった。ペトコフは貧困層に配慮した改革を掲げ、ボリソフ時代の腐敗政治からの脱却をめざして、社会党、ＩＴＨなどと四党連立政権を樹立したが、ロシアのウクライナ侵攻をめぐってＩＴＨが政権を離脱したため二二年八月に辞職を余儀なくされた。

執筆者紹介(執筆順)

柴 宜弘　しば のぶひろ
1946年生まれ。早稲田大学大学院文学研究科博士課程単位取得退学
東京大学名誉教授
主要著書：『もっと知りたいユーゴスラヴィア』(編著，弘文堂 1991)，『ユーゴスラヴィアで何が起きているか』(岩波書店 1993)，『ユーゴスラヴィア現代史』(岩波書店 1996)，『バルカンの民族主義』(山川出版社 1996)，『世界の歴史26　世界大戦と現代文化の開幕』(共著，中央公論社 1997)，『連邦解体の比較研究――ソ連・ユーゴ・チェコ』(共著，多賀出版 1998)
執筆担当：序章，第９章

金原 保夫　きんばら やすお
1952年生まれ。東海大学大学院文学研究科博士課程単位取得退学
東海大学名誉教授
主要著書・訳書・論文：『世界の考古学26　トラキアの考古学』(同成社 2021)，『ビザンツ帝国とブルガリア』(訳，ロバート・ブラウニング著，東海大学出版会 1995)，「第一次ブルガリア王国における君主号」(『オリエント』第40巻第２号 1997)
執筆担当：第１章，第２章

佐原 徹哉　さはら てつや
1963年生まれ。東京大学大学院人文科学研究科博士課程中退
現在，明治大学政治経済学部教授
主要著書：『近代バルカン都市社会史――多元主義空間における宗教とエスニシティ』(刀水書房 2003)，『国際社会と現代史　ボスニア内戦――グローバリゼーションとカオスの民族化』(有志舎 2008)，『中東民族問題の起源――オスマン帝国とアルメニア人』(白水社 2014)，*War and Collapse: World War I and the Ottoman State*(共著，University of Utah Press 2016)，*1989 yılında Bulgaristan'dan Türk zorunlu göçünün 30. Yılı*(共著，Trakya U. P. 2020)
執筆担当：第３章，第４章，第10章３節

木村 真　きむら まこと
1960年生まれ。東京大学大学院総合文化研究科博士課程単位取得退学
現在，東洋大学文学部非常勤講師
主要著書・論文：『東欧政治ハンドブック――議会と政党を中心に』(分担執筆，伊東孝之編，日本国際問題研究所 1995)，「『民主化』後のブルガリア――権利と自由のための運動を中心に」(『外交時報』1993年11・12月合併号 1303号)，「ブルガリア語を母語とするイスラム教徒――ポマク」(『歴

史と地理』485号 山川出版社 1996）
執筆担当：第5章，第6章

六鹿 茂夫　むつしか しげお
1952年生まれ。ブカレスト大学大学院法学研究科博士課程修了
静岡県立大学名誉教授，一般財団法人霞山会常任理事
主要著書・論文：『ルーマニアを知るための60章』（編著，明石書店 2007），『黒海地域の国際関係』（編著，名古屋大学出版会 2017），「モルドヴァ「民族」紛争とロシア民族派・軍部の台頭」（『国際問題』1992年12月号），「NATO・EU 拡大効果とその限界」（『ロシア・東欧学会年報』第27号 1999），「欧州国際システムとバルカン紛争との相互連関性に関する予備的考察」（『ロシア研究』第29号 1999）
執筆担当：第7章，第8章

山崎 信一　やまざき しんいち
1971年生まれ。東京大学大学院総合文化研究科博士課程単位取得退学
現在，東京大学教養学部非常勤講師，明治大学政治経済学部兼任講師
主要著書・論文：『セルビアを知るための60章』（編著，明石書店 2015），『スロヴェニアを知るための60章』（編著，明石書店 2017），『ボスニア・ヘルツェゴヴィナを知るための60章』（編著，明石書店 2019），「イデオロギーからノスタルジーへ――ユーゴスラヴィアにおける音楽と社会」（柴宜弘ほか編『東欧地域研究の現在』山川出版社 2012），「文化空間としてのユーゴスラヴィア」（大津留厚ほか編『ハプスブルク史研究入門――歴史のラビリンスへの招待』昭和堂 2013）
執筆担当：第10章1節

中島 崇文　なかじま たかふみ
東京大学大学院総合文化研究科博士課程修了
現在，学習院女子大学国際文化交流学部教授
主要著書・論文：「ルーマニア人の民族意識におけるローマ概念――「ローマと合同した教会」の地位の変遷を中心に」（歴史学研究会編『幻影のローマ――〈伝統〉の継承とイメージの変容』青木書店 2006），「トランシルヴァニアのハンガリー人問題――言語・教育面における複数民族の共存と分離」（第46章，他7章，六鹿茂夫編著『ルーマニアを知るための60章』明石書店 2007），「冷戦終結後のルーマニアにおける民主主義の進展」（第9章，永松雄彦・萬田悦生編『変容する冷戦後の世界――ヨーロッパのリベラル・デモクラシー』春風社 2010），「ルーマニア語」（庄司博史編『世界の文字事典』丸善出版 2015）
執筆担当：第10章2節

■索　　引

人名索引

●アーオ

●カ－コ

●サ－ソ

●ハーホ

●ヤ－ヨ

●ラ－ロ

事項索引

●アーオ

●カ－コ

●サーソ

●タ一ト

●ナーノ

●ハ－ホ

●ラーロ

●ワ

■写真引用一覧

1……Gábor Barta(ed.), *History of Transylvania*, Budapest, AKadémiai Kiadó, 1994.

2……Ismail Kadaré, *Albanie visage des Balkans*, Paris, Arthaud, 1995.

3……*Istorija na Bâlgarija*, tom 7, Sofija, Bâlgarska akademija na naukite, 1991.

4……Arisride Stefãnescu, *Bucarest les Années '30*, București, Editions Noi 1995.

5……R. J. Crampton, *A Concise History of Bulgaria*, Cambridge University Press, 1997.

6……Ivan T. Berend, *Decades of Crisis*, Berkeley, Los Angeles/London, University of California Press, 1997.

7……Egon Heymann, *Balkan. Kriege, Bündnisse, Revolutionen*, Berlin, 1938.

8……*Chronique du 20ᵉ siécle*, Paris, Larusse, 1988.

9……Franklin Lindsay, *Beacons in the Night*, Stanford University Press, 1993.

10……*Kratka istorija na Bâlgarija*, Sofija, Bâlgarska akademija na naukite, 1983.

11……Derek Hall, *Albania and the Albanians*, London/New York, St. Martin's Press, 1994.

カバー——著者(金原)撮影
p.12——1, pp.448-9
p.32——2, p.83
p.55上——3, p.362
p.55下——4, 表紙
p.60——5, p.153
p.67——6, pp.196-7
p.71——2, p.59
p.83——6, pp.196-7
p.91——7, pp.224-5
p.98——8, p.540
p.122——9, pp.211-2
p.139右——著者(六鹿)提供
p.139左——著者(六鹿)提供
p.161——10, pp.448-9
p.167——11, p.115
p.176——PANA 通信社提供
p.189——共同通信社提供
p.200——共同通信社提供
p.203——著者(六鹿)提供
p.209——PANA 通信社提供
p.251——著者(中島)撮影
p.256——著者(中島)撮影

『新版　世界各国史第十八　バルカン史』
一九九八年十月　山川出版社刊

YAMAKAWA SELECTION

バルカン史《し》　下

2024年 4 月15日　第 1 版 1 刷　印刷
2024年 4 月25日　第 1 版 1 刷　発行

編者　佐原徹哉《さはらてつや》

発行者　野澤武史

発行所　株式会社山川出版社
〒101-0047 東京都千代田区内神田1-13-13
電話03(3293)8131(営業)8134(編集)
https://www.yamakawa.co.jp/

印刷所　株式会社太平印刷社

製本所　株式会社ブロケード
装幀　水戸部功

 ISBN978-4-634-42403-6